Kohlhammer

Der Autor

Dr. Rolf Göppel ist Professor für Allgemeine Pädagogik am Institut für Erziehungswissenschaft der Pädagogischen Hochschule Heidelberg. Seine Arbeits- und Forschungsschwerpunkte sind Kinder- und Jugendkunde, Risiko- und Resilienzforschung, Pädagogische Biografieforschung, Psychoanalytische Pädagogik, Bildungstheorie.

Rolf Göppel

Das Jugendalter

Theorien, Perspektiven, Deutungsmuster

Verlag W. Kohlhammer

Dieses Werk einschließlich aller seiner Teile ist urheberrechtlich geschützt. Jede Verwendung außerhalb der engen Grenzen des Urheberrechts ist ohne Zustimmung des Verlags unzulässig und strafbar. Das gilt insbesondere für Vervielfältigungen, Übersetzungen, Mikroverfilmungen und für die Einspeicherung und Verarbeitung in elektronischen Systemen.

Die Wiedergabe von Warenbezeichnungen, Handelsnamen und sonstigen Kennzeichen in diesem Buch berechtigt nicht zu der Annahme, dass diese von jedermann frei benutzt werden dürfen. Vielmehr kann es sich auch dann um eingetragene Warenzeichen oder sonstige geschützte Kennzeichen handeln, wenn sie nicht eigens als solche gekennzeichnet sind.

Dieses Werk enthält Hinweise/Links zu externen Websites Dritter, auf deren Inhalt der Verlag keinen Einfluss hat und die der Haftung der jeweiligen Seitenanbieter oder -betreiber unterliegen. Zum Zeitpunkt der Verlinkung wurden die externen Websites auf mögliche Rechtsverstöße überprüft und dabei keine Rechtsverletzung festgestellt. Ohne konkrete Hinweise auf eine solche Rechtsverletzung ist eine permanente inhaltliche Kontrolle der verlinkten Seiten nicht zumutbar. Sollten jedoch Rechtsverletzungen bekannt werden, werden die betroffenen externen Links soweit möglich unverzüglich entfernt.

1. Auflage 2019

Alle Rechte vorbehalten
© W. Kohlhammer GmbH, Stuttgart
Gesamtherstellung: W. Kohlhammer GmbH, Stuttgart

Print:
ISBN 978-3-17-036449-3

E-Book-Formate:
pdf: ISBN 978-3-17-036450-9
epub: ISBN 978-3-17-036451-6
mobi: ISBN 978-3-17-036452-3

Inhaltsverzeichnis

I	»Jugend« – was ist das eigentlich? Erste Annäherungen	
1	Jugend als Problem: die Perspektive der populären Medien und Ratgeber	14
2	Jugend als »großes Fadensuchen« – die (Innen-)Perspektive der Coming-of-Age-Literatur (Anne Frank, Crazy, Tschick)	17
3	Jugend als mehr oder weniger klar definierter Altersabschnitt – Definitionen in Gesetzestexten und entwicklungspsychologischen Lehrbüchern	26
4	Jugend als lebenslanges Ideal, als Versprechen und als Verklärung – die Perspektive der Aphorismen, der Lyrik und der Lebenskunst	32
5	Jugend als Vielfalt der Lebenslagen und Lebensorientierungen	37

Inhaltsverzeichnis

| 6 | Jugend als Forschungsobjekt – die Unterschiedlichkeit der Forschungsansätze und Methoden in der Jugendforschung | 41 |

| 7 | Jugend als Objekt der Theoriebildung – Was soll, was kann eine »Theorie der Jugend« leisten? | 44 |

| II | **Klassische Positionen der Jugendtheorie** |

| 8 | Jugend als »zweite Geburt« – Jean-Jacques Rousseau | 51 |

| 9 | Jugend als »Sturm und Drang« und als »Hineinwachsen in die einzelnen Lebensgebiete« – Eduard Spranger | 60 |

| 10 | Jugend als Sehnsucht und als »seelische Ergänzungsbedürftigkeit« – Charlotte Bühler | 71 |

| 11 | Jugend als Hingabe – Siegfried Bernfeld | 81 |

| III | **Psychoanalytische Positionen** |

| 12 | Jugend als Umstrukturierung libidinöser Besetzungen – Sigmund Freud | 93 |

| 13 | Jugend als Kampf um die Herrschaft zwischen Ich und Es – Anna Freud | 102 |

| 14 | Jugend als psychosoziales Moratorium und als Ringen um Identität – Erik Erikson | 109 |

| 15 | Jugend als Suche nach narzisstischer Bestätigung – Thomas Ziehe | 118 |

IV Positionen der Entwicklungspsychologie

| 16 | Jugend als Erweiterung des Denkens – Jean Piaget | 129 |

| 17 | Jugend als Differenzierung moralischer Urteilsfähigkeit – Lawrence Kohlberg | 137 |

| 18 | Jugend als Stimmverlust – Carol Gilligan | 146 |

| 19 | Jugend als emotionaler Aufruhr und als Bemühen um Coolness | 158 |

V (Neuro-)biologische Positionen

| 20 | Jugend als Folge hormonaler Veränderungen | 171 |

| 21 | Jugend als Ausdruck eines »Gehirnumbaus« | 176 |

VI Soziologische Positionen

| 22 | Jugend als »gesellschaftliches Konstrukt« | 195 |

| 23 | Jugend als »Generationenverhältnis« | 203 |

| 24 | Jugend als »Zeitgeistseismograph« und als »gesellschaftliche Avantgarde« | 213 |

| 25 | Jugend als »Jugenden« (Typen, Milieus, Szenen ...) | 223 |

| 26 | Jugend als Risiko | 235 |

VII Aktuelle integrative bio-psycho-soziale und pädagogische Positionen

| 27 | Jugend als Verdichtung von Entwicklungsaufgaben – Robert Havighurst | 255 |

| 28 | Jugend als Selbstnarration und Selbstsozialisation – Jürgen Zinnecker | 265 |

29	Jugend als Spannung zwischen Individuation und Integration – Klaus Hurrelmann	276
30	Jugend als Selbstschöpfung und Schicksalsprägung – Helmut Fend	284
VIII	Schluss: Jugenderfahrungen im autobiografischen Rückblick: Wie das Leben so spielt und wie das Gelingen bzw. Misslingen von den Betroffenen gedeutet wird	
Literatur		307

I

»Jugend« – was ist das eigentlich? Erste Annäherungen

Dieses Buch stellt den Eröffnungsband zu einer Buchreihe mit dem Titel »Das Jugendalter« dar, bei der die Autorinnen und Autoren in den geplanten weiteren Bänden jeweils ganz spezielle Aspekte des Jugendalters in den Blick nehmen werden: Die Jugendlichen und ihr Verhältnis zum Körper, die Jugendlichen und ihr Verhältnis zu den Eltern, die Jugendlichen und ihre sexuellen Erfahrungen, die Jugendlichen und ihre Geschwisterbeziehungen, die Jugendlichen und ihre Freundschaften und Cliquen, die Jugendlichen und ihr Umgang mit den modernen Medien, die Jugendlichen und ihr Verhältnis zur Schule und Bildung, die Jugendlichen und ihr Verhältnis zu Ausbildung und Beruf, die Jugendlichen und ihr Verhältnis zu Gesellschaft, Demokratie und Politik, die Jugendlichen und ihr Umgang mit Gesundheit und Risiko, die Jugendlichen und ihre unterschiedlichen Herkünfte und kulturellen Verwurzelungen, die Jugendlichen und ihr Verhältnis zu Ordnungen, Regeln und Grenzen, die Jugendlichen und ihr Verhältnis zu Glaube, Religion und Sinnsuche, die Jugendlichen und ihr Verhältnis zu den Angeboten und Einrichtungen der außerschulischen Jugendbildung, die Jugendlichen und ihre kreativen Ausdrucksformen und kulturellen Hervorbringungen, die Jugendlichen und ihre Suche nach Identität.

Vom Konzept der Buchreihe her wird damit gewissermaßen unterstellt, dass es sich bei »den Jugendlichen« um eine abgrenzbare Teilgruppe der Gesellschaft handelt, die zu all diesen Erfahrungen, Aufgaben, Institutionen und Lebensbezirken ein besonderes Verhältnis hat, das sich von dem, welches Kinder oder Erwachsene haben, unterscheidet. Die These lautet also, dass es sich bei »der Jugend« um eine besondere Form des In-der-Welt-Seins handelt, die durch ein besonderes Lebensgefühl und durch besondere Herausforderungen und Probleme gekennzeichnet ist.

Doch worin besteht diese Besonderheit? Was macht den »Grundcharakter«, die »Essenz« des Jugendalters aus? Einerseits weiß jeder, was das ist, »die Jugend« bzw. »das Jugendalter«. Jeder Leser und jede Leserin dieses Buches hat Erinnerungen, Vorstellungen, Beobachtungen zum Phänomen Jugend, weil er oder sie selbst dieses Lebensalter, dieses Lebensgefühl, diese Lebenslage erfahren und durchlebt hat und weil er oder sie Jugendliche kennt, die mitten drin stecken. Von daher stellen sich in der Regel durchaus spontane Assoziationen zum Begriff »Jugend« ein: Ärger mit Pickeln, Stimmbruch, Stimmungsschwankungen, Schwärmereien für Pop-Stars, Zoff mit den Eltern, Spaß in der Clique, erste sexuelle Erfahrungen, etc.

Andererseits tun wir uns aber doch sehr schwer, genau anzugeben, was denn nun im Kern die Besonderheit dieses vielschichtigen, schillernden Lebensabschnitts ausmacht. Die Diskussion über das Jugendalter und über Jugendprobleme gehört zum Alltagsdiskurs. Je nachdem in welchem Kontext die entsprechende Diskussion erfolgt, hat sie zumeist einen recht unterschiedlichen Grundtenor: Eher den von Nostalgie und wehmütiger oder auch schelmischer Erinnerung an bewegte Zeiten, wenn ehemalige Schulkameraden beim Klassentreffen ins Erzählen kommen, eher den Beigeschmack von Befremden und Kopfschütteln, wenn in den Medien über irgendwelche neuen merkwürdigen Trends aus den Jugendkulturen berichtet wird, eher den Modus der Klage, wenn sich Eltern pubertierender Kinder über die Ähnlichkeit ihrer häuslichen Konflikte und über ihre nachwuchsbezogenen Sorgen und Nöte austauschen, eher den Beiklang von Empörung und Gereiztheit, wenn eine Lehrerin ihren Kollegen in der Pause erzählt, wie schlimm sich heute wieder die 8b benommen hat, eher den Unterton von Erstaunen und heimlicher Bewunderung, wenn deutlich wird, wie viel leichter und souveräner der Nachwuchs mit den neuesten Errungenschaften der modernen Medientechnik umzugehen weiß, eher den Ausdruck von Warnung und Sorge, wenn in neuen wissenschaftlichen Studien die Stressbelastungen und die zunehmenden gesundheitlichen Beeinträchtigungen der heutigen Jugendlichen dargestellt werden, eher den von Irritation und Enttäuschung, wenn sich in Bildungsstudien erweist, dass der Bildungsstand der deutschen Jugendlichen im internationalen Vergleich hinter den Erwartungen zurückbleibt, eher den Ton von Wertebeschwörung und Verantwortungsappell, wenn Politiker sich des Themas »Jugend« annehmen und eher den Anstrich von Partystimmung, Lebensfreude und cooler Überlegenheit, wenn die Werbebranche das Thema »Jugendlichkeit« in Szene setzt.

1

Jugend als Problem: die Perspektive der populären Medien und Ratgeber

Dass das Thema »Jugend« bzw. »Pubertät« ein beliebtes Thema des Alltagsdiskurses ist, kann man auch daran erkennen, dass die auflagenstärksten Magazine hierzulande in den vergangenen Jahren Titelgeschichten zum Thema »Jugend« bzw. »Pubertät« publiziert haben. Darin wird vor allem das Problematische, Konfliktträchtige, aber auch das Aufregende und Faszinierende dieses Lebensabschnitts in den Titelformulierungen betont: »Süßer Horror Pubertät: Die Entmachtung der Eltern« (DER SPIEGEL, 22/2001, »Abenteuer Pubertät. Wenn Teenager plötzlich anders ticken« (Focus 30/2003), »Wahnsinn Pubertät. Neue Hirnforschung – Warum Teenies komisch ticken« (Stern 48/2003), »Pubertät –

Der große Umbruch« (Gehirn & Geist 5/2006) »Pubertät – Auf der Suche nach dem neuen Ich« (GEOWissen 41/2008), »Pubertät – Chaos! Krisen! Chancen!« (GEOkompakt 45/2015).

Wirft man einen Blick in die umfangreiche Ratgeberliteratur, dann kreisen auch hier die Titel primär um das Rätselhafte, Problematische, Krisenhafte: »Irrgarten Pubertät« (Friedrich 1999), »Die härtesten Jahre« (Barlow/Skidmore 1998), »Von den Schwierigkeiten, erwachsen zu werden« (Dolto/Dolto-Tolitch/Perchemnier 1991), »Pubertät, Adoleszenz oder die Schwierigkeit, einen Kaktus zu umarmen« (Emig/Steinhard/Wurthmann 2000), »Pubertät: Echt ätzend« (Guggenbühl 2000), »Ich krieg die Krise. Pubertät trifft Wechseljahre« (Lutz 2000), »Pickel, Sex und immer Krach« (Kaiser 2000) »Warum sie so seltsam sind« (Strauch 2003), »Puberterror« (Baier 2003), »Nervenprobe Pubertät« (Brosch/Luchs 2003), »Das können doch nicht meine sein« (Raffauf 2009), »Pubertät – Wenn Erziehen nicht mehr geht« (Juul 2010), »Wilde Jahre« (Streit 2014).

Was ist das »Seltsame«, »Eigentümliche«, »Spezifische« der Jugend? Und was steckt dahinter? Welche inneren Prozesse, Veränderungen, Spannungen drücken sich darin aus? Inwiefern sind diese Veränderungen naturgegeben, universell, unabänderlich bzw. inwiefern sind sie gesellschaftlich bedingt, kulturell geprägt, zeittypisch? Aus der Perspektive von Jugendlichen mögen manche der oben genannten Titel wie eine Provokation erscheinen: Ausdruck der Ahnungs- und Ratlosigkeit der Erwachsenen bei gleichzeitigem Anspruch auf die Definitionsmacht dessen, was »normales«, »vernünftiges« und »angemessenes« Verhalten ist. Viele Jugendliche fragen sich vielleicht umgekehrt, warum die Erwachsenen so »seltsam« sind, sprich, so beschränkt in ihrem Verständnis, so borniert in ihren Anschauungen, so beharrlich in ihren Forderungen und so bestimmend und einschränkend in ihrer Fürsorge. Entsprechend gibt es auch einen Pubertätsratgeber, der mit dem Titel »Ihr versteht mich einfach nicht« die Jugendlichenperspektive ins Zentrum rückt (Esser 2005), sowie den pfiffigen gegenläufigen Titel »Pubertät ist, wenn die Eltern schwierig werden« (Arlt 2000).

Weiterhin gibt es diverse Bücher, in denen versucht wird, besondere Aspekte der jeweils neuen Jugendgeneration in einem mehr oder weniger originellen Generationenlabel als Titel einzufangen. In diesem Sinne sind etwa die Bücher »Generation@« (Opaschowski 1999), »Generation kick.de« (Farian 2002), »Generation Counter Strike« (Schunk 2004), »Generation Handy« (Bleuel 2007), »Generation Doof« (Bonner/Weiss 2008), »Generation Geil« (Weiß 2010), »Generation Porno« (Gernert 2010, Stähler 2014), »Generation Maybe« (Jeges 2014), »Generation Smartphone« (Zimmermann 2016), »Generation Selfie« (Cohrs/Oer 2016), »Generation YouTube« (Althaus 2017), »Generation Beziehungsunfähig« (Nast 2016), »Generation Y« (Schwenkenbecher/Leitlein 2017) und »Generation Z« (Scholz 2014) zu nennen.

2

Jugend als »großes Fadensuchen« – die (Innen-)Perspektive der Coming-of-Age-Literatur (Anne Frank, Crazy, Tschick)

Aus der Perspektive der Jugendlichen mag vielleicht sogar die ganze umfangreiche Jugendforschung, die bisweilen ihre Ergebnisse zu solchen Generationenlabels verdichtet, als eine Zumutung erscheinen, als der Versuch, sie trotz ihrer offensichtlichen Unterschiedlichkeit zu einer Kategorie »Jugend« oder zu einer besonderen »Jugendgeneration« zusammenzufassen, sie vielleicht auch noch in unterschiedliche »Jugendtypen« zu sortieren. Es mag sich bei ihnen auch Widerstand regen gegen das Ansinnen, ihre jeweiligen Denkweisen, Ansichten und Einstellungen zu erforschen, ihre Verhaltensmuster und Gefühlskonflikte zu deuten und somit letztlich ihre Begeisterung und ihre Schwärmereien, ihre Verwirrung und ihre Verweigerung, ihre Empörung und ihre Auflehnung als eben bloß »jugendtypische Phänomene« zu »erklären« und diesen Dingen, die sie so sehr beschäftigen, somit ihre tiefere Bedeutung abzusprechen. Aber natürlich ist auch den Jugendlichen selbst bisweilen ihr eigenes Innenleben, das was ihnen passiert, was sie fühlen und empfinden, ein ziemliches Rätsel.

Besonders eindringlich kommt dies etwa in dem Tagebuch von Anne Frank zum Ausdruck. Dieses Tagebuch, das das jüdische Mädchen Anne Frank vom Juni 1942 bis zum August 1944 führte und in dem die Verfasserin neben den alltäglichen Begebenheiten des beengten und stets bedrohten Zusammenlebens in dem Versteck im Hinterhaus in der Prinsengracht 263 in Amsterdam vor allem ihre inneren Empfindungen und Entwicklungsprozesse in sehr subtiler und reflektierter Weise darstellt, gehört zu den klassischen Dokumenten der autobiografischen Beschreibung jugendlichen Seelenlebens. Es wurde in über 70 Sprachen übersetzt und ist mit einer Auflage von rund 30 Millionen Exemplaren eines der meistgedruckten Bücher der Welt. In vielen Schulklassen wurde und wird dieses Buch als Pflichtlektüre ausgewählt. Einerseits deshalb, weil hier das Thema »Holocaust« an einem exemplarischen Einzelschicksal behandelt werden kann, denn das Versteck im Hinterhaus flog im August 1944 auf und die Familie Frank wurde deportiert und Anne Frank fiel im Frühjahr 1945 im Konzentrationslager Bergen-Belsen dem Rassenwahn der Nationalsozialisten zum Opfer. Andererseits aber auch deshalb, weil die tiefgründigen Reflexionen über innere Empfindungen, über Sehnsüchte, Hoffnungen, Zweifel, Irritationen, Ambitionen, Konflikte, Enttäuschungen, welche die Tagebuchschreiberin damals zu Papier brachte, die jugendlichen Leser auch heute noch sehr zur Identifikation und Auseinandersetzung einladen.

In ihrer allerletzten Eintragung vom 1. August 1944 notiert die 15-jährige Anne in ihr Tagebuch – welches sie stets in Form von Briefen an eine imaginäre Freundin namens Kitty verfasst hat –, dass sie

»eigentlich nicht eine, sondern zwei Seelen habe. Die eine beherbergt meine ausgelassene Fröhlichkeit, Spöttereien über alles, meine Lebenslust und vor allem meine Art, alles von der leichten Seite aufzufassen: Darunter verstehe ich: keinen Anstoß nehmen an Flirten, einem Kuß, einer Umarmung, einem unanständigen Witz. Diese Seite sitzt meistens auf der Lauer und verdrängt die andere, die viel schöner, reiner und tiefer ist. Nicht wahr, die gute Seite von Anne kennt niemand, und darum können mich auch so wenige Menschen leiden. ...

Meine leichte, oberflächliche Art wird der tiefen immer über sein und sie besiegen. Du kannst Dir nicht vorstellen, wie oft ich schon versucht habe, diese Anne, die doch nur die Hälfte ist von dem, was Anne heißt, wegzuschieben, zu lähmen, zu verbergen; es geht nicht und ich weiß auch nicht, warum es nicht geht.

Ich habe Angst, daß alle, die mich kennen, so wie ich immer bin, entdecken würden, daß ich eine andere Seite habe, eine schönere und bessere. Ich habe Angst, daß sie über mich spotten, mich lächerlich und sentimental finden, mich nicht ernst nehmen. Ich bin gewöhnt, nicht ernst genommen zu werden; aber nur die ›leichte‹ Anne ist es gewöhnt und kann es vertragen, die ›schwere‹ ist zu schwach dazu. ...

So wie ich es schon sagte, empfinde ich alles anders als ich es ausspreche, und darum habe ich den Ruf von einem Mädel, das Jungens nachläuft, flirtet, naseweis ist und Romane liest. Die vergnügte Anne lacht darüber, gibt freche Antworten, zieht gleichgültig die Schultern hoch, tut, als ob es sie nicht angeht, aber, o weh, genau umgekehrt reagiert die stille Anne. ...

Es schluchzt in mir: ›Siehst Du, das ist daraus geworden: Schlechte Meinung, spöttische und verstörte Gesichter, Menschen, die dich unsympathisch finden, und das alles, weil Du den Rat der eigenen guten Hälfte nicht hörst.‹ – Ach ich möchte schon hören, aber es geht nicht; wenn ich still und ernst bin, denkt jeder, es sei eine neue Komödie, und dann muß ich mich mit einem Witz herausretten, ganz zu schweigen von meiner engeren Familie, die denkt, daß ich krank sei, mir Kopfschmerz- und Nerventabletten zu schlucken gibt, Puls und Stirn fühlt, ob ich Fieber habe, und sich nach meiner Verdauung erkundigt und dann meine schlechte Laune kritisiert. Das halte ich nicht aus. Wenn so auf mich aufgepasst wird, werde ich erst recht schnippisch, dann traurig, und schließlich drehe ich mein Herz wieder um, drehe das Schlechte nach außen, das Gute nach innen und suche immer wieder nach einem Mittel, so zu werden, wie ich so gerne sein möchte, und wie ich sein könnte, wenn ... ja wenn keine anderen Menschen auf der Welt lebten« (Frank 1955, S. 230f.).

An manchen Formulierungen ist erkennbar, dass diese Tagebuchaufzeichnungen nicht aus der unmittelbaren Gegenwart stammen. Dennoch können die Themen, die zur Sprache kommen: Widersprüche zwischen unterschiedlichen Persönlichkeitsanteilen, Diskrepanz zwischen Ideal-Ich und Real-Ich, Bedürfnis nach Klarheit, Sehnsucht nach Anerkennung, Autonomiewünsche und Konflikte mit den überfürsorglichen Eltern . ... wohl auch heute noch als ziemlich typische Phänomene des Jugendalters gelten.

Etwas flapsiger und weniger tiefgründig-idealistisch kommt die jugendtypische Reflexion über das Leben und seine Herausforderungen, über die Spannung zwischen dem Drang zum Tiefsinn einerseits und dem Hang zum Unsinn andererseits, in aktuellen Coming-of-Age Romanen zum Ausdruck. Wenn es ihnen gelingt, das spezielle Lebensgefühl der Jugend plastisch einzufangen, erlangen sie bisweilen den Status von wahren Kultbüchern. Das Buch »Crazy« von Benjamin Lebert, das zudem deutlich autobiografische Züge trägt und vom Autor bereits im zarten Alter von 16 Jahren verfasst wurde, gehört sicherlich zu jenen Büchern. Innerhalb kurzer Zeit hat es mehr als 25 Auflagen erreicht und wurde verfilmt.

Zwischen den 15–16-jährigen Jungen im Internat, um die die ganze Erzählung kreist, entwickelt sich, nachdem sie beim verbotenen nächtlichen Ausflug zum Mädchentrakt gerade mit einigen Mühen die Feuerleiter überwunden haben, folgendes Gespräch über das Leben an sich und als solches:

> »›Und wie ist das Leben?‹ fragt Kugli
> ›Anspruchsvoll‹, antwortet Felix.
> Ein großes Grinsen macht die Runde.
> ›Sind wir auch anspruchsvoll?‹ will Janosch wissen.
> ›Das weiß ich nicht‹, erwidert Felix. ›Ich glaube, wir befinden uns gerade in einer Phase, wo wir den Faden finden müssen. Und wenn wir den Faden gefunden haben, sind wir auch anspruchsvoll.‹
> ›Das verstehe ich nicht‹, bemerkt Florian entrüstet. ›Was sind wir denn, bevor wir anspruchsvoll sind?‹
> ›Vorher sind wir, so glaube ich, Fadensuchende. Die ganze Jugend ist ein einziges großes Fadensuchen‹« (Lebert 2000, S. 65).

Später, bei einem noch waghalsigeren nächtlichen Ausflug, der sie in die Großstadt München führen soll, kommt das Gespräch der Jungen noch einmal auf die Rede vom »Fadensuchen« zurück.

> »›Benjamin Lebert – du bist ein Held‹, sagt Janosch mit tiefer Stimme. ...
> ›Und warum?‹ will ich wissen.
> ›Weil durch dich das Leben spricht‹, entgegnet Janosch.
> ›Durch mich?‹ frage ich.
> ›Durch dich‹, bestätigt er.
> ›Was durch mich spricht, ist beschissen‹, antworte ich.
> ›Nein, – aufregend. Man findet immer etwas Neues.‹
> ›Aber will man das denn?‹ frage ich.
> ›Klar will man das‹, schreit Janosch. ›Sonst wäre es doch langweilig. Man muß immer auf der Suche nach dem – was sagte Felix doch gleich? – Faden sein. Genau, Faden. Man muß immer auf der Suche nach dem Faden bleiben. Die Jugend ist ein einziges großes Fadensuchen. Benni, komm! Laß uns den Faden finden! Am besten in dem Zug nach München‹« (ebd. S. 130f.).

Das sicherlich wichtigste und meistgelesene deutschsprachige Coming-of-Age-Buch aus jüngster Zeit ist Wolfgang Herrndorfs »Tschick« von 2010, das mehr als 2 Millionen Mal verkauft wurde und zahlreiche Preise abräumte. Inzwischen gibt es eine Theaterfassung, die landauf, landab gespielt wird (in der Spielzeit 2012/13 war »Tschick« das meistgespielte Stück an allen deutschen Bühnen!), und es gibt eine Verfilmung unter der Regie von Fatih Akin. Es dürfte derzeit sicherlich auch zur meistgelesenen Schullektüre an deutschen Schulen gehören. Es geht darin um die Geschichte zweier Außenseiter, die zu Ausreißern werden, dem 14-jährigen Maik Klingenberg – aus dessen Perspektive die Geschichte erzählt wird – und dem gleichaltrigen Aussiedlerjungen Andrej Tschichatschoff, genannt »Tschick«. Maik leidet daran, dass seine Familie gerade zerfällt – seine Mutter ist wieder einmal auf Entziehungskur und sein Vater ist mit der Sekretärin im Urlaub unterwegs –, noch mehr aber leidet er daran, dass er bei seinen Mitschülern als Langweiler oder gar als »Psycho« wahrgenommen wird. Dies führt u. a. dazu, dass er als einer der ganz wenigen seiner Klasse nicht zur Geburtstagsfete seiner angehimmelten Klassenkameradin Tatjana, des weiblichen Stars in der Klasse, eingeladen wird. Entsprechend angekratzt ist sein Selbstbild:

> »Logisch, die größten Langweiler und Assis waren nicht eingeladen, Russen, Nazis und Idioten. Und ich musste nicht lange überlegen, was ich in Tatjanas Augen wahrscheinlich war. Weil, ich war ja weder Russe noch Nazi« (Herrndorf 2010, S. 60f.).

So ergibt es sich eher spontan und zufällig, dass sich die beiden Jungs in einem geklauten Lada auf die Fahrt in die Walachei machen. Dabei haben sie weder eine genauere Vorstellung davon, wo die Walachei eigentlich liegt, noch wie sie dorthin kommen sollen. »Walachei« steht mehr symbolisch für Aufbruch, Aktion, Abenteuer. Es handelt sich im Weiteren dann um ein »Road-Movie«, bzw. eine »Heldenreise«, wenn man so will auch um einen Bildungsroman, bei dem die beiden Protagonisten zahlreiche eigentümliche Begegnungen mit schrägen Menschen haben und etliche knifflige Aufgaben lösen müssen, denen sie sich mit einer jugendtypischen Mischung aus Unbekümmertheit und Ahnungslosigkeit stellen. Am Ende, als sie dann irgendwo im Brandenburgischen gestrandet sind, sind sie ein ganzes Stück reifer geworden und haben Etliches über das Leben gelernt – und sie haben einen freundlicheren Blick auf die Menschen und sich selbst gewonnen. Es kommt zu folgendem Dialog zwischen den beiden Jungen, die nach ursprünglicher wechselseitiger Ablehnung inzwischen zu Freunden geworden sind:

> »›Wie kommst du denn auf Langweiler‹, fragte Tschick, und ich fragte ihn, ob er eigentlich wüsste, warum ich überhaupt mit ihm in die Walachei gefahren wäre. Nämlich weil ich der größte Langweiler war, so langweilig, dass ich nicht mal auf eine Party eingeladen wurde, zu der alle eingeladen wurden, und weil ich wenigstens einmal im Leben nicht langweilig sein wollte, und Tschick erklärte, dass ich nicht alle Tassen im Schrank hätte und dass er sich, seit er mich kennen würde, noch nicht eine Sekunde gelangweilt hätte. Dass es im Gegenteil so ungefähr die aufregendste und tollste Woche seines Lebens gewesen wäre, und dann unterhielten wir uns über die tollste und aufregendste Woche unseres Lebens, und es war wirklich kaum auszuhalten, dass es jetzt vorbei sein sollte« (ebd., S. 213).

Die Selbstzweifel, der Wunsch nach Anerkennung, die Bedeutung von Freundschaft, die Frage nach dem Sinn des Lebens, die Sehnsucht nach aufregenden Begegnungen und spannenden Erlebnissen ... das sind jenseits der vordergründigen Komik der bizarren Szenen und schrägen Dialoge, in die die beiden Protagonisten verwickelt werden, die zentralen Themen des Buches. Aber auch das Sich-auf-den-Weg-Machen und die Frage, welche Haltungen und welche Zukunftspläne am ehesten geeignet sind, um die eigenen Glücksansprüche zu realisieren. An einer sehr nachdenklichen Stelle geraten dem Ich-Erzähler Maik die »Generationendifferenz«, der Gegensatz zwischen Alt und Jung, und die damit zusammenhängenden Themen der Begrenztheit der Lebensspanne und der unvermeidlichen Vergänglichkeit aller einstmals hochfliegenden jugendlichen Träume und Ambitionen schmerzlich ins Bewusstsein:

> »Ich musste die ganze Zeit auf die Rentner gucken, die aus diesen Bussen quollen. Denn es waren ausschließlich Rentner. Sie trugen alle ausschließlich braune oder beige Kleidung und ein lächerliches Hütchen, und wenn sie an uns vorbeikamen, wo es eine kleine Steigung raufging, schnauften sie, als hätten sie einen Marathon hinter sich.
>
> Ich konnte mir nicht vorstellen, dass ich selbst einmal so ein beiger Rentner sein würde. Dabei waren alle alten Männer, die ich kannte, beige Rentner. Und auch die Rentnerinnen waren so. Alle waren beige. Es fiel mir ungeheuer schwer, mir auszumalen, dass diese alten Frauen auch einmal jung gewesen sein mussten. Dass sie einmal so alt gewesen waren wie Tatjana und sich abends zurechtgemacht hatten und in Tanzlokale gegangen waren, wo man sie vermutlich als junge Feger oder so was bezeichnet hatte, vor fünfzig oder hundert Jahren. Nicht alle natürlich. Ein paar werden auch damals schon öde und hässlich gewesen sein. Aber auch die Öden und Hässlichen haben mit ihrem Leben wahrscheinlich mal was vorgehabt, sie hatten sicher auch Pläne für die Zukunft. Und auch die ganz Normalen hatten Pläne für die Zukunft, und was garantiert nicht in diesen Plänen stand, war, sich in beige Rentner zu verwandeln. Je mehr ich über diese Alten nachdachte, die da aus den Bussen rauskamen, desto mehr deprimierte es mich« (ebd., S. 117f.).

Die Jugend als Kampf zwischen zwei Seelen in der Brust, die Jugend als aufregende, spannende Reise ins Ungewisse und die Jugend als »ein einziges großes Fadensuchen« – damit sind sehr ansprechende und anschauliche Metaphern für das Jugendalter formuliert. Gleichzeitig kommen in narrativen Texten wie den oben zitierten das eigentümliche Lebensgefühl der Jugend sowie die typischen Denk-, Kommunikations- und Handlungsweisen dieses Alters in besonders anschaulicher und authentischer Weise zum Ausdruck. Lässt sich all dies überhaupt in irgendeiner Weise »wissenschaftlich erklären« – also auf allgemeine Gesetze, Prinzipien, auf eine universelle Entwicklungslogik oder auf die je spezifischen gesellschaftlichen Rahmenbedingungen »zurückführen«? Oder sind die Konstellationen und die Geschichten, die hier geschildert werden, so bunt und schillernd und vielfältig wie das Leben selbst? Was wollen, was sollen, was können »Theorien des Jugendalters« also leisten?

Auch die Geschichte des theoretischen Nachdenkens über die Besonderheiten des Jugendalters und deren innere Ursachen könnte man als eine verschlungene und stationenreiche Reise oder als ein »großes Fadensuchen« beschreiben bzw. als ein vielfältig verschlungenes Knäuel von bunten Fäden, von unterschiedlichen Beschreibungen, Deutungen und Erklärungen. Ich will im Folgenden eine ganze Reihe von Fäden aus diesem Knäuel herausziehen, d. h. eine Reihe von markanten Versuchen vorstellen, die Gesamtcharakteristik des Jugendalters auf den Punkt zu bringen, die zentralen inneren Prozesse zu beschreiben und die maßgeblichen Antriebskräfte dafür zu benennen. Dies werden zum einen bestimmte markante Ansätze sein, die direkt mit konkreten Namen bedeutsamer Pädagogen oder Psychologen verknüpft sind, zum anderen aber auch bestimmte Theorietraditionen, die mehr durch einen speziellen Fokus bei der Beschreibung und Deutung der jugendtypischen Phänomene charakterisiert sind.

Dabei ist freilich weder eine systematische Geschichte der Jugend noch eine systematische Geschichte der Jugendpsychologie, der Jugendpädagogik oder der Jugendforschung beabsichtigt, sondern es geht um die Vergegenwärtigung und halbwegs systematische Ordnung der vielfältigen Deutungsmuster, unter denen Jugend betrachtet werden kann und die in der Diskussion über die Jugend immer wieder auftauchen. Die Darstellung bemüht sich in der wiederkehrenden Formel »Jugend als ...«, darum, jeweils die charakteristischen Besonderheiten der einzelnen Sichtweisen auf den Punkt zu bringen. Dass man in einer solchen knappen, überblicksartigen Zusammenfassung der Differenziertheit dessen, was von den einzelnen Positionen alles *auch noch* gesehen und erwogen wurde, nicht gerecht werden kann, dass es dabei unvermeidlich zu Akzentuierungen und Verkürzungen kommt, liegt auf der Hand. Ebenso natürlich auch, dass es oftmals keine ganz trennscharfen Grenzlinien zwischen den unterschiedlichen Ansätzen, sondern vielfache Überschneidungen und Überlappungen gibt.

3

Jugend als mehr oder weniger klar definierter Altersabschnitt – Definitionen in Gesetzestexten und entwicklungspsychologischen Lehrbüchern

Wenn man die Frage stellt, was das eigentlich ist, »ein Jugendlicher« oder »eine Jugendliche«, dann bekommt man die schlichtesten Antworten und die eindeutigsten Definitionen wohl aus der Sphäre der Jurisprudenz. Der §1 des Jugendschutzgesetzes ist mit »Begriffsbestimmungen« überschrieben und beginnt mit den folgenden Sätzen:

»(1) Im Sinne dieses Gesetzes
1. sind Kinder Personen, die noch nicht 14 Jahre alt sind,
2. sind Jugendliche Personen, die 14, aber noch nicht 18 Jahre alt sind.«

Im § 7 des Kinder- und Jugendhilfegesetzes, der ebenfalls mit »Begriffsbestimmungen« überschrieben ist, ist folgendes zu lesen:

»(1) Im Sinne dieses Buches ist

1. Kind, wer noch nicht 14 Jahre alt ist ...
2. Jugendlicher, wer 14 aber noch nicht 18 Jahre alt ist,
3. junger Volljähriger, wer 18 aber noch nicht 27 Jahre alt ist,
4. junger Mensch, wer noch nicht 27 Jahre alt ist.«

Solche klaren, eindeutigen begrifflichen Abgrenzungen sind für die Handhabbarkeit von Gesetzestexten, in denen einerseits Einschränkungen im Zugang zu bestimmten Konsumgütern (wie Tabak oder Alkohol) oder Veranstaltungen oder aber Rechtsansprüche und institutionelle Verpflichtungen geregelt werden, erforderlich. Dass es diese Gesetze gibt, macht bereits sehr deutlich, dass in unserer Gesellschaft Kinder und Jugendliche nicht einfach als »kleine Erwachsene« betrachtet werden, sondern als eine besondere Teilgruppe, die von bestimmten Gefährdungen und Verführungen der Erwachsenenwelt möglichst fernzuhalten ist und deren Vertretern in bestimmten Lebenslagen besondere Unterstützung und Hilfe zu gewähren ist. Solche Begriffsbestimmungen in Gesetzestexten sagen freilich noch gar nichts über die qualitativen Besonderheiten der einzelnen Altersabschnitte aus und sie gehen auch nicht auf die Tatsache ein, dass die körperliche und seelische Reife eines Menschen mit 14 Jahren höchst unterschiedlich beschaffen sein kann.

Aber nicht nur in juristischen Texten, auch in entwicklungspsychologischen Lehrbüchern und in der soziologischen Jugendforschung findet man häufig pragmatische begriffliche Festlegungen, um die Zielgruppe, von der im weiteren die Rede sein soll, zu umreißen. Dabei erweist sich aber recht bald, dass die Begriffe dort keineswegs einheitlich verwendet werden. Bei Remplein

(1963, S. 28) etwa war »Jugendalter« noch der Oberbegriff, der das ganze zweite Lebensjahrzehnt umfasst und in dem sich die Unterphasen »Vorpubertät« (12–14 Jahre), »Pubertät« (14–16 Jahre), »Jugendkrise« (16–17 Jahre) und Adoleszenz (17–21 Jahre) ablösen (für Mädchen wird dabei jeweils ein »Vorsprung« von einem bis eineinhalb Jahren angenommen). Bei Oerter/Dreher ist es genau umgekehrt. Hier ist »Adoleszenz« der Oberbegriff, der vom vollendeten 10. bis zum 21. Lebensjahr reicht und diese wird dann in Unterphasen aufgeteilt, wobei unter »Jugendalter« die Zeit vom 11. bis zum vollendeten 17. Lebensjahr verstanden wird (Oerter/Dreher 1995, S. 312). Bei Kasten schließlich findet sich eine Aufgliederung in Vorpubertät (12–14 Jahre), Pubertät (14–16 Jahre), frühe Adoleszenz (16–17 Jahre), mittlere Adoleszenz (17–19 Jahre) und späte Adoleszenz (19–21 Jahre) (Mädchen wiederum mit einem »Vorsprung« von zwei Jahren). Bei ihm wird »Jugendalter« weitgehend mit »Adoleszenz« synonym gebraucht und als zweite große Übergangsphase von der vorausgehenden Phase der Pubertät unterschieden (Kasten 1999, S. 14f.).

Betrachtet man die einschlägigen großen soziologischen Jugendstudien, so stellt man fest, dass auch hier der Begriff »Jugend« auf durchaus unterschiedlich gefasste Zielgruppen bezogen wird. Die erste Shell-Jugendstudie von 1953 hatte den Titel »Jugend zwischen 15 und 24«, die jüngste, 17. Shell-Jugendstudie von 2015 hatte die 12–25-Jährigen im Visier. Zinnecker hat in seiner ebenfalls repräsentativen Jugendstudie »null zoff & voll busy – die erste Jugendgeneration des neuen Jahrtausends« 10–18-Jährige befragt (vgl. Zinnecker u. a. 2003). Man sieht, die Unterschiede sind sehr groß, und Hurrelmann hat unter sozialisationstheoretischer Perspektive sogar den grundsätzlichen Standpunkt vertreten, »dass eine altersmäßige Festlegung der Jugendphase nicht möglich und nicht sinnvoll« sei. Allenfalls für den Beginn dieses Altersabschnitts lässt er mit der Geschlechtsreife einen markanten Anfangspunkt zu, ihr Abschluss und Ende sei dagegen so offen und unbestimmt und so sehr von kulturellen Gegebenheiten abhängig, dass eine generelle altersmäßige Festschreibung nicht viel

Sinn mache. Freilich geht auch Hurrelmann trotz unscharfer Grenzziehungen von der These aus, »dass der Jugendphase eine eigenständige Bedeutung im menschlichen Lebenslauf zugesprochen werden muß« (Hurrelmann 1994, S. 18).

Baacke hat gleich im Titel seines verbreiteten Buches »Die 13– 18-Jährigen« (Baacke 1979) deutlich gemacht, um welche Altersgruppe sein Buch kreist, und er hat dies damit gerechtfertigt, »dass diese Altersspanne in etwa als eine sinnliche Einheit erfahren wird, und zwar von den Jugendlichen selbst, aber auch von den Eltern und Lehrern. Die körperlichen Veränderungen der Adoleszenz, neue Verhaltensweisen und ein atmosphärischer Gesamthabitus schließen diese Altersgruppe zusammen. Es sind dies die Jahre, die Erzieher am meisten verunsichern. Die Jugendlichen sind oft aggressiv gegenüber Erwachsenen und rufen deren Aggression hervor« (Baacke 1979, S. 16). Interessant ist, dass Baacke als Erziehungswissenschaftler seine Abgrenzung unter anderem mit den typischen pädagogischen Konfliktkonstellationen dieser Altersphase begründet. Diese pragmatische Abgrenzung erscheint sinnvoll. In der Tat bilden die 13–18-Jährigen unter pädagogischen Aspekten eine gewisse Einheit. Die meisten der oben genannten Elternratgeber, die schon im Titel auf die Konflikthaftigkeit anspielen, beziehen sich wohl auf diese Altersphase und zweifellos gibt es eben gerade in dieser Zeit auch den größten Beratungsbedarf auf Seiten der Eltern.

Mit dem Alter von 12–14 wird heute definitiv das Kindheitsstadium verlassen. Dass hier eine deutliche Schwelle liegt, geht auch aus den entsprechenden Befragungen zur subjektiven Selbstcharakterisierung und zu typisch »kindlichen« bzw. »jugendlichen« Erfahrungen hervor (vgl. Zinnecker u. a. 2003 S. 112f.). Außerdem nehmen in der Regel in diesem Alter die Abgrenzungstendenzen gegen die Autorität der Eltern, deren Vorgaben und Bestimmungen deutlich zu. Gleichzeitig bleibt aber die Verantwortlichkeit der Eltern für das, was die Jugendlichen tun und lassen, doch noch weitgehend bestehen. Mit 18 dagegen sind die Kinder – auch wenn sie keineswegs zwangsläufig »erwachsen« im

Sinne von »geistig reif und innerlich gefestigt« sind – formal volljährig und können damit prinzipiell ihre eigenen Entscheidungen treffen und ihre eigenen Wege gehen (selbst wenn sie ökonomisch noch länger abhängig bleiben). Dies verändert natürlich die Qualität der Eltern-Kind-Konflikte. Zudem sind die 13–18-Jährigen heute überwiegend noch in die Institution Schule, also in einen pädagogischen Kontext mit entsprechenden Rollenverteilungen und mit einem zwangsläufigen Zusammenschluss zu altershomogenen Großgruppen eingebunden, was sicherlich zu jenem von Baacke beschriebenen »atmosphärischen Gesamthabitus« beiträgt. Im Hinblick auf die Schule gibt es die generelle Erfahrung, dass es bei den Schülern der 7., 8., 9. Klassen, in denen die Schüler die Schule nicht selten vor allem als institutionelle Zumutung erleben, zu einer Häufung von Konfliktpotential und zu einer Zunahme von Protest- und Verweigerungshaltungen kommt. Diese geht dann in der Oberstufe, wenn die Schüler jenseits der Schulpflicht den weiteren Schulbesuch eher als persönliche Chance erleben und sich stärker für ihre persönliche Schullaufbahn verantwortlich fühlen, wieder deutlich zurück.

Deshalb soll also im Weiteren, ohne dass es dabei stets auf scharfe Grenzziehungen ankommt, vor allem diese Altersgruppe der 13–18-Jährigen im Mittelpunkt stehen, wenn von den »Jugendlichen« die Rede ist. Der Begriff »Pubertät« soll sich dabei eher auf die erste Hälfte dieses Altersabschnitts und primär auf die körperlich-biologischen Veränderungsprozesse und deren Verarbeitung beziehen; der Begriff »Adoleszenz« dagegen eher auf die zweite Hälfte und damit mehr auf innerseelische Auseinandersetzung mit dem Erwachsenwerden. Fend hat darauf hingewiesen, dass die drei Kernbegriffe »Jugend«, »Pubertät«, und »Adoleszenz« weniger klar abgrenzbare oder subsumierbare Altersphasen darstellen, sondern eher auf unterschiedlichen Forschungstraditionen und Betrachtungsperspektiven hinweisen: »Soziologen sprechen von der Jugend, Psychologen von der Adoleszenz und Biologen von der Pubertät« (Fend 2000, S. 22). Man könnte ironisch noch hinzufügen, die Erziehungswissenschaft unterstreicht ihren interdisziplinären Charakter dadurch, dass sie alle drei Begriffe bunt durcheinander verwendet. Aber wie gesehen, ist auch innerhalb der Psychologie die Begriffsverwendung keineswegs eindeutig.

4

Jugend als lebenslanges Ideal, als Versprechen und als Verklärung – die Perspektive der Aphorismen, der Lyrik und der Lebenskunst

Jenseits von juristischen Festlegungen und auch jenseits von Soziologie, Psychologie und Biologie, eher im Bereich der Literatur, der Aphorismen und der Lyrik angesiedelt, gibt es freilich auch noch eine andere Bedeutungsvariante des Begriffs »Jugend«. Dort meint er eher eine altersunabhängige innere Einstellung, die gewissermaßen durch das Gegenteil von »ödem Rentnerbeige«, d. h. durch Farbigkeit, Lebendigkeit, Offenheit für Neues, Kreativität, Flexibilität, Entdeckerlust, Begeisterungsfähigkeit, Idealismus und

Leidenschaft geprägt ist und im Gegensatz zu Verhärtung, Verbitterung, Verknöcherung und Resignation, aber auch zu berechnender Vernünftigkeit und Abgeklärtheit steht. Es geht dabei gerade darum, die Beschränkung von »Jugend« auf ein bestimmtes chronologisches Alter zu überwinden und Jugend eher als eine Geisteshaltung zu beschreiben. Jugend wird hier zudem eng mit Aufbruch, Erneuerung, energischem Streben und mit Zukunftshoffnung assoziiert und enthält ein Versprechen auf ein besseres Leben. In diesem Sinne hat schon Hölderlin den »Genius der Jugend« besungen:

»Doch in nahmenlosen Wonnen
Feiern ewig Welten dich,
In der Jugend Stralen sonnen
Ewig alle Geister sich; -
Mag des Herzens Gluth erkalten,
Mag im langen Kampfe mir
Jede süße Kraft veralten,
Neuverschönt erwacht sie dir!«

Und es gibt zahlreiche Aphorismen, die diesen Aspekt des Begriffs Jugend zum Ausdruck bringen. Kürzlich war ich Zeuge, wie der Bürgermeister einer kleinen Gemeinde einen 95-jährigen Jubilar im Altersheim besuchte, um ihm die Grüße des Bayerischen Ministerpräsiden samt Zinnteller zu überbringen. Dem beigefügten Glückwunschschreiben war das folgende Zitat von Franz Kafka vorangestellt: »Solange man Schönheit genießen kann, wird man niemals alt.« Andere Aphorismen, die in die gleiche Richtung gehen, stammen etwa von Maria Ebner-Eschenbach: »Man bleibt jung, so lange man noch lernen, neue Gewohnheiten annehmen und Widerspruch ertragen kann«; von Jean Paul: »Man ist jung, solange man sich für das Schöne begeistern kann und nicht zulässt, dass es vom Nützlichen erdrückt wird«; von Pablo Casals: »Solange man bewundern und lieben kann, ist man immer jung«; oder von Pablo Picasso: »Man braucht sehr lange, um jung zu werden.« Die Paradoxie, die in diesen Sätzen liegt, hat wiederum Peter Bamm in einem schönen Aphorismus eingefangen: »Im

Grunde haben die Menschen nur zwei Wünsche: Alt zu werden und dabei jung zu bleiben.«

Der utopische Hoffnungshorizont, der mit dem Begriff Jugend verbunden ist, ist besonders auch von Ernst Bloch, in dessen Philosophie das Moment des Utopischen, das Voranschreiten zu neuen Ufern, zu menschlicheren Lebensformen, eine zentrale Rolle spielt, gesehen worden. In diesem Sinne schreibt er:

> »Bereits ein junger Mensch, der etwas in sich stecken fühlt, weiß, was das bedeutet, das Dämmernde, Erwartete, die Stimme von morgen. Er fühlt sich zu etwas berufen, das in ihm umgeht, in seiner eigenen Frische sich bewegt und das bisher Gewordene, die Welt der Erwachsenen überholt. Gute Jugend glaubt, daß sie Flügel habe und daß alles Rechte auf ihre heranbrausende Ankunft wartet, ja erst durch sie gebildet, mindestens durch sie befreit werde« (Bloch 1959, S. 132).

Dass dieser Elan im Laufe der Jahre dann zumeist verloren geht und einer »Reife«, einer »Erwachsenheit« weicht, die eher Verlust als Fortschritt ist, hat Albert Schweitzer in seiner Autobiographie bitter beklagt und entsprechend flehentlich zu einem lebenslangen Festhalten an der Begeisterungsfähigkeit und dem Idealismus der Jugend aufgefordert:

> »Der Ausdruck ›reif‹ auf den Menschen angewandt, war mir und ist mir noch immer etwas Unheimliches. Ich höre dabei die Worte Verarmung, Verkümmerung, Abstumpfung als Dissonanzen miterklingen. Was wir gewöhnlich als Reife an einem Menschen zu sehen bekommen, ist eine resignierte Vernünftigkeit. Einer erwirbt sie sich nach dem Vorbilde anderer, indem er Stück um Stück die Gedanken und Überzeugungen preisgibt, die ihm in seiner Jugend teuer waren. Er glaubte an den Sieg der Wahrheit; jetzt nicht mehr. Er glaubte an die Menschen; jetzt nicht mehr. Er glaubte an das Gute; jetzt nicht mehr. Er eiferte für Gerechtigkeit; jetzt nicht mehr. Er vertraute in die Macht der Gütigkeit und der Friedfertigkeit; jetzt nicht mehr. Er konnte sich begeistern; jetzt nicht mehr. Um besser durch die Fährnisse und Stürme des Lebens zu schiffen, hat er sein Boot erleichtert. Er warf Güter aus, die er für entbehrlich hielt. Aber es war der Mundvorrat und der Wasservorrat, dessen er sich entledigte. Nun schifft er leichter dahin, aber als verschmachtender Mensch. In meiner Jugend habe ich Unterhaltungen von Erwachsenen mitangehört, aus

denen mir eine das Herz beklemmende Wehmut entgegenwehte. Sie schauten auf den Idealismus und die Begeisterungsfähigkeit ihrer Jugend als auf etwas Kostbares zurück, das man hätte festhalten sollen. Zugleich aber betrachteten sie es als eine Art Naturgesetz, daß man das nicht könne.

Da bekam ich Angst, auch einmal so wehmütig auf mich selber zurückschauen zu müssen. Ich beschloß, mich diesem tragischen Vernünftigwerden nicht zu unterwerfen. Was ich mir in fast knabenhaftem Trotze gelobte, habe ich durchzuführen versucht.

Zu gern gefallen sich die Erwachsenen in dem traurigen Amt, die Jugend darauf vorzubereiten, daß sie einmal das meiste von dem, was ihr jetzt das Herz und den Sinn erhebt, als Illusion ansehen wird. Die tiefere Lebenserfahrung aber redet anders zu der Unerfahrenheit. Sie beschwört die Jugend, die Gedanken, die sie begeistern, durch das ganze Leben hindurch festzuhalten. Im Jugendidealismus erschaut der Mensch die Wahrheit. In ihm besitzt er einen Reichtum, den er gegen nichts eintauschen soll« (Schweitzer, 1988, S. 77f.).

Natürlich sind dies Verklärungen. Jugendliche sind keineswegs per se die besseren, edleren Menschen. Es gab im letzten Jahrhundert eine Jugendgeneration, die sehr stark als Avantgarde des kommenden Zeitalters stilisiert wurde und in der viele durchaus subjektiv davon überzeugt waren,»daß alles Rechte auf ihre heranbrausende Ankunft wartet«, und die dann im Nachhinein erkennen musste, dass es bitteres Unrecht und schlimme Barbarei war, was da heranbrauste. Aber dennoch verweist dieses Schweitzer-Zitat auf einen wichtigen Aspekt, nämlich darauf, dass menschliche Entwicklung und damit auch Entwicklung im Jugendalter keineswegs ausschließlich unter der Perspektive der Steigerung, also von Reifezuwachs, Lernfortschritt und Kompetenzerwerb betrachtet werden kann, sondern in bestimmter Hinsicht auch als Verlustgeschichte, d.h. als Verarmungs- und Verhärtungsgeschichte betrachtet werden muss. Wenn dies zutrifft, dann ist damit natürlich auch der Gedanke nahe gelegt, dass Entwicklung nicht nur ein stetiges und mühsames Hinaufarbeiten zur Reife des Erwachsenen ist und dass alle vorausgegangenen Entwicklungsstufen nur Durchgangsstufen auf dieses Ziel hin sind, sondern dass sie ihre eigene Würde und ihre eigene »Vollkommenheit« haben.

5

Jugend als Vielfalt der Lebenslagen und Lebensorientierungen

Die Beschwörung der Jugend als einer besonders intensiven, innovativen, idealistisch gesonnenen, erlebnishungrigen und begeisterungsfähigen Phase im menschlichen Leben geht natürlich immer von einer übergreifenden naturhaften Wesensgestalt des Jugendlichen aus und verkennt, dass das, was Jugend kennzeichnet, an unterschiedlichen sozialen Orten, in unterschiedlichen Lebenslagen und in unterschiedlichen Zeiträumen sehr verschieden aussehen kann. In diesem Sinn hat Richard Münchmeier in der Shell-Studie von 1997 mit leichter Ironie sein Fazit mit der Überschrift versehen: »Jung und ansonsten ganz verschieden« (Münchmeier 1997). Im Hinblick auf die Verschiedenheit wären dabei u. a. die folgenden Differenzaspekte, -facetten, -dimensionen von Jugend zu thematisieren:

> Männliche Jugend – weibliche Jugend
> Frühes, mittleres, spätes Jugendalter
> Jugend in unterschiedlichen Ländern, Kulturkreisen
> Jugend unterschiedlicher Epochen, unterschiedlicher Jugendgenerationen
> Unterschicht-, Mittelschicht-, Oberschichtjugend
> Gestreckte Jugendphase – verkürzte Jugendphase
> Bürgerliche Jugend – proletarische Jugend – Hartz IV-Jugend
> Großstadtjugend, Kleinstadtjugend, Landjugend
> Jugendliche mit/ohne Migrationshintergrund
> Familienjugend – Jugend in sozialpädagogischen Institutionen
> Bildungsferne Jugend – bildungsbeflissene Jugend
> Hauptschuljugend, Berufsschuljugend, gymnasiale Jugend, studentische Jugend
> Christliche, muslimische, areligiöse Jugend
> Linke, rechte, apolitische, entpolitisierte Jugend
> Strebsame, leistungsbeflissene, karrierebewusste Jugend – ausstiegs- und verweigerungsorientierte Null-Bock-Jugend
> Angepasste, aufmüpfige, idealistische, pragmatische, materialistische Jugend
> Jugendzentrierte Jugend – familienzentrierte Jugend
> Labile, gefährdete, krisenverstrickte Jugend – stabile, ich-starke, selbstbewusste Jugend
> Delinquente, verwahrloste, gewaltbereite Jugend – gesetzeskonforme, leistungsbereite, sozial engagierte Jugend

All diese Dimensionen lassen sich auch noch beliebig kombinieren, so dass man bei entsprechender systematischer Ausdifferenzierung auf eine immense Vielzahl von Unterkategorien käme, in die man die einzelnen konkret empirisch vorfindbaren Jugendlichen dann einsortieren könnte. Dies macht in jedem Fall deutlich:

»Jugend« ist kein monolithischer Block, sondern ein höchst vielgestaltiges, schillerndes Phänomen. Dennoch kommt keine Jugendstudie darum herum – selbst wenn sie vor vorschnellen Verallgemeinerungen warnt –, allgemeine Aussagen über »die« Jugend zu treffen und zu versuchen, mit möglichst prägnanten Begriffen ein aktuelles Porträt der von ihr untersuchten Jugend zu zeichnen. In diesem Sinne hat die Jugendforschung die unterschiedlichen »Jugendgenerationen« immer wieder mit markanten »Generationenlabels« versehen, mittels derer versucht werden sollte, die jeweilige »Generationsgestalt«, d. h. das Typische, Spezifische dieser Generation auf den Punkt zu bringen.

In diesem Sinne wurden in den letzten siebzig Jahren etliche Jugendgenerationen beschrieben. Da gab es die »suchende und fragende Generation« der ersten Nachkriegsjahre, ihr folgte dann in den fünfziger Jahren die von Schelsky so bezeichnete »skeptische Generation«, die Anfang der sechziger Jahre von der sogenannten »Generation der Unbefangenen« abgelöst wurde. Ein deutlicher Wandel ergab sich dann Ende der sechziger Jahre, als mit Jugendprotest und Studentenunruhen die »kritische Generation« auf den Plan trat. Da sich die großen Hoffnungen auf gesamtgesellschaftliche Umwälzungen, die mit dieser Zeit verbunden waren, doch nicht erfüllten, wurde die nachfolgende Jugendgeneration bisweilen als die »desillusionierte Generation« tituliert. Da es aber dennoch zu vielfältigen Veränderungen im Generationenverhältnis und im Lebensstil gekommen war, war auch von der »alternativen Generation« die Rede. Anfang der 1980er Jahre gab es noch eine heftige Debatte um die »Null-Bock-Generation« einerseits, um den so genannten »Neuen Sozialisationstypus« andererseits, d. h. um die Frage, ob sich die neue Jugendgeneration durch einen verstärkten Narzissmus, eine ausgeprägte Selbstbezogenheit und Verletzlichkeit, durch das Ausweichen vor Sachanforderungen und durch symbiotische Verschmelzungswünsche von früheren Jugendgenerationen unterscheide (vgl. Ziehe 1975, Häsing/Stubenrauch/Ziehe 1981). Seitdem haben sich kaum mehr einheitliche Etiketten durchgesetzt, sondern es ist in der Jugendforschung eher von einer »Pluralisierung jugendlicher Lebensformen und -stile« die Rede, von Widersprüchen, die die gegenwärtige Jugendsituation kennzeichnen (vgl. Baacke/Heitmeyer 1985, Hornstein 1990), bzw. von der »Jugend zwischen Moderne und Postmoderne« (Helsper 1991), womit ja auch angedeutet ist, dass es kaum noch einheitliche Konturen gibt. Die zwei empirischen Jugendstudien, die gewissermaßen der ersten Jugendgeneration des neuen Jahrtausends auf den Puls gefühlt haben, haben dagegen wiederum markante Slogans gesucht, um das Gesamtbild ihrer Ergebnisse auf einen Nenner zu bringen. Bei Zinnecker lautet dieser »null zoff & voll busy«. Gewissermaßen als Credo dieser Generation gilt nämlich der folgende Satz aus dem Fragebogen, der besonders hohe Zustimmungswerte erfahren hat: »Man sollte sein Leben leben und froh sein, wenn man nicht von außen belästigt wird.« Hurrelmann hat in der Shell-Jugendstudie von 2002 zur Kennzeichnung der aktuellen Jugendgeneration die umstrittene Bezeichnung von den »Ego-Taktikern« geprägt, um den hohen Grad der Selbstzentriertheit heutiger Jugendlicher auf den Punkt zu bringen (Hurrelmann 2002). Da diese Bezeichnung allerhand Widerspruch ausgelöst hatte, war später dann in den folgenden Shell-Jugendstudien nur mehr von einer jungen Generation »zwischen pragmatischem Idealismus und robustem Materialismus« die Rede (Albert/Hurrelmann/Quenzel 2015, S. 34).

6

Jugend als Forschungsobjekt – die Unterschiedlichkeit der Forschungsansätze und Methoden in der Jugendforschung

Die Jugendforschung ist ein weites und heterogenes Feld, in welchem sehr unterschiedlichen Fragestellungen nachgegangen wird. Sie reichen von den konkreten Erfahrungen und Lebenspraxen der Jugendlichen über ihre Einstellung, Ambitionen und Befindlichkeiten, bis hin zu ihren Hoffnungen, Sorgen und Ängsten. Dabei ist auch klar, dass die unterschiedlichen Arten von Fragen, auf die die Jugendforschung Antworten zu geben versucht, auch unterschiedliche methodische Zugangsweisen für eine sinnvolle Beantwortung erforderlich machen. Fragen nach den derzeit vorherrschenden Meinungen, Einstellungen, Werthaltungen, Zukunftserwartungen in der nachwachsenden Generation werden typischerweise durch repräsentative Surveystudien, also durch großangelegte Fragebogenerhebungen angegangen. Andere Fragestellungen, die eher auf die Ursachen und Bedingungen für günstigere und ungünstigere Durchgänge durch das Jugendalter abzielen, erfordern aufwändige Längsschnittstudien, bei denen eine bestimmte Kohorte von Jugendlichen mehrere Jahre hinweg wissenschaftlich begleitet wird. Neben Befragungen, Interviews, Testverfahren, Experimentalsituationen etc. kommen dabei dann bisweilen sogar moderne bildgebende Verfahren zum Einsatz, mittels derer der »Gehirnumbau« in der Pubertät dokumentiert werden soll. Wieder andere Fragen, bei denen die unterschiedlichen subjektiven Erlebnisweisen und die typischen Identitätsbildungsprozesse Jugendlicher im Vordergrund stehen, sind eher durch narrative und kasuistische Zugänge, bei denen die Betroffenen sich möglichst ausführlich und frei über sich und ihr Leben, ihre Probleme und ihre Ziele äußern können, zugänglich. Eine spezifische Form der Kasuistik stellen dabei natürlich die Fallbeschreibungen und die damit zusammenhängenden Theoretisierungen dar, die im Kontext psychoanalytischer Gesprächssituationen entstehen. Um die Besonderheiten des jugendlichen Kommunikations- und Gesellungsverhaltens, den Wandlungen der Jugendsprache und der Jugendkultur, den Sozialprozessen in Cliquen und Szenen wissenschaftlich nachzugehen, sind oftmals teilnehmend beobachtende oder ethnographische Zugänge sinnvoll. Natürlich auch, um kulturvergleichende Betrachtungen über Gestalt und Verlauf des Jugendalters in unterschiedlichen Regionen und Milieus anzustellen. Um Fragen über die historische Genese und Wandelbarkeit des Jugendalters zu beantworten, bedarf es häufig der systematischen Analyse bestimmter Bild- und Textdokumente, die darüber Auskunft geben können, wie das Jugendleben in anderen Zeiten beschaffen war. Oder es wird, um historische »Jugendgestalten« zu rekonstruieren, auf die Befragung von Zeitzeugen, die Auskunft über das typische Jugendleben in früheren Generationen geben können, zurückgegriffen. Für die Beantwortung von Fragen nach den spezifischen aktuellen Merkmalen des »gesellschaftlichen Teilsegments Jugend« sind in der Regel komplexe Analysen soziodemographischer Daten erforderlich. Etwa wenn es um die Herausbildung der Konfiguration von Jugend als »Bildungsmoratorium« geht oder um die Chancen und Risiken für die gelingende Integration Jugendlicher in den ökonomisch-produktiven Sektor, oder aber um die günstigen Bedingungen für die kulturelle, politische und konsumbezogene Teilhabe von Jugendlichen.

7
Jugend als Objekt der Theoriebildung – Was soll, was kann eine »Theorie der Jugend« leisten?

Auf verschiedenen Wegen Daten über verschiedene Aspekte des Jugendalters zu sammeln, führt jedoch noch nicht automatisch zu einer »Theorie der Jugend«. Es stellt sich also zunächst die grundlegende Frage, was eine »Theorie der Jugend« überhaupt ist und was sie leisten soll, bzw. wozu sie nützlich sein könnte. Ganz allgemein gesprochen ist eine Theorie ein zusammenhängendes, in sich möglichst stimmiges Gefüge von Aussagen, das dazu dient, einen bestimmten Ausschnitt der Wirklichkeit besser verstehbar zu machen. »Besser verstehbar zu machen« kann dabei jedoch je nach Wissenschaftstradition und Wissenschaftsverständnis wiederum durchaus Unterschiedliches bedeuten:

- Den Kern einer Sache, das trotz der Vielfalt der phänomenalen Ausprägung Gemeinsame, Einheitliche, Verbindende herauszuschälen,
- das zentrale strukturierende Prinzip, die innere Logik, nach dem etwas aufgebaut ist, zu erläutern,
- die Einordnung bzw. Klassifikation eines Einzelphänomens im Rahmen eines komplexen Ordnungszusammenhangs plausibel zu begründen,
- die Entstehung, die Genese, das Gewordensein eines bestimmten Zustandes zu rekonstruieren,
- die inneren Zusammenhänge, die Dynamik, die Funktionsprinzipien eines komplexen Systems zu entschlüsseln,
- das Zusammenspiel der Kräfte, Tendenzen, Einflüsse zu beschreiben, die den Verlauf eines Prozesses bestimmen,
- die Gesetzmäßigkeiten, die Determinanten, die kausalen Wirkmechanismen anzugeben, die es gestatten, aus dem gegenwärtigen Zustand X auf den künftigen Zustand Y zu schließen, die also eine Prognose künftiger Zustände und Ereignisse ermöglichen,
- die unterschwellige symbolische Bedeutung bestimmter Bilder, Darstellungen, Texte sichtbar zu machen,
- die zunächst verborgenen oder widersprüchlich erscheinenden Motive der handelnden Personen zu ergründen und empathisch nachvollziehbar zu machen,
- das »Sosein«, d. h. die Befindlichkeit, Empfindlichkeit, Konflikthaftigkeit, einer bestimmten Gruppe von Menschen, die bestimmte Erfahrungen teilt – etwa die, mit bestimmten alterstypischen Entwicklungsaufgaben konfrontiert zu sein – verständlich zu machen.

Etwas flapsig ausgedrückt könnte man vielleicht sagen, Aufgabe einer Theorie des Jugendalters sei es, a) zu beschreiben, wie Jugendliche »ticken«, und b) zu erklären, warum Jugendliche so »ticken«, wie sie »ticken«. Wobei »ticken« hier bewusst als Chiffre für einen weiten Bereich des Verhaltens, Handelns, Erlebens, Denkens und Fühlens steht. Implizit ist dabei stets schon eine differenzielle Perspektive mit unterstellt, und zwar in dem Sinne, dass Jugendliche ein Stück anders »ticken« als Kinder oder Erwachsene. Die Erklärungen dafür, warum die Jugendlichen so »ticken«, wie sie »ticken«, können sich dann letztlich auf sehr unterschiedliche Dinge – etwa auf Umbauprozesse im Gehirn, auf Veränderungen im Hormonhaushalt, auf Reifungsprozesse der Seele, auf Modernisierungsprozesse in der Gesellschaft, auf Individualisierungsprozesse in der Kultur, auf Freisetzungsprozesse in der Ökonomie, auf Emanzipationsprozesse in der Altershierarchie, auf Erosionsprozesse in den Autoritätsstrukturen, auf Egalisierungsprozesse in den Familien, auf Steigerungsprozesse in den schulischen Qualifikationsanforderungen, auf altersbezogene Segregationsprozesse durch die Verlängerung der Schulzeit, auf Innovationsprozesse bei den Kommunikationstechniken etc. etc. beziehen. Dass Jugendliche anders »ticken« kann wiederum in zwei grundsätzlich unterschiedlichen Varianten verstanden werden: Einerseits *anthropologisch, individuumsbezogen* – warum also Jugendliche mit dem Eintritt der Pubertät ihren Habitus zu allen Zeiten und in allen Kulturen typischerweise deutlich verändern, oder andererseits *kollektiv, generationsbezogen* – warum also die *heutige* Jugendliche mehrheitlich irgendwie anders »ticken« als die Altersgenossen noch vor wenigen Jahren. Dabei ist naheliegend, dass die erstgenannten Erklärungen der obigen Liste sich eher auf die erste und die späteren sich auf die zweite Perspektive beziehen.

Hans Oswald hat vor einiger Zeit die allgemeinen »Aufgaben von Theorien des Jugendalters« folgendermaßen bestimmt:

> »... das gegenwärtige Sosein der Jugendlichen erklären, und zwar (1.) durch vorangegangene Ereignisse, (2.) durch gesellschaftliche Bedingungen und (3.) durch aktive Auseinandersetzungen der Jugendlichen mit diesen Ereignissen und Bedingungen. Zuletzt zielt dies auf eine Erklärung des

Ergebnisses, nämlich der künftigen Erwachsenen und ihrer Einordnung in die Gesellschaft« (Oswald 1995, S. 388).

Gleichzeitig macht Oswald freilich deutlich, dass die Realisierung dieser anspruchsvollen doppelten Aufgabe von »Erklärung und Prognose« auf »große Schwierigkeiten« stößt. (ebd.). Er führt diese Schwierigkeiten auf vier Faktoren zurück: Die Tatsache, dass »die Jugend« eben ein enorm heterogenes Gebilde ist, die Tatsache dass »die Gesellschaft«, in die hinein die Jugendlichen sich integrieren sollen, auch nichts Statisches, sondern in ständigem Wandel begriffen ist, die Tatsachen weiterhin, dass alle Jugendtheorien in bestimmte Menschenbildannahmen eingelagert sind und dass hier zudem unvermeidlich immer bestimmte Bewertungen mit hineinspielen – etwa wenn in entsprechenden Studien über den Grad der Bewältigung/Nichtbewältigung von bestimmten Entwicklungsaufgaben befunden werden soll. Deshalb kommt er schließlich auch zu dem Fazit, »dass Erklärungen aus allgemeinen Strukturmerkmalen der Gesellschaft in Form gesamtgesellschaftlicher Theorien der Jugend fragwürdig« seien, und er plädiert statt solcher Groß- und Gesamttheorien über die Jugend für »Theorien mittlerer Reichweite, die sich auf Teile der Jugend und Einzelprobleme richten« (ebd., S. 389).

Es soll im Folgenden um einen Überblick über die bedeutendsten Theorien des Jugendalters gehen. Von daher handelt es sich überwiegend um »Groß- und Gesamttheorien«, die versuchen, eine Gesamtdeutung des Jugendalters zu liefern, auch wenn sie sich dabei – je nach Betrachtungsperspektive – in ganz unterschiedlicher Art und Weise auf biologische, neurobiologische, anthropologische, intrapsychische, interpsychische, gesellschaftliche, ökonomische und kulturelle Gegebenheiten und Prozesse beziehen. Es sind dabei mit den unterschiedlichen Theorien des Jugendalters, wie sich zeigen wird, auch durchaus unterschiedliche grundlegenden Fragerichtungen, Schwerpunktsetzungen und Deutungsmuster verknüpft. Natürlich ist es dabei nicht möglich, alle Autoren und AutorInnen, die im Laufe der Geschichte wichtige Beiträge zum Verständnis des Jugendalters geleistet haben, gleichermaßen zu berücksichtigen. Als leitendes Kriterium für die Auswahl soll die Frage dienen, ob die entsprechenden Werke für eine markante und originelle Deutungsperspektive auf die zentralen Entwicklungsprozesse des Jugendalters stehen können, ob sie die Diskussion zum Thema Jugend nachhaltig beeinflusst haben und ob die Auseinandersetzung mit den entsprechenden Thesen auch heute noch gewinnbringend erscheint, ob sie somit vielleicht – auch wenn sie bisweilen schon durchaus einige Jahre »auf dem Buckel haben« – immer noch ein durchaus interessantes Licht auf jene inneren und äußeren Prozesse des Jugendalters werfen können, wie sie exemplarisch in den oben wiedergegebenen Auszügen aus den zeitgenössischen Coming-of-Age-Romanen zum Ausdruck kommen.

II

Klassische Positionen der Jugendtheorie

8
Jugend als »zweite Geburt« – Jean-Jacques Rousseau

Rousseau wird oftmals das Verdienst zugeschrieben, eine erste differenzierte Theorie der spezifischen Weisen des Erlebens, Denkens und Fühlens, welche den Menschen in unterschiedlichen Altersphasen während seiner Kindheit und Jugend prägen, formuliert zu haben. Weiterhin auch noch eine damit zusammenhängende sorgfältig begründete pädagogische Konzeption für die Art des erzieherischen Umgangs, der diesen alterstypischen Seinsformen am besten entspricht.

Der Übergang von der Sphäre der Kindheit zu der des Jugendalters ist für Rousseau nicht einfach ein langsamer Prozess des allmählichen Zugewinns von Einsicht und Handlungsfähigkeit, sondern eine tiefgreifende seelische Erschütterung und Umgestaltung. In diesem Sinne hat er die Metapher von der Jugend als einer »zweiten Geburt« geprägt, um die Dramatik der Umwandlungsprozesse zum Ausdruck zu bringen, die sich in jenem Lebensalter abspielen. In seinem Erziehungsroman »Émile« beschreibt er jene Veränderungen, die in seinem fiktiven Zögling zu Beginn der Reifezeit vorgehen, folgendermaßen:

> »Wir werden sozusagen zweimal geboren: einmal um zu existieren, das zweite mal um zu leben; einmal für die Gattung und einmal für das Geschlecht. ... Wie das Meeresgrollen den Sturm ankündigt, so kündet sich diese stürmische Umwandlung durch das Raunen der erstarkten Leidenschaften an: eine dumpfe Gärung zeigt die nahende Gefahr an. Stimmungswechsel, häufige Zornausbrüche, ständige geistige Erregung machen das Kind fast unlenkbar. ... Er wird empfindlich, ohne zu wissen, was er empfindet. Er ist ohne Grund unruhig. Das alles kann langsam vor sich gehen und läßt euch Zeit. Wird aber seine Lebhaftigkeit zu unruhig, werden seine Ausbrüche zur Wut, ist er bald erregt, bald gerührt, weint er ohne Grund, schlägt sein Puls und flammt sein Blick bei Dingen auf, die ihm gefährlich werden können, zittert er, wenn eine Frauenhand ihn berührt, fühlt er sich in ihrer Gegenwart scheu und verwirrt – dann, weiser Odysseus, sei auf deiner Hut! ... Das ist die zweite Geburt, von der ich gesprochen habe. Jetzt erwacht der Mann zum wirklichen Leben. Jetzt bleibt ihm nichts Menschliches mehr fremd« (Rousseau 1995, S. 201f.).

Nach Rousseau sind es vor allem die menschlichen Leidenschaften, deren verfrühte Reizung es während der Kindheitsjahre tunlichst zu vermeiden galt, die nun mit Macht ihr Recht fordern und die nun, wenn sie sich in der richtigen, »naturgemäßen« Art und Weise entfalten können, eine neue reichere und tiefere Existenzform hervorbringen. Es ist der Mensch der Leidenschaften, der Mensch als Geschlechtswesen, als Gesellschaftswesen und der Mensch als bewusstes, selbstreflexives moralisches Subjekt, der hier geboren wird. Émile, der während seiner Kindheit der Idee nach in weitgehender Isolation bzw. in der bloßen Zweisamkeit mit seinem Erzieher aufgewachsen ist, d. h. der ohne die Erfahrung von Ehrgeiz, Neid, Missgunst, Konkurrenz, Verstellung ist und sich die Reinheit der ursprünglichen menschlichen Güte erhalten hat, der aus seiner Mitte heraus lebt und stets seinen natürlichen Bedürfnissen folgt, er muss sich nun in der sozialen Welt mit all ihren Widersprüchlichkeiten, Eitelkeiten und Hinterlistigkeiten zurechtfinden. Er muss sich mit den Fragen der Moral und der Religion auseinandersetzen und er muss jene immer stärker werdende Sehnsucht nach dem anderen Geschlecht in seine Persönlichkeit integrieren. Entsprechend muss nach Rousseau nun auch eine ganz andere pädagogische Haltung den Umgang mit dem Heranwachsenden bestimmen. Der Erzieher soll zum Freund und Berater werden. Émile soll sich aus Einsicht und freier Entscheidung dessen Führung auf dem Weg durch die Klippen jener Jahre unterwerfen.

Bei der Lektüre von Rousseaus pädagogischem Hauptwerk stellt man fest, dass sich dort immer wieder Passagen ganz unterschiedlicher Art und Weise abwechseln. Zum einen sind es Passagen, wie die oben zitierte, die von feinsinnigen Beobachtungen ausgehen und in direkter Art und Weise generalisierende psychologische Aussagen über die typische emotionale Befindlichkeit des Menschen in einer bestimmten Lebensphase sowie über die damit zusammenhängenden Bedürfnisse, Empfindlichkeiten und Konflikthaftigkeiten machen. Dann aber auch Passagen, in denen in beschwörendem Ton pädagogische Warnungen einerseits und pädagogische Handlungsempfehlungen andererseits ausgesprochen werden, sowie Passagen, in denen seine Zeitgenossen in heftigem Ton angeklagt werden, erzieherisch so ziemlich alles falsch zu machen, was falsch zu machen geht. Schließlich Passagen, in denen sich der Autor in schwärmerischen hochdetaillierten Beschreibungen der perfekten Wohlgeratenheit, d.h. der vorbildlichen Weisen des Empfindens, Wollens und Handelns seines fiktiven Zöglings verliert (der dabei in maximalen Kontrast gesetzt wird zum Durchschnitt all der anderen Knaben seines Alters). Diese selbstentworfenen Bilder mustergültiger seelischer Wohlgestalt des fiktiven Zöglings werden dann wiederum ganz selbstverständlich zum Beleg für die Richtigkeit der pädagogischen Empfehlungen genommen. Weiterhin finden sich in diesem Buch immer wieder weitläufige grundsätzliche philosophische Diskurse, etwa über das menschliche Glück, über die Ursprünge der Sittlichkeit, über die natürliche Religion oder über das Verhältnis zwischen den Geschlechtern. Besonders bedeutsam für Rousseaus pädagogische Betrachtungen ist die Differenz zwischen »Selbstliebe« und »Eigenliebe«. Erstere ist gewissermaßen »selbstgenügsam«, auf die Befriedigung der natürlichen Bedürfnisse gerichtet – und bei Émile in hohem Maße ausgeprägt. Letztere ist auf den sozialen Vergleich bezogen und kennt somit keine natürliche Sättigung. Entsprechend soll sie bei Émile möglichst keine Bedeutung erlangen:

> »Die Selbstliebe, die sich selbst genügt, ist zufrieden, wenn unsere wahren Bedürfnisse befriedigt sind. Die Eigenliebe aber stellt immer Vergleiche an und ist nie zufrieden. ... Die sanften und liebenswerten Leidenschaften kommen also aus der Selbstliebe, die haß- und zornerfüllten aus der Eigenliebe. Wenige Bedürfnisse haben und sich wenig mit anderen vergleichen, das macht den Menschen wahrhaft gut. Viele Bedürfnisse haben und sich nach der Meinung anderer richten macht ihn wahrhaft schlecht« (ebd., S. 213).

Wie aktuell diese Rousseausche Unterscheidung gerade für die psychische Befindlichkeit des Jugendalters ist, weil der permanente Vergleich mit anderen, und damit das Aufkommen von Emotionen wie Neid und Scham und Minderwertigkeitsgefühl hier typischerweise eine immer wichtigere Rolle einnehmen, zeigt die folgende Beobachtung von Christian Schwägerl:

> »Für die Pubertät ist Scham regelrecht typisch: Pubertierende haben die Aufgabe, ein sicheres Selbstwertgefühl zu entwickeln, aber das ist eine Riesenherausforderung. Bin ich zu dick oder zu dünn? Finden andere mich cool? Gehöre ich dazu? Bin ich peinlich? Das sind Fragen, die vielen Teenagern ständig durch den Kopf kreisen, sie sind eine Quelle von schlechten Gefühlen und auch von schlechtem Gewissen. Und sie sind eine perfekte Einfallsschneise für diejenigen, die andere mithilfe des schlechten Gewissens manipulieren wollen – vor allem Werbetreibende sind Meister dieses Spiels. Sie setzen Schönheitsnormen und bringen die Leute dazu, Unmengen an Geld für Klamotten und Kosmetika auszugeben

oder ihren Körper durch Diäten und im Fitnessstudio zu malträtieren, um sich den Idealbildern anzunähern« (Schwägerl 2018).

Rousseau ist sich wohl bewusst, dass die naive kindliche Position der Selbstliebe, d. h. der Selbstzufriedenheit und Selbstgenügsamkeit, die Émile während seiner Kinderjahre so besonders ausgezeichnet hat, mit der beginnenden Reifezeit und dem damit bewusster werdenden weiteren gesellschaftlichen Horizont sowie den damit drängender werdenden Leidenschaften nicht ohne weiteres aufrechtzuerhalten ist. Deshalb fordert er nun einen grundlegenden Wechsel sowohl bezüglich des »Curriculums«, also bezüglich der Lerngegenstände, die nun »dran sind«, als auch bezüglich der Haltung des Erziehers, der diese vermitteln will. Émile, der sich bisher eher fernab der sozialen Verwicklungen, der Machtstrukturen, Eitelkeiten, Gruppenzwänge, Unterwerfungsforderungen etc. bewegt und eher nüchtern und sachbezogen die Ordnung der Natur und die Welt der Dinge erkundet hat, soll nun mit den zwischenmenschlichen und gesellschaftlichen Realitäten sowie mit den moralischen und religiösen Sphären vertraut gemacht werden.

Dabei erscheinen die Beobachtungen über die typischen Prozesse der Autoritätskrise und der Entfremdung zwischen Lehrern und Schülern mit Beginn der Reifezeit, die Rousseau vor rund 250 Jahren machte, auch heute noch durchaus aktuell: »*Die Lehrer klagen, dass das Ungestüm dieses Alters die Jugend undiszipliniert macht*« (Rousseau 1995, S. 236). Dass es vergeblich ist, diesem »Ungestüm« durch verschärftes autoritäres Gebaren, durch Moralpredigten oder gar durch rigide Einschränkungen und harte Sanktionen begegnen zu wollen, auch dies sieht Rousseau sehr klar:

»Können die langen und frostigen Predigten eines Pedanten die Bilder und Genüsse auslöschen, die ein junger Mann schon ersonnen hat? Können sie die Begierden bannen, die ihn quälen? Können sie ein Feuer löschen, von dem er weiß, wozu es dient? ... Und was sieht er anderes in dem harten Gesetz, das man ihm vorschreibt und dessen Sinn man ihm nicht begreiflich machen konnte, als eine Laune und den Haß eines Menschen, der ihn quälen will? Ist es da erstaunlich, daß er sich auflehnt und ihn seinerseits haßt?« (ebd.).

Die Verschärfung der erzieherischen Autorität zur Eindämmung des jugendlichen »Ungestüms« hat Rousseaus Überzeugung nach lediglich die Auswirkung, »daß man im Zögling die Laster züchtet, die man unterdrücken wollte« (ebd.).

Rousseau, bzw. dessen Alter-Ego, der Erzieher Jean-Jacques im Roman Émile, geht deshalb einen ganz anderen Weg. In diesem Sinn fordert er:

> »Wenn ihr an den Zeichen, von denen ich gesprochen habe, den kritischen Augenblick herannahen fühlt, müßt ihr den alten Ton sofort und für immer aufgeben. Er ist noch euer Schüler, aber er ist nicht mehr euer Zögling. Er ist euer Freund; er ist ein Mann; behandelt ihn von nun an als Mann« (ebd., S. 338).

Die Forderung, den Heranwachsenden von nun an nicht mehr als »Zögling«, sondern als »Freund« und »als Mann« zu behandeln, bedeutet nun aber keineswegs, dass Rousseau ein »kumpelhaftes« Verhältnis zwischen dem Lehrer und dem heranwachsenden Schüler fordert. Es ist vielmehr ein ganz spezieller »Deal«, den Jean-Jacques seinem Émile nahelegt, nachdem er ihm in einer besinnlichen Stunde erst noch einmal die ganze Geschichte ihres bisherigen Verhältnisses und seines unermüdlichen Einsatzes für sein Wohlergehen und seine Bildung vor Augen geführt hat. Und nachdem er ihm all jene Gefahren für sein Seelenheil, die nun auf ihn lauern, in drastischen Farben geschildert hat. In dieser Situation lässt Rousseau seinen einerseits tief gerührten, andererseits hoch erschreckten Émile dann die folgenden pathetischen Worte sprechen:

> »Mein Freund, mein Beschützer, mein Lehrer, nimm die Autorität wieder, die du in dem Augenblick ablegen willst, wo es für mich am wichtigsten ist, daß du sie behältst. Bis jetzt hattest du sie, weil ich schwach war; du sollst sie jetzt haben, weil ich es will, und sie wird mir umso heiliger sein. Verteidige mich gegen alle Feinde, die mich belagern, vor allem gegen die, die ich in mir trage. ... Mach mich frei, indem du mich gegen meine Lei-

denschaften schützt, die mir Gewalt antun! Hindere mich daran, ihr Sklave zu sein und zwinge mich, mein eigener Herr zu sein, indem ich nicht meinen Sinnen, sondern meiner Vernunft gehorche« (ebd., S. 349f.).

Jean-Jacques kommt dieser Bitte gerne nach, macht Émile jedoch auch die Folgen dieses Vertrages, der nun gewissermaßen zwischen den beiden geschlossen werden soll, deutlich:

> »Wenn du dich verpflichtest, guter Junge, mir zu gehorchen, verpflichtest du mich zugleich, dich zu führen, mich in deinen Diensten zu vergessen, weder deine Klagen, noch dein Murren zu hören« (ebd.).

Natürlich kann man sich fragen, wie realistisch ein solches Bündnis ist. Welcher Jugendliche würde wohl aus Sorge, dass er, von der eigenen Leidenschaft übermannt, vom rechten Weg abkommen könnte, einen erwachsenen Lehrer oder Erzieher flehentlich darum bitten, beherzt Autorität und Führung zu übernehmen, um ihn sicher durch die Risiken jener Lebensphase zu begleiten. Auch wenn ein solch offiziell erbetenes und formelles besiegeltes Arrangement der »Entwicklungsbeistandschaft« somit als eine ziemlich weltfremde Idee erscheinen mag, lässt sich dennoch die Frage aufwerfen, ob es nicht tatsächlich erstrebenswert ist, dass Jugendliche in ihrem Umfeld über Erwachsene verfügen, bei denen sie das Zutrauen haben, dass diese ihnen a) grundsätzlich wohlgesonnen sind und dass diese b) in der Tat ein wenig mehr vom Leben und seinen Verwicklungen verstehen.

Vermutlich ist es auch so, dass solch freundlich-vertraulich zugewandte Erwachsene gerade dann einen hilfreichen Part in der Entwicklung von Heranwachsenden spielen können, wenn sie einige weitere Mahnungen ernst nehmen, die Rousseau bezüglich der angemessenen pädagogischen Haltung gegenüber Jugendlichen formuliert hat. Etwa die, in der Kommunikation mit den Jugendlichen trotz der größeren Lebenserfahrung möglichst wenig »besserwisserisch« und stattdessen möglichst »fehlerfreundlich« zu sein. In diesem Sinne schreibt Rousseau:

> »Macht ihn auf seine Fehler aufmerksam, ehe er sie begeht. Sind sie passiert, so macht ihm keine Vorwürfe. Damit weckt man nur seine Eigen-

liebe und macht ihn aufsässig. Eine Ermahnung, über die man sich empört, nützt nichts. Ich kenne nichts Dümmeres als das Wort: Ich habe es dir ja gesagt« (ebd., S. 254).

Ein besonders wichtiger Rat an die Adresse der Lehrer – in dem Kernaspekte der modernen Theorien der Instruktion, der Motivation und der Metakognition aufgehoben sind – lautet:

»Das Selbstgefühl des Lehrers muß immer noch etwas für das Selbstgefühl des Schülers übriglassen. Er muß sich sagen können: Ich begreife, ich verstehe, ich handle, ich unterrichte mich« (ebd., S. 255).

Das grundlegende didaktische Prinzip, Belehrung wann immer möglich durch Erfahrung zu ersetzen und nach Möglichkeiten der praktischen Erprobung der erworbenen Kompetenzen Ausschau zu halten, hat Rousseau an einem besonders schönen Beispiel im Zusammenhang mit der Rhetorik erläutert:

»Jeder Unterricht dieser jungen Leute muß eher in den Handlungen als in Reden bestehen. Sie dürfen nichts aus Büchern lernen, was sie aus der Erfahrung lernen können. ... Was liegt einem Schüler daran, wie Hannibal es anstellte, um seine Soldaten zum Überschreiten der Alpen zu bewegen? Wenn ihr ihm anstelle dieser prachtvollen Rede zeigt, wie man es anfangen muß, um von seinem Direktor schulfrei zu bekommen, so könnt ihr sicher sein, daß er euren Regeln mehr Aufmerksamkeit schenken wird« (S. 259f.).

Natürlich kann man Rousseau vorwerfen, dass sich seine ganze Betrachtung der Entwicklung im Kindes- und Jugendalter sehr einseitig und sehr selbstverständlich auf die männliche Hälfte der Menschheit konzentriert hat. Im fünften und letzten Buch des Émile kommt mit Sophie aber immerhin noch ein bedeutsames weibliches Wesen ins Spiel. Freilich wird sie allein deshalb ins Spiel gebracht, weil der Schöpfer des Émile zutiefst davon überzeugt ist, dass die Begegnung der Geschlechter zu den entscheidenden Entwicklungsaufgaben des Jugendalters gehört. Entsprechend wird die Entwicklung und Erziehung der weiblichen Jugendlichen denn auch ganz in Bezug darauf in den Blick genommen, wie sie zur möglichst optimalen Gefährtin ihres künftigen Mannes herangebildet werden kann:

»Die ganze Erziehung der Frauen muß daher auf die Männer Bezug nehmen. Ihnen gefallen und nützlich sein, ihnen liebens- und achtenswert sein, sie trösten und ihnen das Leben angenehm machen und versüßen, das sind zu allen Zeiten die Pflichten der Frau. Das müssen sie von ihrer Kindheit an lernen« (ebd., S. 394).

Es ist naheliegend, dass das hier zugrunde gelegte Verständnis der Geschlechterbeziehungen heute kaum mehr haltbar ist, und entsprechend hat auch das davon abgeleitete Erziehungsprogramm für Sophie und die weibliche Hälfte der Menschheit in der jüngeren Zeit allerhand Kritik erfahren (vgl. Jacobi 1990, Schmid 1992, Scheider-Taylor 2006). In gewissem Sinne hat Rousseau mit der These, dass der Lebenssinn der Frau allein aus der Bezogenheit auf den Mann erwächst und somit alle Erziehung des Mädchens auf »Gefallen« und Anerkennung durch andere ausgerichtet sein muss, sein sonst so zentrales Grundprinzip der »Selbstliebe« verraten, da dies ja gerade auf die Unabhängigkeit von den Meinungen und Bewertungen anderer setzte.

9

Jugend als »Sturm und Drang« und als »Hineinwachsen in die einzelnen Lebensgebiete« – Eduard Spranger

Zu Beginn des 20. Jahrhunderts – das von Ellen Key zum »Jahrhundert des Kindes« erklärt wurde – erlebte die Entwicklungslehre, die Kinder- und Jugendpsychologie, die Kindermedizin, die Erziehungswissenschaft und die Heilpädagogik eine deutliche Aufbruchstimmung (vgl. Flitner 1999). In diesem Rahmen erhielten auch viele der Ideen Rousseaus eine intensive Neubelebung. Albert Reble spricht davon, dass die ersten Jahrzehnte des 20 Jahrhunderts von einem »pädagogischen Enthusiasmus« erfüllt gewesen seien (Reble 1981, S. 270). Neben den diversen reformpädagogischen Konzepten und modellhaften Gründungen von Schulen und Heimen, in denen jener reformpädagogische Enthusiasmus zur Entfaltung kommen sollte, waren es vor allem die diversen Gruppen und Bünde der Jugendbewegung, die sich zur »Freideutschen Jugend« zusammenschlossen, die ein neues Lebensgefühl der Jugend artikulierten und ein neues Generationsverhältnis und damit auch andere, anerkennendere Haltungen seitens der Erwachsenen einforderten. Die Formel, die auf dem »Freideutschen Jugendfest« 1913 auf dem Hohen Meißner bei Kassel verkündet wurde, bringt sehr schön Anspruch und Pathos dieser neuen Jugendbewegung auf den Punkt:

> »Die freideutsche Jugend will aus eigener Bestimmung, vor eigener Verantwortung, mit innerer Wahrhaftigkeit ihr Leben gestalten. Für diese innere Freiheit tritt sie unter allen Umständen geschlossen ein. Alle Veranstaltungen dieser freideutschen Jugend sind alkohol- und nikotinfrei« (ebd., S. 275).

Eduard Spranger war einerseits von »pädagogischem Enthusiasmus« andererseits von einem tiefgreifenden geisteswissenschaftlich-kulturtheoretischen Verstehensanspruch durchdrungen, als er das erstmals 1924 erschienene Werk »Psychologie des Jugendalters« verfasste. Dieses Buch sollte zu einem der einflussreichsten Werke, die im 20. Jahrhundert über das Jugendalter erschienen sind, werden. Es erlebte 29 Auflagen und wurde in zahlreiche Sprachen übersetzt. Im Vorwort zur 16. Auflage von 1932 vermerkt Spranger zwar noch: »Es war nicht die Absicht dieses Buches, eine bestimmte Jugendgeneration als solche mit ihren Eigentümlichkeiten zu schildern«; er konstatiert dann aber doch, dass es »kein Zufall« gewesen sei, »daß in die Darstellung manche Züge eingeflossen sind, die für die zur Zeit ihrer Entstehung blühende ›eigentliche‹ Jugendbewegungsgeneration charakteristisch waren«. Er ist jedoch zuversichtlich, dass der Blick auf jene besondere Generation in seinem Buch nicht zu einer allzu einseitigen und epochengebundenen Beschreibung der Jugend geführt habe, denn er ist sich in Bezug auf diese Generation ganz sicher: »in ihr traten ja die seelischen Grundzüge der Pubertät besonders stark betont hervor« (Spranger 1979, S. 11).

Welches sind nun die »seelischen Grundzüge« jener Lebensphase? Wie lautet das »Urgesetz der Form« und das »Urgesetz des Wachstums« im Seelischen (ebd., S. 15)? Und wie kann man überhaupt etwas Gehaltvolles darüber aussagen? Spranger beansprucht zwar für sich selbst, dass er »mit aller Treue und Hingabe« Beobachtungen auf dem Gebiet des jugendlichen Seelenlebens angestellt habe, er ist sich aber durchaus bewusst, dass er dies nicht mit der in der empirischen Wissenschaft geforderten Ausführlichkeit und Systematik getan hat. Ihm ging es mehr um die »Versenkung in einzelne, vielsagende Fälle als in eine nur von fern geschaute Masse« (ebd., S. 14). Auch die feinschnittige Anatomie und die detailbesessene Datenanalyse ist seine Sache nicht. Er habe es »gewagt, das ganze große Objekt mit einem Griff zu packen, aus der Überzeugung heraus, daß in der Psychologie eben auf den Sinn für das Ganze alles ankommt« (ebd.).

Spranger beansprucht, gemäß seiner Herkunft aus der Dilthey-Schule, eine »verstehende Psychologie des Jugendalters« zu geben. Im ersten Kapitel seines Buches, das mit »Aufgabe und Methode« überschrieben ist, versucht er zunächst zu erläutern, was man sich unter einer solchen »verstehenden Psychologie« vorzustellen hat. »Verstehen« als »eigentümliche[s] geisteswissenschaftliche[s] Erkenntnisverfahren« heißt für ihn dabei im Gegensatz zum »Erklären«, das primär auf die gesetzmäßige Verknüpfung von Ursache und Wirkung ausgerichtet ist: »geistige Zusammenhänge in der Form objektiv gültiger Erkenntnis als sinnvoll aufzufassen« (ebd., S. 19). Dabei ist dieses »Verstehen« für ihn ausdrücklich mehr als bloßes Einfühlen oder Nacherleben der subjektiven Befindlichkeit eines anderen. Wichtig ist immer die Verknüpfung des individuell erlebten und ausgedrückten Sinns mit den Gegebenheiten des »objektiven Geistes«, d. h. mit den einbettenden kulturellen Strukturen, Kräften und Werten. Dieser Anspruch nach Verknüpfung einer verstehenden Individualpsychologie mit einer entwickelten Kulturtheorie klingt durchaus modern und könnte auch heute noch als Programm einer komplexen Sozialisationstheorie verstanden werden:

»Der einzelne mit seinem ›subjektiven Geist‹ ist nur ein Ausschnitt, ein bedingtes Glied dieses ›objektiven Geistes‹. Warum wir so denken, wie wir denken, so werten, wie wir werten, so handeln, wie wir handeln, ist in alle Ewigkeit nicht allein aus unserem Individuum abzuleiten. Sondern wir sind in hohem Maße bedingt und geformt durch einen Bestand überindividueller geistiger Gebilde (wie Wirtschaft, Wissenschaft, Staat, Sittlichkeit, Religion der betreffenden Kultur), die uns gefangennehmen, leiten und beherrschen« (ebd., S. 23).

Dem »Hineinwachsen« des Jugendlichen in diese überindividuellen geistigen Gebilde sind jeweils spezielle Kapitel in der Psychologie des Jugendalters gewidmet. Aus der Vorherrschaft der einzelnen Kultursphären im Aufmerksamkeitshorizont des Einzelnen hatte Spranger schon in seinem früheren Hauptwerk, den »Lebensformen« (Spranger 1914), eine Typologie der Lebensgrundhaltungen abgeleitet. Diese Typologie spielt dann auch im letzten Kapitel der Psychologie des Jugendalters wieder eine wichtige Rolle.

Als weitere Ansprüche einer solchen »verstehenden Psychologie« fordert und erläutert Spranger, dass sie eine »Strukturpsychologie«, eine »Entwicklungspsychologie« und eine »Typenpsychologie« zu sein habe. Sie müsse also differenzierte Aussagen zur Struktur des Seelischen, d. h. zu den Schichten, Komponenten, Funktionen machen, müsse deren jeweiligen Entwicklungsprozesse beschreiben und müsse den unterschiedlichen Ausprägungen und Profilen jener Strukturelemente bei unterschiedlichen Personengruppen nachgehen.

Das interessanteste Kapitel in Sprangers Buch ist wohl auch heute noch das zweite, das er mit »Versuch einer psychologischen Gesamtcharakteristik des Jugendalters« überschrieben hat und in dem er einen verdichteten Überblick über die zentralen seelischen Prozesse und Konflikte jenes Alters gibt. Die Widersprüchlichkeit des Jugendalters kommt dabei gleich im ersten Absatz zum Ausdruck. »In keinem Lebensalter hat der Mensch ein so starkes Bedürfnis nach Verstandenwerden wie in der Jugend«, so lautet der erste Satz des Buches. Wenige Zeilen später wird dann freilich gerade die »Verschlossenheit« als der sichtbarste Zug jenes Alters bezeichnet (Spranger 1979, S. 17).

Als besonders typisches Merkmal jener Lebensphase nennt Spranger weiterhin die heftigen Schwankungen in den Stimmungen und in den Seelenlagen des Jugendlichen:

»Derselbe Mensch findet die entgegengesetzten Züge in sich, wechselnd wie Wellengipfel und Wellentäler. Auf Überenergie und Rekordbrechen folgt unsägliche Faulheit. Ausgelassener Frohsinn weicht tiefer Schwermut. Göttliche Frechheit und unüberwindliche Schüchternheit sind nur zwei verschiedene Ausdrucksformen für den einen Tatbestand, daß sich das Wichtigste der Seele in völliger Zurückhaltung und Heimlichkeit vollzieht. Ebenso wechseln Selbstsucht und Selbstverleugnung, Edelmut und Frevelsinn, Geselligkeitstrieb und Hang zur Einsamkeit, Autoritätsglaube und umstürzlerischer Radikalismus, Tatendrang und stille Reflexion«. Für den Jugendlichen, meint er, müsse »dieses Hin- und Hergeworfenwerden etwas unendliche Quälendes haben« (ebd., S. 48).

Aber auch für seine Umgebung haben diese Schwankungen bisweilen etwas Quälendes. Denn es ist ja in der Regel nicht so, dass er sich in seiner Verunsicherung einfach hilfesuchend und vertrauensvoll an die lebenserfahreneren Erwachsenen seiner Umwelt wendet, um deren Rat einzuholen. Ganz im Gegenteil geht es besonders diesen gegenüber häufig darum, durch Trotz und Auflehnung, durch Schroffheit und Ruppigkeit, durch Provozieren und Verächtlichmachen die (vermeintliche) Unabhängigkeit und die Überlegenheit der eigenen Ansichten und Haltungen hervorzukehren. Spranger warnt davor, die demonstrierte Selbstgefälligkeit, den Überlegenheitsgestus und das Imponiergehabe für die ganze Wahrheit zu nehmen. Es handle sich dabei nämlich weitgehend um »Schale, Selbstschutz, Abwehr« (ebd., S. 58). Deshalb interessieren ihn auch weniger die äußerlichen Verhaltensweisen der Jugendlichen, er unternimmt nicht etwa Beobachtungsstudien, in denen er die jugendtypischen Formen der Großspurigkeit, Flegelhaftigkeit und Albernheit dokumentiert, sondern er stützt sich als Quelle vornehmlich auf autobiographische Texte, Tagebücher, Briefe und Gedichte, in denen Jugendliche etwas von ihren inneren Regungen hinter jener Fassade preisgeben.

Auf die selbst gestellte Frage »Warum nun aber diese Verschalung?« gibt er folgende Antwort:

> »Es ist für den Jugendlichen etwas zerrissen, das bis dahin ihn und die Welt in Lebenseinigung hielt. Es ist da eine ganz tiefe Kluft entstanden, als wäre alles, alles fremd und unerreichbar. Deshalb diese Schutzrüstung von Knotigkeit« (ebd.).

Spranger sieht also im Rückzug nach Innen, in der Abkapselung, ja gar in der »Panzerung« etwas sehr Typisches für das Jugendalter. Im Bezug auf den männlichen Jugendlichen, den »Jüngling«, spricht er gar von einem »doppelten Panzer« (ebd., S. 17). Freilich ist jener »Panzer« bei Spranger keine verlässliche, sichere, haltgebende Struktur, sondern eher eine Form der Tarnung, der Selbstverbergung, um von den innerseelischen Prozessen nichts nach außen dringen zu lassen. Das »neue Ichgefühl, ... das Bewußtsein, daß sich eine tiefe Kluft zwischen dem Ich und dem Nicht-Ich aufgetan hat«, stellt für Spranger den Ausgangspunkt und Motor für die sich nun immer mehr verändernden Weltbezüge des Jugendlichen dar. Er fasst die »Kennzeichen der neuen seelischen Organisation« in drei entscheidenden Punkten zusammen:

- die Entdeckung des Ichs;
- die allmähliche Entstehung eines Lebensplanes;
- das Hineinwachsen in die einzelnen Lebensgebiete (ebd., S. 46).

Mit dem ersten Punkt ist die aufkommende Fähigkeit zur Selbstreflexivität gemeint, die die naive, unmittelbare Existenzform des Kindes aufbricht, zur Entdeckung des seelischen Binnenraumes führt und als Kehrseite davon unvermeidlich die Erfahrung der Kluft, der tiefen Getrenntheit hervorbringt. Freilich ist es nicht ein klar konturiertes, fertiges Ich, das da beim Blick nach innen entdeckt wird, sondern eher ein nebelhaftes Gespinst, ein Möglichkeitsraum, eine rätselhafte und zugleich höchst bedeutungsvolle Aufgabe:

> »… dieses Selbst, dem sich der Blick zuwendet, ist noch gar nicht da. Es ist zumindest nicht sichtbar. Stattdessen geht zunächst ein inneres Fluktuieren vor sich, das zur Beschäftigung mit sich selbst zwingt« (ebd., S. 47f.).

Auch der zweite Punkt ist keinesfalls so zu verstehen, als ginge der Jugendliche nun sofort daran, einen differenzierten »Lebensplan« mit klaren Stationen zu entwerfen, der etwa Ausbildung, Berufslaufbahn, Partnerschaft und Familiengründung umfasst. Vielmehr geht es um die Entstehung eines Ich-Ideals, einer ungefähren Vorstellung davon, wie man sein möchte, in welche Richtung man sich selbst künftig gerne entwickeln möchte. »Es handelt sich darum – ohne daß es so ins Bewußtsein träte –, unter den vielen möglichen Ichs, die man noch in sich hat, das Königs-Ich herauszuheben« (ebd., S. 53). Dieses »Königs-Ich«, d.h. dieses Ideal, dieses vage Bild davon, wie man gerne wäre, bildet dann gewissermaßen das Gravitationszentrum oder den Kristallisationskern, um den sich dazu passende Gesten, Ausdrucksformen, Interessen, Vorlieben, Tätigkeiten, etc. anlagern.

Natürlich ist diese Herausbildung des Ich-Ideals eng verknüpft mit der Frage, wie die verschiedenen Aspekte der gesellschaftlichen und kulturellen Welt, in die man eingebettet ist, wahrgenommen und bewertet werden. Denn mit der »Entdeckung des Ichs« geht gewissermaßen auch die Entdeckung der äußeren Welt als einer historisch gewordenen, kulturell geformten und damit veränderbaren Welt, die sich jenseits des begrenzten Horizonts der eigenen Herkunftsfamilie in vielfältiger Pluralität ausdifferenziert, einher:

> »Der Wendung nach innen entspricht nämlich auf der Gegenstandsseite die Erschließung neuer Sinngebiete. Objektiv genommen waren sie schon längst als Umgebungsbestandteile da. Aber es fehlte das Organ des spezifischen Erlebens. Dies tut sich nun auf …« (ebd., S. 56).

Die »Erschließung neuer Sinngebiete«, d. h. die Auseinandersetzung mit ästhetischen, philosophischen, politischen, moralischen, religiösen Themen und Fragen, ist das, was Spranger mit seinem dritten Punkt meint. Auch hier ist die Kurzformel etwas missverständlich. Es geht ihm keineswegs um ein bloßes »Hineinwachsen«, ein konflikt- und spannungsfreies »Sich-Einfädeln« in die einzelnen »Lebensgebiete«, sondern um die zugleich kritische als auch schöpferische Auseinandersetzung der Jugendlichen mit den kulturellen Gegebenheiten. Die differenzierte Beschreibung dessen, wie diese jugendtypische Auseinandersetzung mit den Kulturbereichen Literatur, Kunst, Sittlichkeit, Recht, Politik, Berufswelt, Wissenschaft, Weltanschauung und Religion aussieht – genauer müsste man sagen, wie sie bei den jugendbewegten, bürgerlich aufgewachsenen, gymnasial gebildeten, männlichen Jugendlichen der zwanziger Jahre des 20. Jahrhunderts aussah –, macht denn auch den Hauptteil von Sprangers Werk aus.

Zum Schluss des Buches entwirft Spranger eine Typologie unterschiedlicher Jugendtypen. Die Begrifflichkeiten und Kriterien, die er dabei in Anschlag bringt, wirken aus heutiger Sicht etwas kurios. Sie bieten aber eine interessante Kontrastfolie zu den letztendlich ähnlich gelagerten Versuchen, etwa in den Shell-Jugendstudien, die markanten Unterschiede in den Einstellungen und Werthaltungen der Jugendlichen, die sich bei den Datenanalysen ergeben, in Form von Typologien auf prägnante Begriffe zu bringen. Dort ist im Hinblick auf unterschiedliche Ausprägungen der Wertorientierungen der Jugendlichen von »Idealisten«, »Materialisten«, »Zögerlichen« und »Machern« die Rede (Gensicke 2015, S. 264f.).

Spranger geht bei seinem Entwurf einer Typologie jeweils von polaren Gegensätzen aus, um die einzelnen Dimensionen zu fassen. So macht er je nach der »Stärke der Seelenschwingungen« eine Unterscheidung zwischen den »Nüchternen« und den »Schwungvollen«. Weiterhin unterscheidet er die eher »empfänglichen und gestaltenden Naturen«. Erstere sind vielfältig ansprechbar, haben ein breites und wechselndes Spektrum von Interessen, Neigungen, Talenten, Faszinationen: »Sie genießen alles, sie verstehen alles, sie leben alles mit, ja, sie durchdenken alles; aber sie bleiben dabei selbst ohne Mittelpunkt. Sie zerfließen im

Meer der vielfältigen Erregungen« (Spranger 1979, S. 295). Letztere dagegen wenden sich intensiver und leidenschaftlicher einzelnen eingegrenzten Bereichen zu, suchen »ihr Ding« und entwickeln dort spezielle Interessen und Fähigkeiten. Spranger bringt bei dieser Dimension dann noch die weiteren Unterscheidungen zwischen »Selbstbildnern« und »Werkbildnern« sowie zwischen »In-sich-Hineinlebenden« und »Aus-sich-Herauslebenden« ins Spiel, die er wiederum mit typischen Unterschieden zwischen den Geschlechtern verknüpft. Schließlich beschreibt er noch die eher emotional gelagerte Differenz zwischen »Schwermütigen« und »Heiteren«.

Neben diesen Dimensionen, die sich mehr auf die Enge bzw. Weite der Interessenshorizonte beziehen bzw. auf die stimmungsmäßigen Haltungen zur Welt, diskutiert Spranger dann noch eine Reihe von unterschiedlichen inhaltlichen Weltbezügen. So gebe es unter den Jugendlichen »die im Körpergefühl Aufgehenden«, die »ästhetischen Schwärmer«, die zu ständigen unproduktiven Grübeleien neigenden »jugendlichen Problematiker«, die aufs persönliche Vorwärtskommen bedachten »Berufsfreudigen« bzw. »Erwerbslustigen«, die voller Weltverbesserungspläne steckenden »Tatendurstigen«, die sozial empfindsamen und engagierten »Liebevollen«, die hochreflektierten und prinzipientreuen »ethischen Enthusiasten« und schließlich die »auf das Transzendente gerichteten Mystiker«, bei denen die religiöse Sphäre im Zentrum ihres Lebens steht.

Hier wäre es sicherlich spannend, dieses Kapitel, in dem Spranger die unterschiedlichen Lebenshaltungen und Weltorientierungen Jugendlicher ausbreitet, mit heutigen Jugendlichen zu diskutieren und zu sehen, inwiefern sie sich in diesen Kategorien wiederfinden können und inwiefern sie ganz neue Unterscheidungen ins Spiel bringen. Vielfach ist Spranger vorgeworfen worden, dass er mit allzu großer Selbstverständlichkeit die typischen Merkmale eines kleinen Segments einer bestimmten historischen Jugendgeneration zum Prototyp von Jugend erhoben und ihr Selbst- und Welterleben als repräsentativ für jugendliches Empfinden schlechthin erklärt hat. Mit seinem Entwurf einer Typologie hat er zumindest eine ziemliche Bandbreite der möglichen Orientierungen und Werthaltungen skizziert. Und Spranger selbst war sich der kulturellen Wandelbarkeit von Jugend wohl bewusst. Gleichzeitig aber war er zutiefst davon überzeugt, dass gerade in dieser jugendbewegten Jugendgeneration, die er im Blick hatte, die seelischen Grundzüge der Pubertät besonders prägnant hervorgetreten waren und dass genau dieser Umstand es ihm ermöglichte, die allgemeinen Prinzipien der seelischen Neuorganisation in jenem Alter besonders deutlich zu erfassen.

Die Tatsache, dass seine Darstellung noch heute anregender zu lesen ist als manche aktuelle Bücher über das Jugendalter, spricht dafür, dass ihm damals vor knapp 100 Jahren wirklich ein großer Wurf geglückt ist. Freilich würden sich heutige Jugendliche kaum mehr so ausdrücken wie die Jugendlichen jener Jugendbewegungsgeneration, die mit ihren lyrischen Ergüssen bei Spranger ausführlich zu Wort kommen. Und freilich klingt auch das Pathos von Sprangers Sprache, wenn er die jugendliche Befindlichkeit beschreibt, heute bisweilen etwas kurios und kitschig:

>»Es gibt gar keinen Menschen, der so sehnsüchtig aus seinem Gefängnis heraussähe, wie der Jugendliche. Es gibt keinen, der in seiner tiefen Einsamkeit so nach Berührung und Verstandenwerden dürstete, wie der Jugendliche. Es gibt keinen, der so in der Ferne stünde und riefe« (ebd., S. 58).

Genau diese jugendliche Sehnsucht nach Verstandenwerden bei gleichzeitiger Ahnung von der Vielfalt der Möglichkeiten der potentiellen Iche, die man noch in sich trägt, sowie bei gleichzeitiger Tendenz zur Abschottung, zur »Verschalung« gegenüber der Erwachsenenwelt hat Spranger auch zu seiner pädagogischen Leitidee des »emporbildenden Verstehens« inspiriert. Diese pädagogische Idee für den Umgang mit Jugendlichen hat auch heute noch durchaus ihren Reiz. Spranger hat dieses Konzept in einer »pädagogischen Seitenbemerkung« folgendermaßen begründet:

>»der junge Mensch in solchen inneren Schicksalen versteht sich selbst nicht. Deshalb die unendliche Sehnsucht gerade in dieser Zeit nach Ver-

standenwerden. Und wem es gelingt, hier zu verstehen, dessen Verständnis ist notwendigerweise schon bildend, weil es aus der Fülle widerspruchsvoller Gestalten bestimmte Züge heraushebt, unterstreicht, bejaht. Ein solches Verstehen kann herabziehen, wenn es die geringwertigen Seiten betont. Es kann aber emporbilden, wenn es nur dem eigenen Schwung der jungen Seele nach oben Nahrung gibt. Die einzige Methode der Erziehung in diesen Jahren ist emporbildendes Verstehen« (ebd., S. 49).

Natürlich stellt sich die Frage, ob sich der Erwachsene so ohne weiteres anmaßen darf, die Vielfalt der widersprüchlichen Facetten und Tendenzen in der jugendlichen Seelenlandschaft in »geringwertige« und »höherwertige« auseinander zu sortieren, und welche normativen Maßstäbe dabei jeweils gelten sollen. Und weiterhin ist zu bedenken, ob Jugendliche verständnisbereite, empathische Erwachsene nicht gerade dann am meisten brauchen, wenn es darum geht, sich mit jenen Erfahrungen, Strebungen, Wünschen und Drangerlebnissen auseinanderzusetzen, die ihnen selber irritierend, verstörend oder bedrohlich erscheinen.

10

Jugend als Sehnsucht und als »seelische Ergänzungsbedürftigkeit« – Charlotte Bühler

Mit den Stichworten »Einsamkeit« und »Sehnsucht« berührt sich Spranger mit dem zweiten wichtigen jugendpsychologischen Schlüsselwerk aus jener Epoche, das kurz zuvor erschienen war und in dem gerade diese Aspekte im Zentrum stehen: Charlotte Bühlers »Das Seelenleben des Jugendlichen«. Spranger selbst bezieht sich denn auch in einer Fußnote zu dem obigen Zitat, wo er von der »unendlichen Sehnsucht« spricht, auf Charlotte Bühler, macht dabei jedoch auch klar, worin die Unterschiede zwischen seiner und ihrer Perspektive liegen: Während für Bühler die Sehnsucht nach anderen Menschen bzw. nach dem »Du«, dem einen anderen Menschen, der einen ganz versteht, im Vordergrund stehe, gehe er selbst eher von einer unpersönlicheren »metaphysischen Allsehnsucht« aus.

Charlotte Bühler erhebt im Vorwort zur vierten Auflage ihres Buches sehr eindeutig den Anspruch einer Pionierleistung für sich. Dieses Vorwort beginnt mit den Worten: »Als dieses Buch Ende 1921 erschien, war es der erste Versuch einer Gesamtdarstellung des jugendlichen Seelenlebens. Es hatte noch keine Vorgänger, auf die es sich stützen konnte« (Bühler 1967, S. 9). Später, im Vorwort zur 7. Auflage, ist dann etwas bescheidener zu lesen: »Eduard Spranger und die Verfasserin des vorliegenden Buches waren die ersten, die sich um ungefähr die gleiche Zeit mit dem Gegenstand der Jugendpsychologie systematisch-psychologisch befaßten« (ebd., S. 13). Während Sprangers Interesse in geisteswissenschaftlicher Tradition primär den unterschiedlichen Wertrichtungen, die sich im Jugendalter herausbilden, gegolten habe, sei es ihr primär um eine empirische Grundlegung für die Untersuchung des Jugendalters gegangen. Ihr Zugang ist stärker an der Biologie und den immanenten Reifungsprozessen als an der Kulturtheorie und den Prozessen des Hineinwachsens in die unterschiedlichen Lebensbereiche orientiert.

Die Autorin war gerade einmal 28 Jahre alt, als sie dieses bedeutende Werk verfasste, und man ist bei der Lektüre auch heute noch beeindruckt, mit welchem Einfühlungsvermögen, mit welcher Detailgenauigkeit und mit welcher sprachlichen Ausdruckskraft sie die seelischen Entwicklungsprozesse jenes Alters beschreibt und mit welcher Klarheit und Prägnanz sie zugleich versucht, die typischen Strukturen und die zentralen Wendepunkte herauszuarbeiten.

Als Quellenmaterial hatte Bühler eigene und fremde Jugendtagebücher herangezogen, um die typischen seelischen Gefühls- und Konfliktlagen des Jugendalters zu ergründen. Mit jeder Auflage stieg dabei die Zahl der Tagebücher, auf die sie zurückgreifen konnte. Erst waren es nur 3, dann 14, dann 30 und bei der 4. Auflage dann 52 Tagebücher, die ihre »Datengrundlage« ausmachten. In der Einführung zur 6. Auflage von 1967 spricht sie von einer Tagebuchsammlung, die 130 Tagebücher umfasst (ebd., S. 14). Diese Datenquelle erschien ihr zurecht als besonders geeignet, um das Seelenleben des Jugendlichen zu erforschen, weil nirgendwo sonst die wechselhaften Stimmungslagen, die Wünsche, Ängste, Hoffnungen, Enttäuschungen und Sehnsüchte so offen und klar zum Ausdruck kommen wie dort. Zudem ist die Tätigkeit des Tagebuchschreibens selbst ein auffallend jugendtypisches Phänomen. Viele, die im Jugendalter für eine bestimmte Zeit ein Tagebuch führen, geben diese Tätigkeit dann später wieder auf. Die besondere Qualität dieser psychologischen Datenquelle beschreibt Bühler folgendermaßen:

> »Der Jugendliche führt sein Tagebuch nicht als Aufgabe, nicht als Experiment, nicht unter Kontrolle, nicht für andere. Er führt es für sich allein und hat ... so gut wie immer das Bestreben, vor sich wahr zu sein und zu seiner eigenen Klärung zu schreiben ... Es ist ein Entwicklungsbuch. Es zeigt uns neben den direkt dargestellten Einzelheiten Entwicklungstatsachen und eine Entwicklungsrichtung« (ebd., S. 51).

Da die Tagebuchsammlerin und -interpretin in der Regel auch über grundlegende Informationen zu Alter und sozialem Hintergrund der TagebuchschreiberInnen verfügte, kann sie in ihrem Buch auch immer wieder entsprechende Vergleiche zwischen den typischen Einstellungen und Konfliktlagen bei Jugendlichen aus unterschiedlichen Milieus ziehen und anschaulich illustrieren. So spielt bei ihr immer wieder die Differenz zwischen einer »primitiven Pubertät«, wie sie eher im proletarischen bzw. ländlichen Milieu anzutreffen ist, und einer »gestreckten Pubertät« bzw. einer »Kulturpubertät«, wie sie eher in städtisch-bürgerlichem Umfeld vorkommt, eine wichtige Rolle.

Schon die Form der Tätigkeit des Tagebuchschreibens und die Tatsache, dass diese Tätigkeit gerade im Jugendalter so verbreitet ist, war für Bühler bezeichnend: Der Rückzug ins »stille Kämmerchen«, in die Einsamkeit und in die reflexive Position, das Bewusstsein von der Differenz zwischen innerem Erleben und nach außen gezeigter Fassade, die damit verbundene Intimität und Geheimniskrämerei, das Sich-Hingeben an Gefühle, Stimmungen und Schwärmereien, die Neigung zu Weltschmerz und Melancholie, die schriftlich fixierten Selbstgespräche, nicht selten auch die Erfindung eines fiktiven Gegenübers, dem all das, was einem zustößt und was einen bewegt, erzählt werden kann. Das Tagebuchschreiben war damals wie heute eine Domäne der Mädchen. Entsprechend konzentriert sich Bühler bei ihren Darstellungen stärker auf die weibliche Entwicklungslinie, während Spranger ausdrücklich betont, dass er die männliche Jugend im Blick habe, da ihm in Bezug auf die weibliche Jugend die unmittelbare Erfahrungsnähe, die für eine verstehende Psychologie erforderlich sei, ermangele. Da Bühler jedoch sowohl über Mädchen- als über Knabentagebücher verfügt, kann sie auch hier interessante Differenzen bezüglich der Inhalte und der Formen des Tagebuchschreibens bei beiden Geschlechtern ausmachen. Und dabei wird durchaus ihre stärkere Identifizierung mit den weiblichen Autorinnen deutlich:

>»Das Tagebuch der Mädchen spricht von Freundschaft, Schwärmerei und Liebe, von persönlich Erlebten an Arbeit, an Wissenschaft und Kunst, von Menschen immer wieder und eigenem Denken und Fühlen. Mit höchstem Erstaunen sah ich als Frau, ich gestehe es, daneben die Tagebücher der Knaben, eins nach dem anderen ähnlich« (ebd., S. 76).

An einem typischen Beispiel illustriert sie dann, was sie an den Knabentagebüchern so in Erstaunen versetzte, ja befremdete: Es ist vor allem das Sammelsurium von Sachthemen aus den Bereichen Geschichte, Literatur, Biologie, Geographie, Religion, die hier kunterbunt aneinandergereiht werden, nur zwischendurch unterbrochen von knappen persönlicheren Reflexionen etwa über den Charakter von Freunden oder über eigene Pläne, Ziele, Zweifel und sexuelle Nöte.

Bei ihrer Analyse der Tagebücher kam Charlotte Bühler zum Postulat einer typischen geschlechtsübergreifenden Abfolge der

Grundstimmungen und der Grundhaltungen im Durchgang durch das Jugendalter, welche sie auf die folgenden Begriffe und die folgende Formel bringt: »Auf die Verneinung der Pubertät folgt die Bejahung der Adoleszenz« (ebd., S. 64). Jedoch verlaufen die Prozesse bei den Geschlechtern nicht parallel, sondern deutlich phasenverschoben. Die erste Phase der »Verneinung«, die sie auch als »negative Phase« bezeichnet, beginnt nach Bühler bei den Mädchen meist im Alter von 11–13, bei den Jungen dagegen erst im Alter von 14–16 Jahren. Und in der Tat zeichnet Charlotte Bühler ein recht düsteres Bild dieser ersten Phase des Jugendalters:

»Unregelmäßigkeiten aller Art wirken auf das seelische Befinden zurück. Erhöhte Sensibilität und Reizbarkeit, unruhiges und leicht erregbares Wesen kennzeichnen das pubertierende Lebewesen. Freudlos ist den jungen Menschen diese Zeit, und der innere Unfriede wird selbst gegen die bessere Einsicht, die sich sträubt, in Wildheit, Unfug und trotzigem lieblosem Wesen abreagiert und auf die Umwelt abgeladen« (ebd., S. 64).

Die Pubertierenden sind nach Bühler mehr oder weniger wehrlose Opfer ihrer inneren Umbauprozesse: »… sie wünschen, anders zu sein, doch ihr Körper, ihr Wesen gehorcht ihnen nicht. Sie müssen toben und schreien, fluchen und spotten, prahlen und eifern, auch wenn sie das Groteske und Unerfreuliche ihres Gebarens selbst bemerken« (ebd.). Neben und hinter der trotzig-oppositionellen Grundhaltung kann diese Phase der »Übergangsmenschen« allerdings auch durch eine eher depressiv-destruktive Stimmungslage gekennzeichnet sein. Dann kommt häufig »eine tiefe Mutlosigkeit über die eigene Schlaffheit und Schlechtigkeit auf, ein Verzagen an sich selbst, ein Haß gegen sich selbst, und damit tiefe Melancholie und Lebensfeindschaft« (ebd.).

Etwa mit 17 Jahren, wenn auch der Körper so allmählich seine neue Kontur bekommen hat, kommt es dann nach Bühler typischerweise auch zu einem seelischen Umschwung, der eine neue Stimmungslage einleitet, die Bühler »Bejahung« nennt und recht euphorisch beschreibt:

»Die Entdeckung einer neuen Welt von Werten bedeutet die erste Wendung zum Positiven, zu einer freudigen Bejahung des Lebens, wie sie dann allmählich vom Adoleszenten Besitz ergreift. Liebe kommt, die schwierigsten Spannungen lösend, hinzu. Ein vitales und psychisches Wohlbehagen, ungeheure Lebendigkeit und ein Gefühl innerer Freiheit und Kraft sind in diesem Alter das Normale« (ebd., S. 67).

Dem Adoleszenten erschließen sich neue Erlebnisqualitäten im Umgang mit der Natur, neue Interessen an Kunst, Literatur und Wissenschaft, neue Zugänge zur Welt der Ideen und Werte. Das Leben gewinnt somit an Tiefe und die Welt an Faszinationskraft.

Charlotte Bühler ging es jedoch nicht nur um eine möglichst detaillierte und materialreiche Präsentation der Gedanken und Gefühle, die von Jugendlichen in ihren Tagebüchern festgehalten werden, sondern ihr ging es um die dahinterliegenden seelischen Entwicklungsgesetze, die darin zum Ausdruck kommen. Die Überschrift des ersten Kapitels ihres Buches lautet: »Die seelische Pubertät und ihre biologischen Grundlagen«. Letztlich sind es evolutionsbiologische Strategien der Natur zur Sicherung der Arterhaltung, die Bühler hier am Werk sieht. Sie zögert nicht, zur Demonstration der größeren biologischen Zusammenhänge auch immer wieder auf Beispiele aus dem Tierreich zu verweisen. Der Nachwuchs müsse auch dort in der Zeit der Sexualreife dazu gebracht werden, die Sicherheit und Behaglichkeit des heimatlichen Nests der Herkunftsfamilie zu verlassen und sich auf die Suche nach geeigneten Partnern zur Gründung eines eigenen Familienverbandes zu machen:

»Die Begleiterscheinungen der Reifung sollen, um die Paarung zu sichern, das Individuum ergänzungsbedürftig machen, unruhig in seiner Einsamkeit, erregt und sehnsüchtig, und das Ich soll aufgeschlossen werden für die Begegnung mit einem Du. Das ist der biologische Sinn der Pubertät« (ebd., S. 55). Aus der biologischen Tatsache der »Ergänzungsbedürftigkeit« (im Hinblick auf die zweigeschlechtliche Natur der Fortpflanzung beim Menschen) »...ergibt sich für die Struktur der seelischen Pubertät Sehnsucht als ihr Grunderlebnis. Sehnsucht und Suchen gibt allen Funktionen die Richtung auf eine zukünftige Erfüllung. Neugier, Hoffnung, Erwartung,

Spannung, Sehnsucht, Wünsche und Süchte strecken sich dem Fehlenden entgegen, ganz gleich ob dies bereits erkannt oder kaum dunkel erahnt ist. Wir definieren also seelische Pubertät als seelische Ergänzungsbedürftigkeit. Von hier aus gewinnen wir eine feste, unverrückbare Basis zum Verständnis aller Pubertätserscheinungen« (ebd., S. 59).

Die seelische Bewegungstendenz weg von den kindlichen Bindungen an die Eltern, von der Eingebundenheit in die Herkunftsfamilie, hin zur Offenheit und zum Interesse für Personen des anderen Geschlechts, hat Charlotte Bühler also unter evolutionsbiologischen Perspektiven als den eigentlichen Sinn der jugendlichen Entwicklungsphase angesehen, der letztlich hinter den individuellen romantischen Erlebnisweisen steckt. Es ist die Natur selbst, die im Jugendalter eine psychische Stimmungslage hervorbringt, die auf raffinierte Art ihrem fundamentalen Zweck, der Arterhaltung, dient.

»In einer wundersamen Verwandlung der Einstellung des ganzen Wesens beginnt plötzlich das bis dahin nur auf sich selbst gestellte, nur mit seiner Selbsterhaltung beschäftigte Individuum sich auf ein anderes zu richten, verlangend nach dem Artgenossen auszuspähen, suchend nach ihm zu wandern, mühsam um ihn zu werben. In dieser wundersamen Verwandlung geschieht es, daß der bis dahin in sich abgeschlossene, in sich selbst zufriedene kleine Mensch plötzlich offen wird und ergänzungsbedürftig, ein sehnsüchtiges Ich, das ein Du begehrt. Denn das kindliche Individuum ist in sich ruhend, der Jugendliche wird in seiner Seele eines Menschen bedürftig, noch ehe sein Körper diese Ergänzung tatsächlich verlangt« (ebd., S. 58f.).

Charlotte Bühler hat die »Ergänzungsbedürftigkeit« vor allem als das Grundcharakteristikum der weiblichen Entwicklungslinie aufgefasst und sah die männlichen Jugendlichen eher auf dem Weg zur »Tatreife«. Denn ihre Tagebücher waren der Tendenz nach sehr viel nüchterner und prosaischer, stärker auf »Lebensbewältigung« gerichtet, d. h. auf sachliche Herausforderungen, die es zu überwinden, Willenskraft, die es zu entwickeln, Ziele, die es zu erreichen galt.

Man könnte vermuten, dass Bühler nun aus dieser biologisch-psychologischen Perspektive eine sehr konservative, die Mutterschaft als einzige und zentrale Bestimmung der Frau verklärende Position ableitet. Ein Stück weit sieht Bühler die Mädchen tatsächlich mit dieser Herausforderung konfrontiert: »Jedes Mädchen gewinnt mit erwachender Pubertät dieses frühe Wissen um ihre Ergänzungsbedürftigkeit. Sie bedarf des anderen Geschlechts, um ihre Bestimmung voll zu erfüllen, um den Beruf Mutterschaft ergreifen zu können« (ebd., S. 72f.). Doch andererseits sieht Bühler die Mädchen durchaus in einem Dilemma und bringt schon 1921 auf den Punkt, was heute unter dem Stichwort »doppelter weiblicher Lebensentwurf« diskutiert wird:

> »Das Mädchen faßt zwar nach wie vor den Frauen- und Mutterberuf als den idealen Beruf für die Zukunft ins Auge. Doch um auch dann gesichert und unabhängig zu sein, wenn ihre Ideale sich nicht erfüllen sollten, bereitet sie noch einen anderen Beruf vor, der ihr erlaubt, auf eigenen Füßen zu stehen. Diese Notwendigkeit, zwei Zukunftsmöglichkeiten ins Auge zu fassen, macht die heutige Mädchenentwicklung zu einer ungeheuer schwierigen« (ebd., S. 73).

Das in den Tagebüchern, die Bühler analysiert hat, Niedergeschriebene bietet einen tiefen Einblick in die seelischen Befindlichkeiten und Konfliktlagen der Jugendlichen: Das subjektive Bewusstsein der inneren Veränderungen, die in einem vorgehen; das Gefühl der Entfremdung von den bisher vertrauten kindlichen Bezugspersonen, da diese die inneren Wandlungen gar nicht nachvollziehen können, einen noch immer als bloßes Kind ansehen; die Fragen nach Sinn, nach dem eigenen Weg und nach tragenden Lebenszielen; vor allem aber das Grundgefühl der Einsamkeit und der Sehnsucht. Sehnsucht nach einem Du, das einen ganz versteht, nach einem Gegenüber, nach einer anderen Seele, mit der man verschmelzen könnte. In diesem Sinne sind Bühlers Ausführungen über das »Schwärmen« als einer besonderen jugendtypischen Form der sehnsuchtsvoll-schmachtenden Hinwendung an eine idealisierte Person, die mit der Phantasie umgeben wird, dass sie einen aus jenen seelischen Zweifeln und Nöten erlösen könnte, noch immer besonders interessant zu lesen.

Häufig richtet sich die Sehnsucht dabei zunächst auf unerreichbare Personen, auf idealisierte Erwachsene – zu Bühlers Zeit häufig auf Lehrer und Lehrerinnen, heute wohl mehr auf medienpräsente Popstars –, die schwärmerisch verehrt und idealisiert werden und zu denen trotz aller realer Distanz eine phantasierte Nähe, eine imaginäre Seelenverwandtschaft und eine erotische Anziehung erlebt wird. Dann aber auch auf Gleichaltrige aus dem realen Lebenskreis, in die man sich verliebt. Hoffnung, Entzücken und schwärmerische Begeisterung, wenn ein solches Du, eine solche verwandte Seele im eigenen Lebenshorizont aufzutauchen scheint, einem wirkliche Beachtung schenkt. Herzschmerz, Enttäuschung, noch größere Einsamkeit und Sehnsucht, wenn sich diese Hoffnung als illusionär erwiesen hat. In einem der von Bühler ausgewerteten Tagebücher liest sich dieses Schwärmen für eine angebetete Lehrerin dann z. B. so:

»Ich würde es ja gern haben, sie als – nun, wie soll ich mich ausdrücken – ›Verstehende‹ zu haben: aber das kann sie mir eben nicht sein. ...«
»Was sucht man eigentlich immer? Wonach sehnt man sich? Augenblicklich ich nach einem Menschen. Ich kann nicht so mich in mich hineinbeißen, das geht nicht. Wo soll das hin? Ich möchte jemanden haben, dem ich was erzählen kann und der tröstend die Hand auf mich legt in seiner Größe – und das Wenige, Kleine versteht, das ich besitze« (ebd., S. 114). Und ein anderes vierzehneinhalbjährigen Mädchen drückt ihre allgemeine Liebessehnsucht folgendermaßen aus: »Ach Liebe, Liebe, Liebe! Wird sie denn jemals bei mir einkehren? Ich bin allein und bleibe allein und werde allein bleiben. Sterneneinsam selbst, muß ich versuchen, Liebe – keine Liebe, wie ich sie meine, sondern Nächstenliebe, auszusäen, zu kämpfen um für mich Lebensweisheit zu erlangen – für andere Frieden. Ach will er denn immer noch nicht kommen, der selige, süße Frieden? Der in der Brust einzieht, sanft und glücklich? Ach, ach – ich habe solchen Liebeshunger, wer kommt, um ihn mir fortzunehmen?« (ebd., S. 118).

Es mag sein, dass die Tagebuch- oder Chatforen-Eintragungen heutiger Jugendlicher nicht mehr in der gleichen pathetischen Tonlage verfasst sind, nicht mehr ganz so sehnsüchtig-schmachtend, sondern häufig cooler, lässiger, salopper daherkommen. Einsamkeits- und Verzweiflungsgefühle, Verstehenswünsche, Trostbedürfnisse und schwärmerische Idealisierungen kommen aber auch heute bei Pubertierenden durchaus vor.

Die pädagogischen Perspektiven, die Charlotte Bühler an einigen Stellen ihres Buches formuliert, sind ebenfalls auch heute noch durchaus bedenkenswert. In diesem Sinne fordert sie etwa:

> »Die erste Aufgabe hätte die Schule. Sie hätte in die Klassen der zwölf- und dreizehnjährigen Mädchen, der vierzehn- und fünfzehnjährigen Jungen ihre bedeutendsten Lehrerpersönlichkeiten zu stellen. Unter den Lehrern zuerst schaut der junge Mensch nach idealem Vorbild aus, wo die Eltern versagen. Denn Persönlichkeit, Vorbild nach freier Wahl ist das, wonach der Jugendliche lechzt. ... Ein Lebensziel über sich selbst hinaus muß der Jugendlehrer in sich tragen und weisen können, muß er dem jungen Menschen begeisternd vor Augen rücken und selbst erstreben, da der Jugendliche es zunächst nur ihm zuliebe beachten wird« (ebd., S. 147).

Während Charlotte Bühler in den zwanziger Jahren erschienenen Auflagen ihres Buchs »Das Seelenleben des Jugendlichen« ganz stark auf die Vorbildfunktion des erwachsenen Erziehers oder Lehrers setzt bzw. ganz unbefangen die große Bedeutung des wenig älteren »Führers« im Rahmen der jugendbewegten Gruppen und Bünde betont, bringt sie in ihrer Einleitung zur 6. Auflage von 1967, und d. h. auf dem Hintergrund ihrer späteren psychotherapeutischen Erfahrungen in den USA, noch eine ganz andere Idee ins Spiel: »Es ist eine Jugendentwicklung, die durch Gruppendiskussionen erleuchtet wird, Diskussionen, die systematisch arrangiert und in der Art geleitet werden, wie wir sie im Sensitivitätstraining und der Gruppentherapie als unendlich fruchtbar erfahren haben« (ebd., S. 23). In diesen »Selbstentdeckungskursen« sollten systematische Impulse und Anleitungen zum Nachdenken über innere Vorgänge gegeben werden und die TeilnehmerInnen sollten so zur Introspektion und zum Verstehen der eigenen seelischen Motive sowie zur Empathie bezüglich der seelischen Konfliktlagen anderer geführt werden. Insgesamt erhofft sich Bühler davon eine Reduzierung der seelischen Nöte, der verbreiteten Einsamkeits- und Minderwertigkeitsgefühle jenes Lebensalters.

11

Jugend als Hingabe – Siegfried Bernfeld

Bereits 54 Jahre vor Charlotte Bühlers Idee der Gruppendiskussionen in »Selbstentdeckungskursen« für Jugendliche hatte Siegfried Bernfeld eine ähnliche, vielleicht sogar noch radikalere Idee. Der damals gerade einmal 21-jährige Aktivist der Wiener Jugendbewegung und Schulreformbewegung initiierte dort einen »Sprechsaal für Mittelschüler« (Bernfeld 1913a, S. 35), dessen Leitgedanke es war, einen Raum und ein »Zentrum der freien geistigen Betätigung« für Mittelschüler zu schaffen, um »mit Gleichaltrigen und Gleichgerichteten sich über alles auszusprechen«. Das Ganze sollte ohne erwachsene pädagogische oder therapeutische Anleitung in Eigenregie der Jugendlichen stattfinden. Es war auch nicht als reiner »Selbsterfahrungszirkel« gedacht, sondern dem Aufruf

Bernfelds ist zu entnehmen, dass dort durchaus inhaltlich über Themen wie »Jugendkultur«, »Energie und Ethik« oder »moderne Lyrik« etc. diskutiert wurde.

Eine ähnlich gelagerte, parallele Aktivität Bernfelds betraf sein Amt als »Arbeitsleiter« des »Akademischen Comités für Schulreform« (A.C.S.), als dessen zentrale Aufgabe die »Arbeit an der Jugendkultur« postuliert wurde. Darunter wurde »jene Gestaltung der Lebensverhältnisse der Jugend« verstanden, »die der Sonderart ihrer Natur entspricht« (Bernfeld 1913b, S. 36). Dass die Ambitionen des A.C.S. sich keineswegs nur auf eine »Plauderrunde für Jugendliche« beschränkten, sondern ziemlich hoch gespannt waren, wird daran deutlich, dass es nichts weniger als eine tiefgreifende Umwälzung des bestehenden Schulsystems forderte:

> »Die Schulreform hat die Aufgabe, das Schulwesen neu zu gestalten in dem Sinne, daß die äußere und innere Organisation der Schule der erreichbar vollkommenste Ausdruck für das Streben nach Jugendkultur ist« (Bernfeld 1913a, S. 33).

Dass diese Umgestaltung des Schulwesens ein fernes und utopisches Ziel war, war den Akteuren wohl bewusst. Ein näherliegendes und einfacher zu realisierendes war die »Errichtung eines Archivs für Jugendkultur«. Dieses Archiv sollte eine »umfassende Sammlung wissenschaftlicher zu verwertender Dokumente sein für die Sonderart des jugendlichen Lebens und für den inneren Zustand des gegenwärtigen Schul- und Familienlebens« (Bernfeld 1913b, S. 37).

Bernfeld hat also nicht aus der mehr oder weniger gelehrten, kenntnisreichen, einfühlsamen, wohlwollenden, fürsorglichen Perspektive des distanzierten Erwachsenen über das Thema »Jugend« geschrieben, sondern aus der leidenschaftlich engagierten Perspektive des Involvierten, des Aktivisten der Jugendbewegung, der überhaupt erst einmal so etwas wie eine Anerkennung für das prinzipielle Eigenrecht auf die Entwicklung und Pflege einer eigenen Jugendkultur, also »jugendgemäßer« Formen der Begegnung, der Bildung und der gesellschaftlichen Beteiligung fordert.

11 Jugend als Hingabe – Siegfried Bernfeld

Eine Zeitzeugin, die selbst Aktivistin in der Wiener Jugendkulturbewegung war, schildert in ihrer Autobiografie den Eindruck, den Bernfeld damals auf sie und andere Jugendliche machte, folgendermaßen:

»Der große schöne Psychologiestudent mit den pechschwarzen, zurückliegenden Haaren und den riesigen schwarzen Augen, hatte nicht nur ein mitreißendes Äußeres, er hatte tatsächlich alles Zeug zu einem Jugendführer in sich: Leidenschaft und doch eine ruhige, verhaltene Art, jeden einzelnen anzuhören und auf ihn einzugehen, umfassendes Wissen, ausgesprochene Begabung für Gemeinschafts- und Organisationsarbeit und jene Mischung von pädagogischem und psychologischem Können, das immer mehr Leute zu ihm als Freund und Führer aufsehen ließ« (Leichter, 1973, zit. N. Fallend 1992, S. 332).

Obwohl sich Bernfeld seines intellektuellen Scharfsinns, seines Rednertalents und seiner Wirkungen auf andere durchaus bewusst war, war es ihm sehr wichtig, dass die Aktivitäten zur Förderung der Jugendkultur nicht nur auf Charisma, auf Appelle, Führerschaft und gläubiger Nachfolge beruhten, sondern auf einem soliden wissenschaftlichen Fundament, in dem das Wesen und die Bedürfnisse der Jugend allererst herausgearbeitet werden. Eine gehaltvolle und differenzierte wissenschaftliche Theorie der Jugend war etwas, was in seinen Augen erst noch zu schaffen war, und in seiner Doktorarbeit mit dem Titel »Über den Begriff der Jugend« von 1915 wollte er einen Beitrag dazu leisten.

Bernfeld geht darin zunächst vom »naiven Begriff von Jugend« aus, wie er in der Alltagskommunikation der Erwachsenen vorkommt, wo er sich einerseits auf einen bestimmten Altersabschnitt im menschlichen Lebenslauf bezieht – den Bernfeld grob mit der Zeit vom »Ende des zweiten bis Anfang des dritten Lebensjahrsiebts« umreißt –, andererseits aber auch auf qualitative Aspekte des Unreifen, Unzulänglichen, des Defizits an Erfahrung, Gelassenheit und Weitsicht. Auch hier finden sich dann aber schon häufig Hinweise auf die Diskrepanz zwischen dem Überschuss an überschäumender »Lebenskraft« und »Empfänglichkeit« einerseits und den mangelnden geistigen und sittlichen Fähigkeiten der Jugend andererseits. Dann kommt Bernfeld auf eine merkwürdige Lücke im öffentlichen Diskurs über Jugend zu sprechen:

»Bisher hat man noch nicht versucht, exakt festzustellen, was denn eigentlich die Meinung der Jugend selbst über Art, Wesen und Grund ihres Zustands sei. Man hat also noch nicht versucht, die naiven Anschauungen der Jugend selbst über das Phänomen ›Jugend‹ festzustellen« (Bernfeld 1915, S. 50).

Bernfeld kann nun schon auf jenes Material zurückgreifen, das im Sinne eines »Archivs für Jugendkultur« in Resonanz auf entsprechende Aufrufe in der Zeitschrift »Der Anfang« gesammelt wurde. Von den zahlreichen ausführlichen Statements Jugendlicher darüber, wie sie ihre aktuelle seelische und geistige Situation in der Differenz zum Erwachsenendasein wahrnehmen, die hier von Bernfeld aufgeführt werden, sei nur ein Beispiel zitiert:

»Die Maske des Erwachsenen heißt ›Erfahrung‹. Sie ist ausdruckslos, undurchdringlich, die immer gleiche. Alles hat dieser Erwachsene schon erlebt: Jugend, Ideale, Hoffnungen, das Weib. Es war alles Illusion. – Oft sind wir eingeschüchtert oder verbittert. Vielleicht hat er recht. Was sollen wir ihm erwidern? ... im voraus entwertet er die Jahre, die wir leben, macht sie zur Zeit der süßen Jugendeseleien, zum kindlichen Rausch vor der langen Nüchternheit des ernsten Lebens« (ebd., S. 52).

Es sind vor allem viele Klagen über das Gefühl der Entfremdung zwischen den Generationen, über das Missverstanden-Werden, das Nicht-ernst-genommen-Werden, das Gegängelt-Werden, die hier zum Ausdruck kommen. So kommt Bernfeld denn auch zu folgendem Fazit in Bezug auf das präsentierte Material:

»So sehr auch verschiedene Persönlichkeiten oder Gruppen von ihnen verschiedene Ansichten über das Wesen der Jugend haben, in einem scheinen sie völlig gleicher Meinung zu sein: daß Jugend von besonderer Art ist und von den Erwachsenen im einzelnen oder im allgemeinen wesentlich mißverstanden wird« (ebd., S. 51).

Bernfeld ist sich freilich im Klaren darüber, dass auch aus den mannigfaltigen Aussagen von Jugendlichen darüber, wie sie das

Besondere ihres momentanen Seins erleben und auffassen, noch nicht jener von ihm erstrebte wissenschaftliche Begriff von Jugend zu gewinnen ist, da auch die Jugendlichen selbst zunächst einmal ihren »naiven Begriff von Jugend« haben. Aber immerhin kann Bernfeld aus den Selbstbeschreibungen doch ein gemeinsames Merkmal herausdestillieren:

> »Was sich durch all diese Bestimmungen hindurchzieht, ist die Ansicht, daß die Jugend im Gegensatz zum Alter sich mit ihrem ganzen Wesen irgendeinem Höheren hingibt. Einmal ist es die Kunst, einmal die Menschheit, einmal die Wertung« (ebd., S. 58).

So kommt er also zu jenem »naiven Begriff von Jugend«, der seiner Meinung nach in den Köpfen der Jugendlichen seiner Epoche stecke. Genauer spricht er, durchaus milieubewusst, von »gewissen Kreisen der heutigen Mittelschuljugend«, und meint damit jene Kreise, die auf den Aufruf des A.C.S. reagiert haben:

> »Die Jugend ist von den anderen Lebensaltern wesentlich verschieden, sie ist nicht etwa ein defektes Erwachsensein, sondern ein Zustand eigener Art für sich. Er ist etwa charakterisiert dadurch, daß ihm die völlig begeisterte Hingabe an das Ideale, dieses werde nun gefunden in der unergründlichen Schönheit der Natur oder in Kunst und Wahrheit, gemäß und notwendig ist« (ebd., S. 59).

Bernfeld geht dann noch weiter und sieht den subjektiven, introspektiven Begriff der Jugend, der bei den Jugendlichen selbst vorherrscht, gewissermaßen als einen Ausdruck des Generationenkonflikts. »Jugend« wäre demnach vor allem ein Zustand der Unterdrückung. In diesem Sinn meint er, dass von den Jugendlichen selbst

> »alle Eigenschaften, Wünsche, Handlungen, die von den Erwachsenen aus irgendwelchen verständigen oder unverständigen Gründen unterdrückt werden, wenn sie von dem Jugendlichen aus den Bedürfnissen seines Seelenzustandes heraus positiv bewertet worden waren, als die spezifisch jugendlichen aufgefasst werden« (ebd., S. 64).

Auf der Suche nach einem »psychologischen Begriff von Jugend«, der den »naiven Begriff von Jugend« übersteigt, setzt sich Bernfeld ausführlich und kritisch mit den Werken von Meumann und Hall auseinander, den Großmeistern der Entwicklungspsychologie seiner Zeit, und er kommt dabei schließlich zu dem Fazit, dass es gerade jenes starke Bedürfnis nach eindeutigen und starken Wertungen ist, das das Jugendalter auszeichne und das die besondere Differenz zur psychischen Funktionsweise des Erwachsenen konstituiere:

> »Der Erwachsene kennt eine ganze Werteskala; er wird im allgemeinen geneigt sein, die Wertungen als von den jeweiligen Umständen veränderbar anzunehmen. Die Jugend kennt nur gut oder schlecht, sie ist gewissermaßen durch eine ethische Schwarz-Weiß-Manier gekennzeichnet. Dies gilt wenigstens in der Einstellung gegenüber dem eigenen Seelenleben. Hier wird verworfen und heiliggesprochen, mit entschiedener Strenge. Das ganze Leben der Jugend ist getränkt von dieser Atmosphäre des Werteerlebnisses, und nach ihm möchte sie wenigstens ihr Handeln im großen und kleinen bestimmen« (ebd., S. 117f).

Und so kommt er denn zu dem Fazit:

> »Von hier aus können wir den bisher festgestellten Begriff von Jugend formulieren als jene Jahre, die nach abgeschlossenem Wachstum der phsychophysischen Elemente charakterisiert sind durch das prävalierende Werteerlebnis« (ebd.).

Mit dieser These vom »prävalierenden Werteerlebnis« als dem hervorstechenden Markenzeichen der Jugend ist allerdings für Bernfeld die Suche nach einer psychologischen Fundierung der Jugendtheorie noch nicht zu Ende. Denn natürlich tut sich als nächstes die Frage auf, warum gerade im Jugendalter dem Werterlebnis und Bewertungsbedürfnis eine solch zentrale Rolle zukommt. Und hier versucht Bernfeld nun theoretische Verknüpfungen zu dem tiefgreifendsten und offensichtlichsten Reifungsgeschehen der Pubertät zu ziehen, der Reifung der Sexualfunktion. Die mit den sexuellen Reifungsvorgängen verbundenen noch eher diffusen Vorstellungen, Gefühle, Bedürfnisse und Handlungen sind für die Jugendlichen einerseits verlockend und erregend, andererseits aber auch aufwühlend und irritierend. Man muss die ausgeprägten gesellschaftlichen Tabuisierungstendenzen der Sexualität zu Beginn des 20. Jahrhunderts mit in Betracht ziehen, um Bernfelds theoretische Verknüpfung der intensiven Wertesehnsucht und Wertungsneigung mit der Entwicklung der Sexualreife nachvollziehen zu können. Demnach tritt mit dem Ende der Kindheit »eine Diskrepanz zwischen sexuellem Bedürfen und sexuellem Vermögen« ein, die in ihrem Gefolge das bisherige seelische Gleichgewicht ordentlich durcheinanderbringt, denn sie erzeugt

> »einen Bewusstseinszustand von höchster Unruhe, Inkonsequenz, Gärung und Verwirrung. In diesem Zustand droht jedem einzelnen der Untergang, wenn er nicht irgendein Festes und Sicheres als unzerbrechlichen Rückhalt und letzte Zuflucht findet. Von hier aus verstehen wir, welche Bedeutung das Wertungserlebnis in dieser Zeit gewinnen muß und wie es, auf das ganze Selenleben sich erstreckend, gewissermaßen die festen, untersten Zementquader erzeugt oder doch vortäuscht, auf denen sich der Bau der jugendlichen seelischen Struktur gründen kann« (ebd., S. 132f.).

Die Hingabe an feste Wertbastionen bildet hier gewissermaßen den rettenden Anker gegen die Erschütterungen und Irritationen, die die aufkeimende Sexualität im Seelenleben anrichtet. Und so kommt Bernfeld schließlich zu seinem elaborierten, nicht-naiven »psychologischen Begriff von Jugend«:

> »Jugend ist die Zeit der Diskrepanz zwischen psychischem und physischem Sexualbedürfen und -vermögen; sie setzt ein, wenn die Entwicklung der psychischen elementaren Fähigkeiten und deren physischen Grundlagen im großen und ganzen abgeschlossen ist. Sie ist charakterisiert durch das prävalierende Werterlebnis, das von jener Diskrepanz determiniert, sich im Laufe der Jugendzeit auf immer weitere Gebiete des Seelenlebens erstreckt« (ebd., S. 133f.).

Bernfelds Anliegen war es, der Fremdthematisierung der Jugend als einer irgendwie defizitären, überspannten, problematischen Übergangsphase, wie sie in der Pädagogik und Psychologie, aber auch in der Jugendpflege und Jugendfürsorge und im öffentlichen Diskurs jener Zeit gängig war, eine wissenschaftliche Sichtweise gegenüber zu setzen, die als Quellenmaterial zu einem gewichtigen Teil auf den diversen Weisen der Selbstthematisierung Jugendlicher beruhte. Dabei sollte die Ernsthaftigkeit und Intensität der jugendlichen Auseinandersetzung mit Werten sowie ihr kulturschöpferisches Potential deutlich werden.

In seiner Schrift »Über den Begriff der Jugend« hat Bernfeld in Auseinandersetzung mit den vorliegenden psychologischen Ansätzen zu einer Jugendkunde, die in der Tradition Meumanns entweder auf Laborexperimenten und Messungen oder in der Tradition Halls auf Fragebogenerhebungen basierte, auch interessante Ideen und Begründungen zu einer Methodik der Jugendforschung entwickelt, die auch heute noch durchaus Aktualität beanspruchen können. In diesem Sinne schreibt er:

> »Soll die Jugendpsychologie weitere wesentliche, nicht bloß quantitative Fortschritte machen, so muß eine Möglichkeit gefunden werden, in jene Gebiete einzudringen, die nicht nur der experimentellen, sondern auch der Methode der Rundfrage notwendig verschlossen sind. Wir bedürfen eines ›Antworten‹-Materials, das nicht durch eine gestellte Frage angeregt, sondern das spontan entstanden ist, um die Fehlerquelle des subjektiven Antwortens zu vermeiden oder um doch wenigstens gewissermaßen echte jugendliche Subjektivität zu erhalten, die einen ganz anderen Erkenntniswert repräsentiert, als jene ›künstliche‹. ... Alle Produkte jugendlicher spontaner Tätigkeit sind als Material dieser Art verwertbar: Zeichnungen, Sammlungen, Gedichte, Tagebücher, Briefe, Notizen, Gespräche, Organisationen« (ebd., S. 105f.).

Ein forschender Zugang über solche authentischen Materialien würde seiner Ansicht nach nicht nur zeigen, welche Inhalte im Horizont der Jugendlichen von besonderer Bedeutung sind, durch ihn würde auch deutlich, »welche Wertbetonung, welches Ausmaß, welche Formen im Einzelnen sie haben« (ebd., S. 106).

Bernfeld hat in seiner Schrift »Über den Begriff der Jugend« nur die Kapitel über den »naiven Begriff der Jugend« und über den »psychologischen Begriff der Jugend« ausgeführt. Ganz zum Ende macht er noch eine Ankündigung, dass »im zweiten Teil dieser Arbeit« versucht werden soll, »den soziologischen Begriff der Jugend zu fassen«. Dieser zweite Teil ist freilich nicht mehr erschienen. Jedoch hat Bernfeld in diversen nachfolgenden Arbeiten durchaus wichtige Impulse für eine solche soziologische Betrachtung von Jugend geliefert, indem er unterschiedliche Typen und Verlaufsformen der Pubertät beschreibt, je nach dem »sozialem Ort«, an dem diese stattfindet, d. h. nach dem milieuspezifischen Entwicklungshintergrund, in welchen diese eingebettet ist.

Am differenziertesten hat er seine Vorstellung einer soziologischen Jugendforschung und im Zusammenhang damit seinen soziologischen Begriff von Jugend in dem programmatisch-visionären Text »Ein Institut für Psychologie und Soziologie der Jugend – Archiv für Jugendkultur – Entwurf zu einem Programm« von 1917 beschrieben. Er skizziert darin ein weites Feld von Fragestellungen und Problemen, dem eine solche soziologische Jugendforschung nachzugehen habe. Alle Aspekte, die das Verhältnis der Jugend zur Gesellschaft betreffen, sei es als gegenwärtige oder künftige Arbeitskraft, als Konsument, als Mitglied oder Klient gesellschaftlicher Institutionen, als Adressat pädagogischer Bemühungen oder politischer oder religiöser Interessen, als Rezipient oder Produzent kultureller oder geistiger Schöpfungen etc. werden von Bernfeld gemustert. Hinzu kommen noch all die speziellen Aspekte, die den sozialen Umgang der Jugendlichen untereinander betreffen, also die Gruppenbeziehungen, die (sub-)kulturellen Aktivitäten und Hervorbringungen der Jugendlichen in ihren unterschiedlichen Gesellungsformen. Insgesamt ergibt sich für Bernfeld der

> »soziologische Begriff der Jugend als jener sozialen Gruppe, die aufgrund ihrer natürlichen Eigenart eine bestimmte spezifische Aufgabe wirtschaftlicher oder geistiger Natur in einer bestimmten Gesellschaftsordnung erfüllt. ... der soziologische Begriff der Jugend ist der allgemeine Ausdruck für die Gesetzmäßigkeit, nach der sich gewisse Formen der Eingliederung der Jugend in die Gesellschaftsordnung auf diese Ordnung beziehen« (Bernfeld 2010, S. 230).

Obwohl Bernfeld natürlich ein bedeutsamer Vertreter der psychoanalytischen Pädagogik ist, wurde er hier unter der Rubrik »Klassische Positionen der Jugendtheorie« und nicht unter der Rubrik

»psychoanalytische Positionen« eingeordnet. Denn in seinen frühen Schriften zur Jugendthematik war er von den zentralen Intentionen und vom ganzen Duktus seines Schreibens her doch noch sehr stark mit der Jugendbewegung seiner Zeit verbunden und verstand sich wohl primär als Vorkämpfer für die Sache der Jugend. Freud wird darin zwar einige Male zitiert, und natürlich schimmert schon in seiner Dissertation so etwas wie eine Sublimierungstheorie bei seiner Herleitung der Motive des Wertungsbedürfnisses aus der Diskrepanz zwischen sexuellem Bedürfen und sexuellem Vermögen durch. Erst später jedoch, ab etwa den 1920er Jahren hat sich Bernfeld dann primär als Psychoanalytiker verstanden. In dieser Funktion war er dann sogleich wieder aktiver Vorkämpfer für die Sache der Psychoanalyse und hat sich mit Leidenschaft, mit rhetorischer Brillanz und bisweilen mit polemischer Schärfe intellektuelle Scharmützel mit jenen akademischen Vertretern der Medizin, der Psychologie und der Pädagogik seiner Zeit geliefert, die es wagten, die Errungenschaften der neuen, Freudschen Psychologie zu ignorieren oder gar explizite Zweifel an den Thesen Freuds zu äußern. In diesem Sinne ist insbesondere das Sammelreferat »Die heutige Psychologie der Pubertät – Zur Kritik ihrer Wissenschaftlichkeit« aus dem Jahr 1927 von Interesse, in dem Bernfeld die aktuellen jugendpsychologischen Schriften der Weimarer Zeit explizit unter dem Gesichtspunkt mustert, welche Stellung diese zur Psychoanalyse einnehmen. Besonders Sprangers damals schon sehr populäres Werk »Psychologie des Jugendalters« wird von Bernfeld nach allen Regeln der Kunst »zerpflückt«, aber auch Bühlers »Seelenleben des Jugendalters« kommt nicht sehr viel besser weg.

III

Psychoanalytische Positionen

12

Jugend als Umstrukturierung libidinöser Besetzungen – Sigmund Freud

In jener Zeit, als Bernfeld, Spranger und Bühler ihre Werke über das Jugendalter verfassten, war die Psychoanalyse schon eine bedeutsame und einflussreiche Größe im geistigen Leben und speziell in den anthropologischen, psychologischen und pädagogischen Diskussionen jener Zeit. Sicherlich umstritten und gerade in der akademischen Psychologie oft heftig angefeindet, aber doch als innovative Perspektive mit dem Anspruch, tiefer zu blicken, hinter den Oberflächenphänomenen die Wirkungen unbewusster Motive und Prozesse deutlich zu machen, war sie doch für viele ein sehr faszinierendes Gedankengebäude. Natürlich auch deshalb, weil darin der Sexualität, der »Macht des Eros« für sämtliche menschliche Strebungen, Konflikte, Krisen und Krankheiten eine besonders wichtige Rolle zugeschrieben wurde. Da die Pubertät zentral durch die Entwicklung der Geschlechtsreife charakterisiert ist und da sexuelle Regungen, Leidenschaften und Phantasien in der Psychoanalyse eine ganz herausragende Rolle spielen, sollte man annehmen, dass gerade dieser Lebensphase das besondere Interesse Freuds gegolten hat. Dies ist nun allerdings nicht der Fall. Freuds Augenmerk war sehr viel stärker auf die ersten sechs Lebensjahre, auf die Geschehnisse während der oralen, analen und ödipalen Phase gerichtet. Einerseits deshalb, weil er die »infantile Sexualität« für seine eigentliche große Entdeckung hielt, andererseits deshalb, weil er davon ausging, dass die wesentlichen persönlichkeitsprägenden Prozesse eben bereits in früher Kindheit stattfinden. In diesem Sinn schrieb er: »Der kleine Mensch ist oft mit dem vierten oder fünften Jahr schon fertig und bringt später nur allmählich zum Vorschein, was bereits in ihm steckt« (Freud GW Bd. XI, S. 369). Von daher kann man sagen, dass Freuds Beitrag zur Theorie der Pubertät zunächst einmal darin bestand, allgemein geteilte Selbstverständlichkeiten wie eben die, dass das »Erwachen des Sexualtriebs« ein zentrales Merkmal der Pubertät sei, zu hinterfragen und zu relativieren. In besonders drastischer Form hat er dies gegenüber seinen Hörern an der Clark University formuliert:

> »Nein meine Herren, es ist gewiß nicht so, daß der Sexualtrieb zur Pubertätszeit in die Kinder fährt wie im Evangelium der Teufel in die Säue. Das Kind hat seine sexuellen Triebe und Betätigungen von Anfang an, es bringt sie mit auf die Welt, und aus ihnen geht durch eine bedeutungsvolle, an Etappen reiche Entwicklung die sogenannte normale Sexualität des Erwachsenen hervor« (Freud, GW Bd. VIII, S. 43).

Freud geht von einem »zweizeitigen Ansatz der Sexualentwicklung« aus. Die Pubertät stellt demnach also nicht mehr den Beginn des menschlichen Sexuallebens, sondern nur mehr eine wichtige »Etappe« dar. Entsprechend handelt erst der dritte Teil in seinen »Drei Abhandlungen zur Sexualtheorie« von den »Umgestaltungen der Pubertät«. Entscheidend ist in dieser Perspektive tatsächlich der Begriff der *Um*gestaltung, also der Veränderung von zuvor bereits ausgebildeten psychischen Strukturen. Welche Umgestaltungen sind es, die sich nach Freud in der Phase der Pubertät vollziehen? Einmal die »Unterordnung aller sonstigen Ursprünge der Sexualerregung unter das Primat der Genitalzone« (GW Bd. V, S. 136). D. h., während er das Kind als »polymorphpervers« betrachtet, da es aus ganz unterschiedlichen Körperregionen und Körperbetätigungen Lust schöpft, kommt es nun zu einer Konzentration auf die Geschlechtsorgane als Lustquelle. Und während das kindliche körperliche Lustempfinden eher diffus und fließend war, kommt es nun zu einer klareren Konturierung des sexuellen Erregungsprozesses in einer Verlaufsgestalt, die einem Höhepunkt zustrebt. Freud war stets davon ausgegangen, dass der »psychische Apparat« so konstruiert sei, »dass ein Spannungsgefühl den Unlustcharakter an sich tragen muß« (S. 114). Nun sah er sich aber im Zusammenhang mit der Entwicklung hin zur reiferen, genitalen Sexualität mit dem Phänomen konfrontiert, dass der Anstieg von psychischer Spannung im Zusammenhang mit der sexuellen Erregung ganz offensichtlich Teil eines überaus lustvollen Geschehens war. Dies stellte eine gewichtige theoretische Herausforderung für ihn dar: »Wie es zugeht, dass die empfundene Lust das Bedürfnis nach größerer Lust hervorruft, das ist eben das Problem« (ebd., S. 115).

Er behilft sich mit der Unterscheidung zwischen »Vorlust« und »Endlust« und bringt damit die Unterschiede zwischen der infantilen Sexualität und dem, was in der Pubertät nun an Neuem hinzukommt, folgendermaßen auf den Punkt:

> »Die Vorlust ist dann dasselbe, was bereits der infantile Sexualtrieb, wenngleich in verjüngtem Maße, ergeben konnte; die Endlust ist neu, also wahrscheinlich an Bedingungen geknüpft, die erst mit der Pubertät eingetreten sind« (ebd.).

Freud geht in diesem Zusammenhang auch auf Geschlechterdifferenzen in der Entwicklung ein und formuliert dabei einige provokante Thesen, die auch heute noch immer wieder für allerhand Anstoß und Irritation in der Geschlechterdebatte sorgen. Er geht nämlich davon aus, dass die Mädchen im Laufe der Pubertätsentwicklung einen »Wechsel der leitenden erogenen Zone« zu vollbringen hätten, der nicht selten scheitere und im Weiteren dann zu Einbußen der sexuellen Erlebnisfähigkeit führe. Während der Kindheit sei die primäre genitale Lustquelle beim Mädchen die Klitoris, die er, da sie der Eichel homolog ist, als ein eigentlich männliches Organ auffasst. Die volle Entfaltung der weiblichen Sexualität setzt nun nach Freud gewissermaßen die »Überwindung« dieses infantil-sexuellen männlichen Anteils der Erregung voraus:

> »Will man das Weibwerden des kleinen Mädchens verstehen, so muß man die weiteren Schicksale der Klitoriserregbarkeit verfolgen. Die Pubertät, welche dem Knaben jenen großen Vorstoß der Libido bringt, kennzeichnet sich für das Mädchen durch eine neuerliche Verdrängungswelle, von der gerade die Klitorissexualität betroffen wird« (ebd., S. 124).

Nicht nur die Gefahr der »Anästhesie«, also der Frigidität, sieht Freud im Zusammenhang mit dieser Veränderung gegeben, sogar die Gefahr eine Disposition zur Neurose bringt er mit dieser ominösen Entwicklungshürde des »Zonenwechsels« in Zusammenhang:

> »Ist die Übertragung der erogenen Reizbarkeit von der Klitoris auf den Scheideneingang gelungen, so hat damit das Weib seine für die spätere Sexualbetätigung leitende Zone gewechselt während der Mann die seinige von der Kindheit an beibehalten hat. In diesem Wechsel der leitenden erogenen Zone sowie in dem Verdrängungsschub der Pubertät, ... liegen die Hauptbedingungen für die Bevorzugung des Weibes zur Neurose, insbesondere zur Hysterie« (ebd., S. 125).

Man kann sicherlich darüber streiten, inwiefern jene behauptete pubertäre weibliche »Verdrängungswelle« eher mit der Sexualmoral und der Erziehungspraxis jener Zeit zu tun hatte bzw. mit den gesellschaftlich desaströsen Folgen einer ledigen Schwangerschaft und inwiefern jener geforderte »Zonenwechsel« eine Realität oder eher eine normative Konstruktion im Interesse gängiger männlicher Sexualpraxis darstellt. Dass es für Mädchen häufig ein längerer und komplizierterer Weg ist als für Jungen, Sexualität im vollen Sinn als lustvoll und befriedigend zu erleben, dies dürfte auch heute noch weitgehend gelten.

Nicht nur im Hinblick auf die Art und die körperlichen Quellen der Lustempfindungen sowie die typischen Erregungsmuster kommt es nach Freud bei den Umgestaltungen der Pubertät zu Veränderungen, sondern natürlich auch in Bezug auf die »Objekte«, die »libidinös besetzt« werden, d. h. die Personen, die bewundert, verehrt, geliebt, angeschmachtet werden.

Zentral dabei ist, dass nach Freud alle späteren Objektbeziehungen auf der Hintergrundfolie der frühkindlichen betrachtet werden müssen, da sie von diesen Vorerfahrungen beeinflusst sind. Und die frühen »Objektbeziehungen«, das sind eben typischerweise die zu den Elternfiguren. Freud hat differenziert beschrieben, welch leidenschaftlichen Charakter die frühen Eltern-Kind-Beziehungen haben, warum davon auszugehen ist, dass bereits hier sexuelle Motive eine wichtige Rolle spielen, welche Intensität und Dramatik die ödipalen Wünsche und Ängste annehmen können, welche Unterschiede dabei zwischen der männlichen und der weiblichen Entwicklungslinie bestehen, wie all dies die sich herausbildende Persönlichkeitsstruktur prägt und warum dann in der Latenzphase zunächst eine gewisse Beruhigung der Situation eintritt.

Angesichts dieser Vorgeschichte ist es für Freud zunächst höchst erstaunlich, dass mit der Erreichung der Geschlechtsreife und mit dem Erstarkung der Triebkräfte in der Pubertät bei der Suche nach geeigneten Objekten für die »libidinöse Besetzung« nicht einfach an jene leidenschaftlichen Liebesbeziehungen der Kindheit angeknüpft wird: »Gewiß läge es dem Kind am nächsten, diejenigen Personen selbst zu Sexualobjekten zu wählen, die es mit einer sozusagen abgedämpften Libido seit seiner Kindheit liebt« (ebd., S. 126). Doch hier ist es nun die von der Kultur aufgerichtete Inzestschranke, die dieser Option entgegensteht. Dennoch spielen auf der Vorstellungsebene zu Beginn der Pubertät nach Freuds Erfahrungen solche inzestuösen Phantasien zunächst eine bedeutsame Rolle. Die »Ablösung der Libido« von den »Objekten« der Kindheit und der »Objektwechsel« hin zu Personen außerhalb der Familie, dies stellt für Freud den Kern der psychischen Entwicklungsaufgabe im Jugendalter dar:

> »Gleichzeitig mit der Überwindung und Verwerfung dieser deutlich inzestuösen Phantasien wird eine der bedeutsamsten, aber auch schmerzhaftesten, psychischen Leistungen der Pubertätszeit vollzogen, die Ablösung von der Autorität der Eltern, durch welche erst der für den Kulturfortschritt so wichtige Gegensatz der neuen Generation zur alten geschaffen wird« (ebd., S. 128).

Dennoch stehen nach Freud auch die ersten ernsthaften Verliebtheiten zu Personen außerhalb der eigenen Familie nicht selten unter dem Eindruck dieser infantilen Vorbilder, D. h. es sind meist gewisse bewusst oder unbewusst wahrgenommenen Ähnlichkeiten, die Attraktivität bewirken. Mit der Ablösung von der Autorität der Eltern geht die Ausbildung einer neuen psychischen Instanz einher, die sich nun gewissermaßen aus dem »Über-Ich« herausdifferenziert: Das »Ich-Ideal« als die Leitvorstellung, »an dem das Ich sich misst, dem es nachstrebt, dessen Anspruch auf immer weitergehende Vervollkommnung es zu erfüllen bemüht ist« (Freud 1933, S. 503). Während Verletzungen der Forderungen des »Über-Ichs« eher als Schuldgefühle und Gewissensbisse erlebt werden, ist das Zurückbleiben hinter den Forderungen des eigenen »Ich-Ideals« eher mit Scham und mit Minderwertigkeitsgefühlen assoziiert.

Zu den gerade während der Pubertätszeit emotional bedeutsamen Personen außerhalb der Familie gehören – auch wenn sie kaum als direkte »Liebesobjekte« erster realer romantischer Beziehungen in Betracht kommen – auch die Lehrer und Lehrerinnen. 1914 hat Sigmund Freud für eine Festschrift zum 50. Jahr des Bestehens des »Leopoldstädter Kommunalreal- und Obergymnasiums«, das er selbst acht Jahre lang besucht hatte, einen kurzen Aufsatz mit dem Titel »Zur Psychologie des Gymnasiasten« verfasst, und bei diesem Text handelt es sich um eine nach wie vor interessante psychoanalytische Reflexion darüber, wie Jugendliche die Schule als Bildungsort und als emotionalen Raum erleben. Freud geht dabei von seinen ganz persönlichen Schulerinnerungen aus, beschreibt, wie bei ihm die Lebensjahre von zehn bis achtzehn »aus den Winkeln des Gedächtnisses empor« steigen, »mit ihren Ahnungen und Irrungen, ihren schmerzhaften Umbildungen und beseligenden Erfolgen« (Freud 1914, S. 237), er berichtet aber auch von den irritierenden emotionalen Regungen bei späteren zufälligen Begegnungen mit ehemaligen Lehrern, die er bei sich wahrnahm.

Dabei ist die typische Seelenlage des Gymnasiasten, die er skizziert, von einer doppelten Sehnsucht geprägt. Diese richtet sich zum einen auf die Wissenschaften und die damit verbundenen eigenen Zukunfts- und Größenphantasien, zum anderen aber auch auf die Personen der Lehrer und die damit verbundenen Beachtungs- und Anerkennungswünsche. Im Hinblick auf die erste Sehnsucht, die mit den schulischen Inhalten zusammenhängt, beschreibt Freud seine tiefe Faszination angesichts der ersten Einblicke in eine untergegangene Kulturwelt im Rahmen des Geschichtsunterrichts, die ihm »später ein unübertroffener Trost in den Kämpfen des Lebens werden sollte«, und er erinnert sich »an die ersten Berührungen mit den Wissenschaften, unter denen man glaubte, wählen zu können, welcher man seine – sicherlich unschätzbaren – Dienste weihen würde« (ebd., S. 237). (Freud hatte ja bekanntlich Zeit seines Lebens ein ausgesprochenes Faible für die antiken Kulturen, war leidenschaftlicher Sammler antiker Statuetten und Hobbyarchäologe und hat sich in seinem Schaffen vielfach auf mythologische Gestalten bezogen). Schon früh hat sich bei ihm der Ehrgeiz entwickelt, in seinem Leben einen markanten Beitrag zum menschlichen Wissen zu leisten und entsprechend hat er diesen Anspruch dann auch in seinem Maturitätsaufsatz explizit formuliert. Die (Bildungs-)Inhalte, mit denen er sich in der Schule auseinander setzte, erlebte er offensichtlich schon als Schüler als höchst kostbares Gut, als persönliche Bereicherung und Herausforderung, d. h. als Chance für eigene produktive Anknüpfungen. Eine Haltung, die heute – wenn man sich typischen Bilanzierungen von Abiturienten in den Abizeitungen vergegenwärtigt – keineswegs mehr die Regel ist (und vielleicht auch damals nicht war!).

Der andere Aspekt der Sehnsucht bezieht sich auf die persönlichen Beziehungen zu den Lehrern. Die Beschäftigung nämlich mit deren Persönlichkeiten habe sie damals als Schüler ähnlich in Anspruch genommen wie die mit den von ihnen vorgetragenen Wissenschaften:

> »Wir warben um sie oder wandten uns von ihnen ab, imaginierten bei ihnen Sympathien oder Antipathien, die wahrscheinlich nicht bestanden, studierten ihren Charakter und bildeten oder verbildeten an ihnen unseren eigenen. Sie riefen unsere stärksten Auflehnungen hervor und zwangen uns zu vollständiger Unterwerfung; wir spähten nach ihren kleinen Schwächen und waren stolz auf ihre großen Vorzüge, ihr Wissen und ihre Gerechtigkeit. Im Grunde liebten wir sie sehr, wenn sie uns irgendeine Begründung dazu gaben« (ebd., S. 238).

Eine starke Sehnsucht nach Beachtetwerden und nach Anerkennung prägt nach Freud diese Beziehung. Eine Sehnsucht, die angesichts der Realität der Schule natürlich enttäuschungsanfällig ist und leicht in Hass und Empörung umschlagen kann. Entsprechend ist »Ambivalenz« das Schlüsselwort, mit dem Freud jene Gefühlsbeziehung charakterisiert, und natürlich wird diese Ambivalenz dann auf die frühkindliche ödipale Situation, die Mischung aus Liebe und Hass gegenüber dem Vater zurückgeführt:

> »Wir übertrugen auf sie den Respekt und die Erwartung von dem allwissenden Vater unserer Kindheitsjahre, und dann begannen wir sie zu behandeln, wie unsere Väter zu Hause [...] (wir) rangen [...] mit ihnen, wie wir mit unseren leiblichen Vätern zu ringen gewohnt waren« (ebd., S. 240).

Hier ist also die Thematik der Übertragung in der Schule erstmals angesprochen, die seither die psychoanalytischen Überlegungen zu diesem pädagogischen Handlungsfeld durchzieht. Auch angesichts dieser Beschreibung wird man fragen müssen, ob diese starke emotionale Bedeutungsaufladung in der Beziehung zum Lehrer heute noch die Regel oder eher die Ausnahme darstellt. Dass Schüler sich ausdrücklich voller Stolz über die großen Vorzüge, das Wissen und die Gerechtigkeit ihrer Lehrer äußern, kommt heute wohl eher selten vor. Häufiger sind da heute schon eher geringschätzige Bemerkungen oder aber »pragmatische« Einschätzungen nach dem Muster »bei dem ist es voll easy«, »die kann prima erklären«, »der stellt sauschwere Schulaufgaben« ... Ziehe hat in diesem Zusammenhang ja auch vom »Aurazerfall« der Schule und der Lehrer gesprochen (Ziehe 1991).

Sicherlich sind Freuds Beiträge zum Thema »Jugendalter« eher sporadisch und akzidentiell. Sie können kaum für sich in Anspruch nehmen, eine umfassende Psychologie des Jugendalters zu bieten. Es geht ihm im Zusammenhang mit den Abhandlungen zur Sexualtheorie primär um die Umgestaltungen der körperlichen Lustquellen und die libidinösen Objektbesetzungen während der Pubertät. Vom typischen Welterleben und von den wechselhaften Gefühlslagen des Jugendlichen erfährt man dort herzlich wenig. Selbst das Kapitel aus den »Drei Abhandlungen zur Sexualtheorie«, das mit »Die Umgestaltungen der Pubertät« überschrieben ist, handelt überwiegend von Begebenheiten der frühen Kindheit. Dennoch stellt dieser Text, historisch gesehen, den Ausgangspunkt der psychoanalytischen Reflexion über das Jugendalter dar.

13

Jugend als Kampf um die Herrschaft zwischen Ich und Es – Anna Freud

In einem umfassenderen und differenzierteren Sinne hat sich Sigmund Freuds Tochter Anna 1936 in ihrem Buch »Das Ich und die Abwehrmechanismen« aus psychoanalytischer Perspektive mit dem Jugendalter befasst. Während Sigmund Freud die Vorgänge der Pubertät noch primär unter trieb- und libidotheoretischen Gesichtspunkten in den Blick nahm, also nach der Vereinigung der Partialtriebe, nach dem Wandel der erogenen Zonen und nach dem Wechsel der Triebobjekte fragte, steht bei seiner Tochter Anna Freud das Ich und dessen Bemühungen, mit der »veränderten Trieblage« irgendwie umzugehen, im Mittelpunkt. »Die Psychoanalyse ... ist von den psychologischen Problemen des Pubertätsalters bisher merkwürdig wenig angezogen worden« (A. Freud 1936, S. 108), verwundert sie sich dort zunächst über die erstaunliche Lücke in der psychoanalytischen Theoriebildung. Sie führt diese darauf zurück, dass im bisherigen Verständnis der Psychoanalyse die entscheidenden persönlichkeitsprägenden Weichenstellungen eben schon sehr viel früher erfolgen und die späteren Entwicklungsphasen dann mehr unter dem Aspekt der Wiederholung und Neubelebung der infantilen Erfahrungs- und Konfliktmuster betrachtet würden. Dabei sei doch gerade der eigentümliche Charakter der pubertären Phänomene etwas, was die psychoanalytischen Aufklärungsbemühungen in hohem Grad herausfordern müsse, denn gerade die Widersprüchlichkeit und Ambivalenz der pubertären Verhaltensmuster deute darauf hin, dass hier ein besonders intensives seelisches Geschehen im Gange ist, bei dem unbewusste Prozesse eine wichtige Rolle spielen:

> »Der Jugendliche ist gleichzeitig im stärksten Maße egoistisch, betrachtet sich selbst als den Mittelpunkt der Welt, auf den das ganze eigene Interesse konzentriert ist, und ist doch wie nie mehr im späteren Leben opferfähig und zur Hingabe bereit. Er formt die leidenschaftlichsten Liebesbeziehungen, bricht sie aber ebenso unvermittelt ab, wie er sie begonnen hat. Er wechselt zwischen begeistertem Anschluß an die Gemeinschaft und unüberwindlichem Hang nach Einsamkeit; zwischen blinder Unterwerfung unter einen selbst gewählten Führer und trotziger Auflehnung gegen alle und jede Autorität. Er ist eigennützig und materiell gesinnt, dabei gleichzeitig von hohem Idealismus erfüllt. Er ist asketisch, mit plötzlichen Durchbrüchen in primitivste Triebbefriedigungen. Er benimmt sich zuzeiten grob und rücksichtslos gegen seine Nächsten und ist dabei selbst für Kränkungen aufs äußerste empfindlich. Seine Stimmung schwankt vom leichtsinnigsten Optimismus zum tiefsten Weltschmerz, seine Einstellung zur Arbeit zwischen unermüdlichem Enthusiasmus und dumpfer Trägheit und Interesselosigkeit« (ebd., S. 107).

Wie soll man sich diese Widersprüchlichkeit erklären? Anna Freud greift auf das Instanzenmodell ihres Vaters zurück und sieht einen »Kampf um die Herrschaft zwischen Ich und Es« (ebd., S. 115) im Hintergrund all dieser extremen Gegensätze. Im Laufe der vorausgegangenen Entwicklungsjahre habe sich in der

Regel unter dem Einfluss der Kultur und der Erziehung ein gewisses persönliches Gleichgewicht zwischen den Instanzen Es, Ich und Über-Ich herausgebildet. Wobei das »Es« hier eben das Gesamt der Triebregungen meint, die nach Lustgewinn und Befriedigung streben, das »Ich« die Seite des Subjekts, das diese Bedürfnisse wahrnimmt und sie mit den Möglichkeiten und Begrenzungen der Realität zu vermitteln versucht, und das »Über-Ich« schließlich, den psychischen Niederschlag der elterlichen Ge- und Verbote, welche der ungehemmten und rücksichtslosen Triebbefriedigung entgegen stehen. Das fragile Gleichgewicht zwischen diesen drei psychischen Instanzen kommt nun durch den physiologisch bedingten Triebschub, der mit der Geschlechtsreife einhergeht, aus den Fugen. Anna Freud zeichnet ein drastisches Bild davon, wie ein solcher Triebschub, eine solche Überschwemmung mit Libido sich auf das Verhaltens des Jugendlichen auswirkt:

> »Es ist mehr Libido zur Verfügung und besetzt ohne Unterschied, was von Es-Regungen vorhanden ist. Aggressive Regungen steigern sich dadurch zu zügelloser Wildheit, Hunger zu Gefräßigkeit, die Schlimmheit der Latenzperiode zur Kriminalität des Jugendlichen. Längst untergegangene anale und orale Interessen tauchen wieder auf der Oberfläche auf. Hinter der mühsam erworbenen Reinlichkeit der Latenzzeit kommen Schmutzlust und Unordentlichkeit zum Vorschein, an Stelle von Scham und Mitleid erscheinen Exhibitionsgelüste, Grausamkeit und Tierquälerei« (ebd., S. 114).

Das Ich, das seinem ganzen Charakter nach auf Erhaltung von Struktur, auf Vernünftigkeit auf Vereinbarkeit des Handelns mit den Anforderungen der Außenwelt und mit den Einschränkungen des Über-Ich angelegt ist, kommt nun gewissermaßen in die Bredouille und bedient sich diverser Abwehrmethoden, um das alte Kräfteverhältnis wieder herzustellen. Aus diesem Kampf der »Teilpersönlichkeiten«, der »Instanzen des psychischen Apparates« ergibt sich nun nach Anna Freud der besondere spannungsreiche und widersprüchliche Charakter der Pubertätsphase:

> »Die Steigerung der Phantasietätigkeit, die Durchbrüche zur prägenitalen, also perversen sexuellen Befriedigung, die Aggressivität und Kriminalität

bedeuten Teilerfolge des Es. Das Auftreten von Ängsten, die asketischen Züge, die Steigerung von neurotischen Symptomen und Hemmungserscheinungen sind die Konsequenzen der erhöhten Triebabwehr, also Teilerfolge des Ichs« (ebd., S. 115).

Wenn Anna Freud hier auch von »Teilerfolgen des Ich« spricht, so sind es doch »problematische Erfolge«, überschießende Reaktionen, die zwar die »Triebgefahr« bannen, die aber ihrerseits wieder Lebenseinschränkungen mit sich bringen. Besonders eindrucksvoll hat Anna Freud dieses innerpsychische Kampfgeschehen am Beispiel der »Pubertätsaskese« beschrieben:

> »Jugendliche, die eine solche asketische Phase durchmachen, scheinen die Quantität des Triebes zu fürchten, nicht seine Qualität. Ihr Misstrauen gegen den Genuß ist ein allgemeines, so scheint es am sichersten, dem gesteigerten Verlangen einfach ein gesteigertes Verbot entgegenzusetzen. Jedem ›Ich will‹ des Triebes wird ein ›Du darfst nicht‹ des Ich entgegengestellt« (ebd., S. 120).

Ziel all dieser Kämpfe ist es letztlich, eine neue »Harmonie zwischen Es, Über-Ich und den Außenweltmächten herzustellen« (ebd., S. 140). Dieses Ziel zu erreichen ist jedoch alles andere als einfach. Der Aufruhr in der psychischen Struktur durch die Erstarkung des Es und die Neuordnung der libidinösen Besetzungen ist für Anna Freud unvermeidlich mit vermehrten inneren und äußeren Konflikten verbunden. Sie sieht sogar eine »besondere Ähnlichkeit zwischen dem Pubertätsverlauf und psychotischen Schüben« (ebd., S. 135), weil auch bei letzteren die Spannung zwischen Triebangst und Abwehr eine besondere Rolle spielt.

Anna Freud sieht die Jugendlichen in Kämpfe an unterschiedlichen Fronten verwickelt: Einmal gegen die Impulse des erstarkten Es, gegen die Gefahr der Triebüberschwemmung, andererseits aber auch gegen das Verharren in den infantilen Bindungen an die Eltern, damit auch gegen das kindliche Lieb-, Nett-, Brav- und Anhänglichsein. Das »Waffenarsenal«, das den Jugendlichen in diesen Kämpfen zur Verfügung steht, hat Anna Freud unter dem Stichwort »Abwehrmechanismen« beschrieben: Verdrängung, Verschiebung, Verleugnung, Projektion, Hemmung, Intellektualisierung, Ich-Einschränkung, Askese etc. Es geht also im Verständnis Anna Freuds keineswegs nur darum, dass das Ich den Anstürmen des erstarkten Es standhält, aus den entsprechend innerpsychischen Kämpfen als Sieger hervorgeht. Denn ein solcher Sieg könnte sich bald als Pyrrhussieg erweisen.

»Neben der Verkümmerung des Trieblebens, die daraus resultiert, wird die Erstarrung eines solchen siegreichen Ichs zum dauernden Schaden für das Individuum. Ich-Instanzen, die dem Pubertätsansturm standgehalten haben, ohne nachzugeben, bleiben gewöhnlich auch im ganzen späteren Leben unnachgiebig, unangreifbar und für Revisionen, die die veränderte Realität erfordern würde, unzugänglich« (ebd., S. 117).

Es geht also vielmehr um eine Adaption und Neujustierung der Kräfteverhältnisse unter den Vorzeichen der neuen körperlichen Möglichkeiten, der neuen psychischen Bedürfnisse und der neuen gesellschaftlichen Herausforderungen. Das sich neu herausbildende Verhältnis des Ich zum Es auf der einen Seite, zum Über-Ich auf der anderen Seite, ist dann, wenn es einigermaßen Kontur und Stabilität gewonnen hat, nach Anna Freud »das . ..., was wir den Charakter des Individuums nennen« (ebd., S. 114).

Sämtliche Entwicklungsfortschritte der Pubertät erklären sich für Anna Freud aus dem Antagonismus der erstarkten Triebkräfte und der entsprechend verstärkten bzw. variantenreicheren Abwehrtätigkeiten des Ich:

»Der Jugendliche wird unter den Bedingungen des Pubertätsschubs triebhafter; das ist verständlich und bedarf keiner weiteren Erklärung. Er wird moralischer und asketischer; die Erklärung dafür ergibt sich aus dem Kampf zwischen Ich und Es, der sich in ihm abspielt. Aber er wird auch gescheiter, steigert alle seine intellektuellen Bedürfnisse« (ebd., S. 123).

Wie letzteres mit dem Triebschub zusammenhängen soll, warum »Triebgefahr den Menschen gescheit macht« (ebd., S. 128) bleibt zunächst eher rätselhaft. Anna Freud argumentiert hier einerseits mit der gesteigerten kognitiven Wachsamkeit der Heranwachsenden, die auch dem Ziel dient, die innerseelischen Regungen zu registrieren und gegebenenfalls geeignete Abwehrmaßnahmen zu ergreifen. Andererseits bringt sie unter dem Stichwort »Intellektualisierung« eine ganz interessante Deutung für ein Phänomen, das sich bei Jugendlichen in der Tat nicht selten beobachten lässt: Die Tendenz, tiefgründig über abstrakte Probleme zu grübeln, sich intensiv mit existentiellen Fragen zu befassen, Welträtsel lösen zu wollen, sich bisweilen in Gesprächen mit Freunden am eigenen Denken zu berauschen, radikale Ideen zu erproben, hypothetische Möglichkeitsräume auszuphantasieren. Nach Anna Freud geht es dem Jugendlichen dabei häufig gar nicht wirklich darum, Lösungen für reale Probleme, Leitlinien für das eigene moralische Handeln, Einblick in gesellschaftliche Konfliktlagen oder Übersicht über politische Handlungsalternativen zu gewinnen, sondern es geht primär um die Lust am Denken, Grübeln und Diskutieren. Häufig seien die Themen, um die es dabei geht, auch symbolische Stellvertreter innerer Themen des Jugendlichen, in die Außenwelt projizierte Auseinandersetzungen mit innerseelischen Themen:

> »Seine Gedankenarbeit entspricht eher einer gespannten Wachsamkeit für die Triebvorgänge in seinem Innern und einem Umsetzen dessen, was er spürt, in abstrakte Gedanken. Die Weltanschauung, die er in Gedanken aufbaut, etwa die Forderung nach Umsturz in der Außenwelt entspricht also der Wahrnehmung des Neuen und sein ganzes Leben Umstürzenden im Triebverlangen des eigenen Es. Die Idealbilder von Freundschaft und ewiger Treue müssen nichts anderes sein als eine Spiegelung der Besorgnisse seines eigenen Ichs, das spürt, wie wenig haltbar alle seine neuen und stürmischen Objektbeziehungen geworden sind« (ebd., S. 126f.).

Insgesamt ist es eine hochdifferenzierte »Triebkraftalchemie«, die im Zentrum von Anna Freuds Pubertätspsychologie steht, also eine Theorie der Umwandlung psychischer Energien in anderes bzw. der Auslösung psychischer Abwehrmaßnahmen, die äußerlich betrachtet als Einseitigkeiten, Merkwürdigkeiten, Hemmungen, Einschränkungen, Vermeidungstendenzen, Phantasien, Grübeleien etc. auffallen, die aber allesamt dem Ziel der »Bannung der Triebgefahr« dienen. Dass ihr Blick damit etwas einseitig auf »autoplastische Vorgänge« gerichtet ist, ist ihr wohl gegen Ende ihres Werkes selbst deutlich geworden. Dort spricht sie von den »hier nicht mehr einbezogenen Versuchen des Ichs, die Verhältnisse der Außenwelt durch aktiven Eingriff zu verändern« (ebd., S. 137), und deutet damit zumindest an, dass es neben jenen abwehrbedingten »Ich-Verrenkungen« in der Pubertät auch noch »alloplastische Vorgänge« im Sinne des »Coping«, also der beherzten und zielgerichteten Einflussnahme auf die Lebensumstände geben könnte.

14

Jugend als psychosoziales Moratorium und als Ringen um Identität – Erik Erikson

Die in den vergangenen Jahrzehnten weltweit vermutlich einflussreichste und weitverbreitetste Beschreibung der entscheidenden psychischen Entwicklungsprozesse des Jugendalters stammt von einem Schüler Anna Freuds, nämlich von Erik Erikson. Im Zentrum seiner Überlegungen steht das Schlüsselkonzept der »Identität«. Ein Konzept, das weder bei Sigmund Freud noch bei Anna Freud eine Rolle spielte und das deutlich macht, dass Erikson den Rahmen der psychoanalytischen Betrachtung weit über die Frage nach den Triebquellen und Triebzielen und über die Frage nach den Kämpfen zwischen den psychischen Instanzen und den diversen Abwehrmechanismen ausgedehnt hat. Es sind nun viel stärker existentielle Fragen nach dem eigenen Platz in der Welt, nach den Werten, an denen man sich orientieren will, nach den Zielen, die man dem eigenen Leben geben soll, nach der Anerkennung, die man mit seinem So-Sein von den bedeutsamen Menschen der Umgebung erfährt, die ins Zentrum der Betrachtung rücken. Fragen also, wie etwa die folgenden: »Wer bin ich?«, »Was kann ich?«, »Wer will ich sein?«, »Was ist meine Bestimmung?«, »Wie werde ich gesehen?«, »Wie möchte ich gesehen werden?«

Identität wird erst dann zum Thema, wenn sie unsicher, fraglich, brüchig wird. Dieses Problematischwerden der eigenen Identität war offensichtlich auch eine biographische Erfahrung, die Erikson während seiner Adoleszenz recht intensiv machte und die als persönliche Triebfeder bei der Ausformulierung seiner zentralen Ideen eine wichtige Rolle spielte. In seinem Text »›Identitätskrise‹ in autobiographischer Sicht« ist Erikson ausführlich darauf eingegangen:

> »Wie andere Jugendliche mit künstlerischen und literarischen Ambitionen, sagte ich mich damals heftig von allem los, wofür meine bürgerliche Familie einstand. Und damals wollte ich anders sein. Nach Abschluss der höheren Schule, des damaligen humanistischen Gymnasiums, wo man eine fundierte klassische Bildung und ein gutes Sprachgefühl erwarb, ging ich an die Kunstakademie, machte mich aber immer wieder auf die Wanderschaft. Diese unruhigen Jahre betrachte ich heute als wichtigsten Teil meines Werdegangs ... Ich war damals wohl ein Bohèmien« (Erikson 1982, S. 27).

Hinzu kam, dass seine familiäre Herkunft von Geheimnissen umgeben war. Die ganze Kindheit hindurch war ihm verschwiegen worden, dass der »Vater«, bei dem er aufwuchs, der Karlsruher Kinderarzt Theodor Homburger, gar nicht sein leiblicher Vater war. Seine Mutter war nämlich schon einmal verheiratet gewesen und er war eigentlich der Sohn eines Dänen. So musste er sich mit einer Mischung aus deutschen, jüdischen und dänischen Elementen in seiner Vergangenheit zurechtfinden, was offensichtlich allerhand Probleme mit sich brachte: »Alsbald galt ich daher in der Synagoge meines Stiefvaters als ›Goy‹ – während ich für meine Schulkameraden ein ›Jude‹ war« (ebd., S. 26).

Diese durchaus krisenhafte Zeit der »Wanderschaft«, der Unklarheit über die eigenen künstlerischen und beruflichen Ambitionen, der Unfähigkeit bzw. des Unwillens, einen formalen Studien- oder Berufsbildungsgang abzuschließen, dauerte etliche Jahre. Erst als sein Karlsruher Jugendfreund Peter Blos (der später ebenfalls ein bedeutsames psychoanalytisches Werk über das Jugendalter verfassen sollte) ihn einlud, nach Wien zu kommen und als Lehrer an der kleinen privaten »Burlingham-Rosenfeld-Schule« tätig zu sein, habe er regelmäßig arbeiten gelernt. Und er geriet damit zugleich ziemlich nah ins Zentrum des Wiener psychoanalytischen Kreises, um Sigmund und Anna Freud – bei der er dann in Psychoanalyse war – und war schnell fasziniert von der neuen Sicht auf das menschliche Seelenleben und von der Intensität und Offenheit des intellektuellen Austauschs. Im Kreis der Wiener Freudianer hat er nach eigenen Worten einerseits bald eine »positive Stiefsohn-Identität« erworben, andererseits war es ihm aber doch auch ein Anliegen, seine »Nichtzugehörigkeit [zu] kultivieren« und an seiner Künstler-Identität festzuhalten (ebd., S. 28, vgl. a. Göppel 1991).

Später machte er dann die Erfahrung der Emigration und des damit verbunden Kulturbruchs. In den Vereinigten Staaten hatte er Gelegenheit zu kulturanthropologischer Feldforschung, bei der es um das Aufwachsen, die Lebensbedingungen und die Anpassungsschwierigkeiten von Indianern ging, die in Reservaten lebten. Auch dabei spielten die Fragen von Zugehörigkeit und Distanzierung, von kultureller Identität und Entfremdung natürlich eine wichtige Rolle. Die Einflüsse all dieser verschiedenen Erfahrungen auf sein psychologisches Denken fasst Erikson in folgendem Fazit zusammen:

»Offenbar geschah es also fast selbstverständlich, daß die Begriffe Identität und Identitätskrise sich aus meinen persönlichen, klinischen und anthropologischen Beobachtungen in den dreißiger und vierziger Jahren entwickelten« (ebd, S. 43).

So schillernd und mehrdeutig Eriksons Begriff der »Identität« letztlich geblieben ist – offensichtlich hat er sehr genau die Kernproblematik des Heranwachsens in der zweiten Hälfte des 20. Jahrhunderts erfasst. Durchaus selbstbewusst schrieb er 1950 in diesem Sinn: »Die Untersuchung der Identität wird in unserer Epoche ebenso zentral wie die der Sexualität in der Epoche Freuds« (Erikson 1968[3], S. 228). Sigmund Freuds und auch Anna Freuds Beschreibungen des Jugendalters waren noch ganz und gar auf die innerpsychischen Entwicklungsprozesse, auf die Verteilung der Libido, auf die Verschiebung der Machtverhältnisse zwischen Ich, Es und Über-Ich und auf die daraus resultierenden Wandlungen im Verhältnis zu den Eltern fixiert. Der weitere historische Horizont, den die Jugendlichen nun zunehmend bewusster und kritischer wahrnehmen, die kulturelle Ordnung, mit der sie sich auseinandersetzen, das gesellschaftliche Gefüge, in dem sie ihre Rolle finden müssen, all dies war für sie kaum ein Thema.

Erikson dagegen hat den Betrachtungsrahmen deutlich erweitert, indem er diese »psychosoziale Dimension« in seine Überlegungen zur menschlichen Entwicklung einbezog. Im Zentrum seines Interesses stand die »Verwobenheit des Ichs mit der sich wandelnden historischen Wirklichkeit« (Erikson 1966, S. 47). Dabei ging er von einem »epigenetischen Entwicklungsmodell« aus, das den ganzen menschlichen Lebenslauf als eine Abfolge von normativen Krisen auffasst, also von alterstypischen Problemkonstellationen, die jeweils eine günstigere oder eine ungünstigere (vorläufige) Lösung erfahren können. Sein kunstvoll durchkomponiertes achtstufiges Strukturschema des menschlichen Lebenslaufes ist berühmt geworden und in vielen entwicklungspsychologischen Lehrbüchern abgedruckt. Die Polaritäten, mit denen er die Grundspannung der einzelnen Lebensphasen charakterisierte (»Urvertrauen vs. Misstrauen«, »Autonomie vs. Scham und Zweifel«, »Initiative vs. Schuldgefühl«, »Werksinn vs. Minderwertigkeitsgefühl«, »Identität vs. Identitätsdiffusion«, »Intimität vs. Isolierung«, »Generativität vs. Selbst-Absorption«, »Integrität vs. Lebens-Ekel«), sind zu geläufigen Wendungen im psychologischen und pädagogischen Feld geworden. Jede dieser Grundlebensthematiken hat gewissermaßen ihr Zeitfenster, in der sie besonders im Vordergrund steht und bedeutsam wird. Mit Montessori könnte man auch von einer »sensiblen Phase« sprechen. Dabei war es Erikson immer wieder wichtig zu betonen, dass sein Konzept lediglich ein heuristisches Schema darstellt, dass die einzelnen Lebensthemen, die auf den einzelnen Stufen in den Vordergrund treten, jeweils ihre »Vorläufer« haben und dass sie natürlich auch in den nachfolgenden Stufen noch von Bedeutung sind. So meint er etwa in Bezug auf die fünfte Stufe:

> »Das Ende der Adoleszenz ist also das Stadium einer sichtbaren Identitätskrise. Das heißt aber nicht, daß die Identitätsbildung mit der Adoleszenz beginne oder ende: sie ist vielmehr eine lebenslange Entwicklung, die für das Individuum und seine Gesellschaft weitgehend unbewusst verläuft« (ebd., 1966, S. 140f).

Wichtig war es ihm auch hervorzuheben, dass es sich bei den jeweils gefundenen Lösungen im Rahmen des epigenetischen Entwicklungsschemas keineswegs um starre, endgültige Festlegungen handelt, sondern vielmehr um vorläufige Ausprägungen der psychischen Struktur. Diese sind freilich insofern bedeutsam und entwickeln eine Tendenz zur Dauerhaftigkeit, als sie einerseits künftige Erwartungshaltungen, und damit die Bereitschaft sich auf Situationen einzulassen, beeinflussen, und als sie andererseits die Folie darstellen, vor der spätere Lebenserfahrungen psychisch verarbeitet und bewertet werden.

Mit Abstand am ausführlichsten und am differenziertesten hat sich Erikson immer wieder mit der 5. Stufe dieses Stufenmodells, eben mit der Adoleszenz, auseinandergesetzt. Der physiologisch bedingte Triebschub, die Zunahme frei verfügbarer Libido, der Kampf zwischen Ich und Es, dies sind gewissermaßen die intrapsychischen Umwälzungen, die mit dem Jugendalter einhergehen.

Erikson hat sich nun für die Frage interessiert, was die Gesellschaft eigentlich mit dem Teil ihrer Mitglieder macht, die in solche inneren Umwälzungsprozesse hinein geraten. Welche Erwartungen, Anforderungen, Spielräume, Hilfen, Zumutungen und Begrenzungen bringt sie den Betroffenen entgegen? Und vor allem hat er sich für die Frage interessiert, wie die Jugendlichen selber, die sich zunehmend ihres biographischen Gewordenseins, ihrer gesellschaftlichen Verflechtungen und ihrer möglichen Zukunftsperspektiven bewusst werden, ihrerseits dann wieder mit jenen gesellschaftlichen Erwartungen, Spielräumen und Zumutungen umgehen.

Erikson hat in diesem Zusammenhang vom Jugendalter als einem »psychosozialen Moratorium« gesprochen und diesen Begriff folgendermaßen definiert:

> »Unter einem psychosozialen Moratorium verstehen wir also einen Aufschub erwachsener Verpflichtungen oder Bindungen und doch handelt es sich nicht nur um einen Aufschub. Es ist eine Periode, die durch selektives Gewährenlassen seitens der Gesellschaft und durch provokative Verspieltheit seitens der Jugend gekennzeichnet ist« (Erikson 1981, S. 161).

Dabei sind die Formen und inhaltlichen Ausgestaltungen durchaus vielfältig:

> »Das Moratorium kann eine Zeit zum Pferdestehlen oder der Suche nach einer Vision sein, eine Zeit der ›Wanderschaft‹ oder der Arbeit ›draußen im Westen‹ oder ›drüben am anderen Ende der Welt‹, eine Zeit der ›verlorenen Jugend‹ oder des akademischen Lebens, eine Zeit der Selbstaufopferung oder dummer Streiche – und heute ist es oft eine Zeit von Patiententum oder Kriminalität« (ebd.).

Der tiefere Sinn dieses »psychosozialen Moratoriums« liegt für Erikson also darin, dass den Jugendlichen ein Raum zugestanden wird, sich in besonders intensiver Weise mit jener Grundthematik, die er unter dem Stichwort »Identität vs. Identitätsdiffusion« beschrieben hat, auseinander zu setzen. Das heißt, er muss versuchen, Antworten auf die Fragen zu finden: Wer bin ich? Wie will ich sein? Was ist mir wirklich wichtig? Das setzt zunächst voraus, dass der Jugendliche eine gewisse Distanz zu den Identifikationen seiner Kindheitszeit gewinnt, d. h. zu den leitenden Orientierungen und Selbstverständlichkeiten, die aus dem familiären Umkreis stammen und die während der ersten Lebensjahre gewissermaßen »mit der Muttermilch eingesogen« wurden. Es muss nun geprüft werden, was davon weiterhin Bestand haben soll, was modifiziert werden kann und was verworfen werden muss.

»Die Identitätsbildung schließlich fängt da an, wo die Brauchbarkeit der Identifizierungen aufhört. Sie erwächst aus der selektiven Verwerfung und wechselseitigen Assimilation von Kindheitsidentifizierungen und ihrer Aufnahme in eine neue Gestaltung« (ebd., 1981, S. 163).

Wie sich jener erstrebte Zustand der »Ich-Identität«, der im Laufe des »psychosozialen Moratoriums« durch die Überarbeitung der Kindheitsidentifikationen, durch die Klärung der eigenen Talente und Ambitionen sowie durch die bewusste Auseinandersetzung mit den sozialen Realitäten, den gesellschaftlichen Konflikten und weltanschaulichen Alternativen dann anfühlt, dies hat Erikson folgendermaßen beschrieben:

»Das Gefühl der Ich-Identität ist also das angesammelte Vertrauen darauf, daß der Einheitlichkeit und Kontinuität, die man in den Augen anderer hat, eine Fähigkeit entspricht, eine innere Einheitlichkeit und Kontinuität (also das Ich im Sinne der Psychologie) aufrechtzuerhalten. Dieses Selbstgefühl ... wächst sich schließlich zu der Überzeugung aus, daß man auf eine erreichbare Zukunft zuschreitet, daß man sich zu einer bestimmten Persönlichkeit innerhalb einer nunmehr verstandenen sozialen Wirklichkeit entwickelt« (Erikson 1966, S. 107).

Den Gegenpol dazu, d. h. das Scheitern dieser Bemühungen um Synthese und Kohärenz, hat Erikson als »Identitätsdiffusion« beschrieben und mit folgenden Symptomen in Zusammenhang gebracht:

»schmerzhaft gesteigertes Gefühl von Vereinsamung; Zerfall des Gefühls innerer Kontinuität und Gleichheit; ein generelles Gefühl der Beschämung; Unfähigkeit, aus irgendeiner Tätigkeit Befriedigung zu schöpfen; ein Gefühl, daß das Leben geschieht, statt aus eigener Perspektive gelebt zu werden; radikal verkürzte Zeitperspektive und schließlich Ur-Mißtrauen« (ebd., S. 158).

Eine weitere Problemvariante beschreibt Erikson als die »Flucht in die negative Identität«, d. h. eine bewusste Identifikation mit jenen Rollen und Lebensorientierungen, die in provokativer Weise konträr stehen zu den Werten des familiären Herkunftsmilieus: Jugendliche, die auf diese Entwicklungsspur geraten, »wählen ... eine negative Identität, d. h. eine Identität, die pervers nach denjenigen Rollen und Identifikationen greift, die ihnen in kritischen Entwicklungsstadien als höchst unerwünscht und gefährlich und doch bedrohlich naheliegend gezeigt worden waren« (ebd., S. 165).

Der Begriff der Identität bleibt bei Erikson schillernd und facettenreich. An einer Stelle hat er selbst zu der Mehrdeutigkeit seiner Begriffsverwendung Stellung bezogen. Er habe, schreibt er dort, »den Begriff der Identität fast mit Absicht ... in vielen verschiedenen Bedeutungen ausprobiert. Einmal schien er sich auf ein bewußtes Gefühl der individuellen Einmaligkeit zu beziehen, ein andermal auf ein unbewußtes Streben nach einer Kontinuität des Erlebens und ein drittes Mal auf die Solidarität mit den Idealen einer Gruppe« (ebd., S. 216). Im Vorwort des Buches »Jugend und Krise«, das Aufsätze aus zwei Jahrzehnten versammelt, die sich alle um das Thema »Identität« ranken, bekennt er gar, dass er keine »endgültige Erklärung« für das, was mit dem Begriff »Identität« gemeint sei, geben könne, denn: »Je mehr man über diesen Gegenstand schreibt, desto mehr wird das Wort zu einem Ausdruck für etwas, das ebenso unergründlich wie allgegenwärtig ist« (ebd., S. 7).

Obwohl es Erikson darum ging, mit dem Identitätskonzept die psychischen Entwicklungen im Jugendalter mit den historischen und gesellschaftlichen Kontexten zu verknüpfen, obwohl er ganz ausdrücklich betont, die Adoleszenz sei »ein Stadium, in dem das Individuum dem historischen Tag viel näher ist, als es das in früheren Stadien der Kindheitsentwicklung war« (Erikson 1981,

S. 23), bleiben seine Ausführungen über den Lebenszyklus und dessen 5. Stufe: »Identität vs. Identitätsdiffusion« doch eher »anthropologisch«, »zeitlos, prinzipiell«. Es geht ihm nicht um die Charakterisierung der Jugendlichen einer bestimmten Kultur und einer bestimmten Epoche, also etwa der Wiener Jugend der 1920er Jahre oder der amerikanischen Jugend der Nachkriegszeit, sondern um die grundlegenden, universellen Entwicklungsprozesse und Entwicklungsprobleme dieses Alters. In seinen späten Schriften ist er dann aber noch auf aktuelle Entwicklungstrends, auf die Politisierung und den Jugendprotest Mitte der sechziger Jahre eingegangen. Er konstatierte: »die Jugend von heute ist nicht die Jugend von vor zwanzig Jahren« (ebd., S. 22), und er sprach von der »neuen humanistischen Jugend« und vom Paradox der »rebellischen Identitätsbildung«. Auch sah er sich mit der Tatsache konfrontiert, dass seine Theorie der adoleszentären Identitätskrise inzwischen bereits in das Alltagsbewusstsein diffundiert war, dass die Jugendlichen selbst auf die von ihm geprägten Begriffe und Deutungsmuster zurückgriffen: »Manche jungen Leute scheinen tatsächlich zu lesen, was wir schreiben und benutzen unsere Ausdrücke fast als Umgangssprache« (ebd., S. 24). Dabei kam es freilich bisweilen auch zu offensiven Wendungen, bei denen die Jugendlichen entgegen Eriksons harmonistischem Identitäts-Konzept gerade ihre Distanz zur gesellschaftlichen Realität, ihre Nicht-Übereinstimmung mit den herrschenden Weltbildern, als Kern ihres Identitätsgefühls behaupteten, indem sie quasi erklärten: »Wer sagt daß wir unter einer Identitäts-›Krise‹ *leiden*? Wir wählen sie, wir haben sie aktiv, wir spielen: *wir machen sie geschehen*« (ebd.).

15

Jugend als Suche nach narzisstischer Bestätigung – Thomas Ziehe

Eine psychoanalytisch orientierte Jugendtheorie, die ganz explizit beanspruchte, generationsspezifische Veränderungen in den Verhaltensweisen und Motivstrukturen der Jugendlichen erklären zu können, hat Ende der siebziger, Anfang der achtziger Jahre in Deutschland eine heftige Kontroverse, die so genannte »Narzissmus-Diskussion«, um den »Neuen Sozialisationstyp« losgetreten. Auslöser dafür war das Buch »Pubertät und Narzissmus« von Thomas Ziehe (Ziehe 1975). Ziehe hat seinem Buch auf dem Umschlag noch ein Motto von Erik Erikson vorangestellt, das auf die Verwobenheit von Individualentwicklung und gesellschaftlicher Entwicklung abhebt: »In der Jugend überschneidet sich die Lebensgeschichte mit der Gesamtgeschichte, hier werden die einzelnen in ihren Identitäten bestätigt und die Gesellschaften in ihrem Lebensstil regeneriert.« Ausgangspunkt für Ziehes weit ausholende theoretische Reflexionen sind Beobachtungen und subtile Beschreibungen von Verhaltensmustern und Reaktionstendenzen in der Jugendkultur jener Zeit, die so bei Erikson noch kaum eine Rolle gespielt hatten. Ging es bei Erikson zunächst darum, dass Jugendliche ihre Identität und damit gleichzeitig auch ihren Platz in der Gesellschaft durch Integration der Kindheitsidentifikationen, durch Entwicklung eines Profils individueller Neigungen und Begabungen und durch Ausprägung einer eigenen Weltsicht zu gewinnen versuchten, eventuell auch durch bewusste Distanzierung und durch offensiven Protest gegen unerträgliche gesellschaftliche Verhältnisse, so sind es bei Ziehe vor allem das Vermeidungsverhalten, die regressiven Tendenzen und die leichte Kränkbarkeit des Selbst, die er als auffällige Merkmale der neuen Jugendgeneration wahrnimmt und für die er nach Erklärungen sucht. Die große Resonanz, die sein Buch und die schnelle Verbreitung, die die Rede vom »Neuen Sozialisationstypus« (»NST«) damals gefunden hat, legen nahe, dass Ziehe zumindest mit seinen Phänomenbeschreibungen etwas getroffen hatte, was viele Pädagogen, die Umgang mit Jugendlichen hatten, ähnlich wahrnahmen. Zu jenen Phänomenen, die hier im Vordergrund der Diskussion standen, gehörten etwa die folgenden:

- Hohe Ideale, hohe Ansprüche und Erwartungen an sich selbst, an die Umwelt, an die Zukunft und an das Leben, die in auffälligem Gegensatz stehen zu der konkreten Bereitschaft, sich zielstrebig und ausdauernd für diese Ziele zu engagieren.
- Eine starke Gegenwartsorientierung, den Wunsch nach unmittelbarer Befriedigung im Hier und Jetzt und entsprechende Probleme mit dem Gratifikationsaufschub, mit Planung und Strukturierung von Zeit und mit der kontinuierlichen Arbeit an langfristigen Zielsetzungen.

- Ein starker Wunsch nach Unmittelbarkeit, Spontaneität, Echtheit des Erlebens aus dem Bauch heraus und eher ein Misstrauen gegen »Verkopfung«, Rationalität und theoretische Analyse.
- Schwierigkeiten, sich mit Leidenschaft und Energie und unabhängig von »persönlicher Betroffenheit« auf sachliche Anforderungen und Aufgaben einzulassen.
- Eine gesteigerte Aufmerksamkeit auf die eigene psychische Befindlichkeit, die häufig zur Richtschnur für das eigene Handeln gemacht wird (»Ich glaub', ich bin heute wieder überhaupt nicht motiviert...«), sowie eine Tendenz zur Versprachlichung und damit zur Aufhebung der Unmittelbarkeit von Gefühlszuständen (»Ich werd' jetzt gleich unheimlich aggressiv...«).
- Eine Neigung zu Unverbindlichkeit, Nicht-Festlegung, Vorläufigkeit, die sich auch sprachlich in der gehäuften Verwendung von Floskeln wie »irgendwie«, »irgendwo«, »irgendwann«, »eigentlich«, »vielleicht«, »ziemlich«, man »könnte«, »müsste«, »sollte« etc. niederschlägt (»... wir müssen jetzt vielleicht mal irgendwie echt konkret werden ...«).
- Ein starkes Bedürfnis nach sozialer Wärme, nach Nähe, Beziehung, Bestätigung, Rückmeldung und eine entsprechende Angst vor Trennungserfahrungen und Alleinsein.
- Eine starke Abhängigkeit von Gruppeneinflüssen, eine ständige Aufmerksamkeit darauf, von der Gruppe anerkannt und nicht ausgestoßen zu werden. Eine Tendenz zur Vermeidung von Situationen, in denen man als einzelner in eine Gegenposition zur Gruppe geraten könnte.
- Eine Scheu, sich mit eigenen persönlichen Leistungen, Ideen, Meinungen zu exponieren und damit eventuell das Risiko einer Zurückweisung oder gar Blamage einzugehen.
- Eine Sehnsucht nach »Rausch«, nach »ozeanischem Gefühl«, nach »Verschmelzung«, nach »Aufgehen in der Situation«, die besonders im Umgang mit Musik, Drogen und Tanz deutlich wird.
- Ein instabiles, leicht erschütterbares, ständig von narzisstischen Kränkungen bedrohtes Selbstwertgefühl.

- Eine Tendenz eher zu Scham- als zu Schuldkonflikten.
- Eine Neigung zu Stimmungslabilität, Schlaffheit, Verletzlichkeit, Verstimmtheit und zu latenter Depressivität, ohne dass diese durch objektive Ereignisse und Belastungen erklärbar wäre.

Ziehe betrachtet all diese Phänomene als Ausdruck psychischer Tiefenveränderungen. In seiner eigenen, schon sehr viel stärker theoriegetränkten Beschreibung

»ergibt sich das folgende Bild des ›neuen Sozialisationstyps‹: Er zeichnet sich vornehmlich aus durch:

- ein symbiotisches Verhältnis zur Mutter, das zu einer ›Konservierung‹ der archaischen Mutterrepräsentanzen im kindlichen Unbewußten führt;
- ein Streben nach Befriedigung, das nicht so sehr über Objektbeziehungen vermittelt wird, als über das Erleben von narzißtischen Gleichgewichtszuständen, die dem Urerlebnis der intrauterinen Homöostase nachempfunden sind;
- ein diffus ins Kosmische erweitertes, auf Omnipotenz abzielendes archaisches Ichideal;
- eine schwache Identifikation mit den postödipalen Elternrepräsentanzen und ein hierdurch bedingtes ›Offenbleiben‹ des ödipalen Konflikts;
- ein strenges, aus archaischen Projektionen auf die Elternimagines konstituiertes Überich, mit dem man sich jedoch nicht mehr identifizieren kann;
- eine Verdrängung der aus den verschärften Überich-Konflikten resultierenden Schuldgefühle;
- ein dem Realitätsrisiko narzißtischer Kränkungen aus dem Weg gehendes Verweigerungsverhalten, das vorwiegend der Abstützung des äußerst verletzlichen Selbstwertgefühls dient« (Ziehe 1981[4], S. 163).

Wie kommt es zu jenen Veränderungen in der psychischen Struktur der Jugendlichen? Ziehe bringt die beschriebenen psychischen Dispositionen (für deren objektive Zunahme es freilich kaum handfeste empirische Evidenz gab), unter theoretischer Bezugnahme auf die psychoanalytische Narzissmustheorie, vor allem mit veränderten Sozialisationsbedingungen in früher Kindheit in Zusammenhang. Die veränderten Sozialisationsbedingungen in früher Kindheit wiederum führt er auf Verunsicherungen und veränderte Erwartungshaltungen bei den Eltern, speziell bei den Müttern, zurück. Diese hätten aufgrund der diffuser werdenden Rollenbilder ein zunehmend ambivalentes Verhältnis zu ihren Kindern und würden stärker als früher dazu tendieren, ihre Kinder für ihre eigenen psychischen Bedürfnisse zu funktionalisieren. Er beruft sich dabei u. a. auf Heinz Kohut und Alice Miller und beschreibt das Resultat dieser tragischen Eltern-Kind-Verstrickung folgendermaßen:

»Es werden Menschen daraus, die hochentwickelte Antennen haben für das, was andere von ihnen wünschen, wann andere mit ihnen zufrieden sind, die aber gleichzeitig in dem Augenblick von einer starken Angst belastet werden, in dem Distanz, Missbilligung, Abwertung, Kritik entstehen« (Ziehe 1981[4], S. 139).

Die veränderten Haltungen bei den Eltern werden ihrerseits dann wieder unter psychoökonomischen Theorieperspektiven auf veränderte Lebens- und Arbeitsbedingungen im Spätkapitalismus zurückgeführt. Ein langer und diffiziler Ableitungszusammenhang also, der hier nur angedeutet werden kann und der die Veränderung in der psychischen Struktur einer Jugendgeneration vor allem durch das Nadelöhr frühkindlicher Beziehungserfahrungen betrachtet.

Man muss diesen Ableitungszusammenhang, der bisweilen doch arg konstruiert wirkt, nicht unbedingt über alle Etappen nachvollziehen, um die Beschreibung der psychischen Grundstruktur und der sich daraus ergebenden typischen Ängste und Bedürfnisse bei den Jugendlichen spannend zu finden. Es könnte ja sein, dass die Tendenzen zur Ich-Schwäche, zur Labilisierung des Selbstwertgefühls, zur narzisstischen Bedürftigkeit und zur verstärkten Gegenwartsorientierung sehr viel allgemeiner mit der Offenheit, Unübersichtlichkeit und Unsicherheit der Lebensverhältnisse in modernen »Risikogesellschaften« zusammenhängen, wie sie etwa von Beck und Beck-Gernsheim beschrieben wurden (Beck/Beck-Gernsheim 1994), und somit nicht nur jene spezielle

Jugendgeneration Ende der 1970er Jahre betreffen, die Ziehe im Blick hatte.

Dass die »narzisstische Thematik«, also die Frage, inwieweit man sich als der, der man ist, mit seinen Eigenarten und Stärken, aber auch mit seinen Fehlern und Schwächen, annehmen kann oder inwieweit man unter sich selbst und seinen Unzulänglichkeiten leidet, sich ständig vergleicht und an unerreichbaren Idealen misst, im Jugendalter eine besondere Dramatik gewinnt, scheint offensichtlich. Im Jugendalter kommt es zu einer selbstreflexiven Wendung: Der Blick auf das eigene Ich wird kritischer und differenzierter. Gleichzeitig steht die Forderung im Raum, so etwas wie eine Ich-Identität auszubilden, also ein Gefühl innerer Einheitlichkeit und Kontinuität, ein Bewusstsein eigener Kompetenz und eigenen Wertes und eine Vorstellung des eigenen künftigen Weges. In den klassischen psychoanalytischen Theorien des Jugendalters wurde das Hauptproblem der Jugendlichen darin gesehen, sich von dem aus der Kindheit stammenden, elterlich geprägten »Über-Ich« zu befreien, um zu eigenen autonomen Maßstäben bei Entscheidungen und Bewertungen zu kommen. Daher auch die frühere größere Heftigkeit des Generationenkonflikts, bei dem es eben um die Geltung jener Über-Ich-Gebote ging. Nach Ziehe ist dieser Aspekt jedoch eher rückläufig. Eltern operieren heute in ihren Erziehungsbemühungen deutlich seltener mit Strafen und Drohungen, und weniger mit rigiden, Schuldgefühlen induzierenden Belehrungen über das, was böse, verboten und sündhaft ist. Aber zugleich haben sie heute vielleicht noch höhere Erwartungen an die »Perfektheit«, an die »optimale Entwicklung« ihres Nachwuchses, in den sie so viel Zeit und Mühe und Opfer investiert haben. Diese Ansprüche und Erwartungen, die auf mehr oder weniger subtilen Kanälen kommuniziert werden, schlagen sich nun eher in einem überhöhten Ich-Ideal nieder, das dann zu einem illusionären, kaum erfüllbaren Maßstab für die eigene Selbstakzeptanz wird, von dem sich der Jugendliche jedoch sehr viel schwerer durch entsprechende provokative Übertretungen »freistrampeln« kann als von einem strengen Über-Ich.

Wenn der Jugendliche nun aus seinen früheren Entwicklungsprozessen mit einem so labilen Selbst und mit einem »diffus ins Kosmische erweiterten, auf Omnipotenz abzielenden archaischen Ichideal« auf die Bühne der Adoleszenz tritt, dann erscheint es naheliegend, dass der Hunger nach Bestätigung, nach narzisstischer Zufuhr einerseits und die Angst vor Situationen, die mit einem Risiko narzisstischer Kränkung verbunden sind, großes Gewicht bekommen. »Narzissmus« bedeutet also bei Ziehe gerade nicht eine selbstgefällige, selbstgenügsame Selbstverliebtheit oder ein unerschütterliches Überlegenheitsgefühl, sondern gerade das Gegenteil davon:

> »Das Problem, das der ›neue Sozialisationstyp‹ mit seinem eigenen Narzißmus hat, besteht in der Kluft zwischen drängenden narzißtischen Erwartungen und Ansprüchen einerseits und mangelnder narzißtischer Besetzung des Ich andererseits. Das Ich bedarf der ständigen narzißtischen Zufuhr von ›außen‹ um vor dem eigenen Narzißmus bestehen zu können, sonst droht das Gefühl von Verlassenheit und Scham. ... ›Sich-gut-Fühlen‹ bedarf bei dieser Struktur immer und grundsätzlich der anderen, ohne (und hier liegt das Problem!) diese wirklich zu ›meinen‹« (Ziehe 1981[4], S. 37f).

Zwangsläufig pauschalisiert ein solcher Ansatz, der beansprucht, einen spezifischen »Generationstypus« nicht nur zu beschreiben, sondern auch noch zu erklären. Natürlich gibt es in jeder Jugendgeneration eine große Spannbreite von seelischen Befindlichkeiten, von Einstellungen, Grundhaltungen, Bedürfnislagen und Verhaltensmustern. Deshalb ist Ziehe auch der Vorwurf gemacht worden, er hätte eine ganze Generation pathologisiert. Man kann eine solche Typenbeschreibung vernünftigerweise freilich nur so lesen, dass hier versucht werden soll, gesellschaftliche Trends und Tendenzen in der Veränderung der Motivationsstruktur der Subjekte, die realiter natürlich in sehr unterschiedlichen Varianten und Intensitäten vorkommen, zu »verdichten«, sie in besonders markanter, zugespitzter, plastischer Form darzustellen.

Es stellt sich die Frage, welche Aktualität dieses Konzept heute noch hat. Ziehe wollte ja nicht einen »zeitlosen Seelentypus des

Jugendalters« beschreiben wie Spranger, sondern explizit einen »neuen Sozialisationstypus«, eine psychische Konfiguration, welche unter spätmodernen Lebens- und Sozialisationsbedingungen zunehmend häufiger vorkommt und die gerade im Jugendalter besondere Brisanz gewinnt. Heute spricht niemand mehr vom »NST«. Die Jugendgeneration, die Ziehe im Blick hatte, als er 1975 sein Buch schrieb, geht heute auf die Sechzig zu. Da Ziehes Erklärungsansatz so stark auf die Ausprägung psychischer Strukturen in der frühen Mutter-Kind-Beziehung abhebt, ist kaum davon auszugehen, dass sich die von ihm beschriebene Problematik mit Erreichen des Erwachsenenalters einfach in Wohlgefallen aufgelöst haben könnte. Was mag wohl aus jenen Motiven, Bedürfnissen, Vermeidungstendenzen und Verschmelzungswünschen im Laufe der Biographien der Betroffenen geworden sein?

IV

Positionen der Entwicklungspsychologie

16

Jugend als Erweiterung des Denkens – Jean Piaget

Die körperlichen Reifungsprozesse, die mit der Pubertät einhergehen, sind offensichtlich. Der kindliche Körper wird im so genannten »2. Gestaltwandel« zum Jugendlichenkörper transformiert. Auch die seelischen Veränderungsprozesse sind deutlich und wurden schon von den Klassikern der Jugendtheorie ausführlich geschildert. Die psychoanalytischen Autoren und Autorinnen haben ebenfalls ihren Fokus auf jene innerseelischen Entwicklungsprozesse gelegt und unterschiedliche höchst differenzierte Beschreibungen dessen geliefert, was sich hier an inneren Kämpfen und Konflikten, Wallungen und Wandlungen, Sehnsüchten und Sorgen abspielt. Weniger offensichtlich ist die Tatsache, dass parallel zu den körperlichen und seelischen Veränderungsprozessen auch ein »geistiger Gestaltwandel« stattfindet, also ein markanter reifungsbedingter Transformationsprozess des menschlichen Denkvermögens. Im Rahmen dieses Transformationsprozesses kommt es zu bedeutsamen Erweiterungen jener kognitiven Strukturen, mit denen die Welt aufgefasst und erkannt wird, mit denen Bewertungen vorgenommen und Urteile begründet werden.

Es entspricht durchaus einer allgemeinen pädagogischen Erfahrung, dass 12–14-Jährige in der Lage sind, mathematische Probleme zu begreifen, die so für 8–10-Jährige kaum nachvollziehbar sind, dass sie zu abstrakteren Gedankengängen in der Lage und zum Verständnis von komplizierten Sachverhalten weniger auf konkrete Beispiele und Bilder angewiesen sind. Es ist bekannt, dass Schüler der Mittelstufe in der Regel zu komplexeren und differenzierteren Auseinandersetzungen mit religiösen, politischen und moralischen Fragen in der Lage sind und daher fundiertere Argumente formulieren und aspektreichere Diskussionen und Erörterungen führen können als Schüler der Unterstufe. Die ganze Schule ist ihrem Selbstverständnis nach auf diesen geistigen Entwicklungsprozess abgestimmt. Die Lehrpläne versuchen Stoffe, Aufgabenstellungen und Anspruchsniveaus in einer Weise den einzelnen Klassenstufen zuzuordnen, die dem jeweiligen Entwicklungsstand angemessen ist.

Zu diesen allgemeinen pädagogischen Erfahrungen zählt freilich auch, dass die Schüler kritischer werden – häufig auch gegenüber der Institution Schule selbst und gegenüber den Lehrern, den Unterrichtsinhalten, den Lehrmethoden. Vieles von dem, was sie bisher als mehr oder weniger selbstverständlich hingenommen haben, erscheint ihnen nun bisweilen als höchst fragwürdig. Und dieses Fragwürdigwerden kann ebenfalls als Ausdruck eines kognitiven Strukturwandels interpretiert werden: Die Dinge werden nicht mehr einfach so hingenommen, wie sie sind, sondern es taucht das Bewusstsein auf, dass sie eigentlich auch ganz anders sein könnten, sollten, müssten. Die vorgefundene Realität, insbesondere die soziale Realität ist nicht mehr quasi »gottgegeben«,

sondern sie stellt nur mehr eine mögliche Option dessen dar, wie die Dinge prinzipiell sein könnten, d. h. sie wird »kontingent« und damit in viel höherem Maß begründungs- und legitimationsbedürftig.
Doch worin genau besteht dieser kognitive Strukturwandel? Es ist die Domäne der kognitiven Entwicklungspsychologie, hier die Strukturlogik und die Phasenabfolge der entsprechenden Veränderungsprozesse zu beschreiben und die Folgen für das Verständnis aller möglichen Weltausschnitte und Problembereiche herauszuarbeiten. »Stammvater« dieser Art der differenzierten Untersuchung des allmählichen Aufbaus und der Transformationen der kognitiven Strukturen im Laufe der menschlichen Entwicklung ist Jean Piaget. Er hat seine Aufmerksamkeit zwar überwiegend den kindlichen Entwicklungsprozessen während der ersten Lebensdekade zugewandt, er hat aber auch jenen letzten großen Umbauprozess der kognitiven Strukturen im Jugendalter differenziert beschrieben, der zu der Qualität der Denkleistungen führt, die im Prinzip auch die Denktätigkeit des Erwachsen kennzeichnet.

»Denn mit etwa elf bis zwölf Jahren erfolgt eine fundamentale Umwandlung des Denkens, das dessen Abkehr von den während der Kindheit aufgebauten Operationen anzeigt: der Übergang vom konkreten Denken zum ›formalen‹ oder, wie man mit einem barbarischen, jedoch klaren Wort sagt, ›hypothetisch-deduktiven‹ Denken« (Piaget 1974, S. 203).

Warum er diesen Begriff für »barbarisch« hält, begründet Piaget nicht näher, aber er erläutert, was damit gemeint sein soll: »Das formale Denken ist also ›hypothetisch-deduktiv‹, ist fähig, Schlüsse aus reinen Hypothesen und nicht nur aus tatsächlichen Beobachtungen zu ziehen. Seine Schlussfolgerungen gelten sogar unabhängig von ihrem äußeren Wahrheitsgehalt, und deshalb ist diese Form des Denkens viel schwieriger und weit größere Arbeit als das konkrete Denken« (ebd., S. 204).
Piaget macht den Zugewinn an »Denkfähigkeit« an folgendem Beispiel deutlich. Seinen Untersuchungen nach sind Kinder, die

ab etwa 12 Jahren das Stadium des »formalen Denkens« erreicht haben, in der Lage, Denkaufgaben wie die folgende, bei der es um eine doppelte Relationierung geht, zu lösen, während neun bis zehnjährige Kinder noch völlig daran scheitern: »Edith hat dunklere Haare als Lilli. Edith ist blonder als Susi. Welche der drei hat die dunkelsten Haare?« (ebd., S. 2003f.).

Während Kinder in ihrem Denken noch sehr auf das Handeln oder zumindest auf konkrete Vorstellungen von Handlungen angewiesen sind, sind Jugendliche fähig zur gedanklichen Operation mit Aussagen unabhängig von ihrem Realitätsgehalt. Gewissermaßen wird nun die »Aussagenlogik« entdeckt, die Übertragbarkeit des Wahrheitswertes von Propositionen auf Konklusionen mittels gültiger Schlüsse. Piaget spricht in diesem Zusammenhang auch von einem »Denken zweiten Grades: Das konkrete Denken ist die Vorstellung einer möglichen Handlung, das formale Denken die Vorstellung einer Vorstellung möglicher Handlungen« (ebd.). Es wird also gewissermaßen eine Meta-Ebene des Denkens erreicht.

Es sind jedoch auch noch weitere Aspekte, die nun auf der Stufe der formalen Denkoperationen das Denken einerseits flexibler und differenzierter machen und zugleich ein allgemeineres, abstrakteres und damit prinzipielleres Umgehen mit Problemen ermöglichen: Rechenoperationen können nun auch ohne Anschauungs- und Wirklichkeitsbezug ausgeführt werden. Beweise im Rahmen der Geometrie etwa werden als allgemein gültig, d. h. unabhängig von der zufälligen Form des gezeichneten Dreiecks oder Kreises begriffen. Im Rahmen der Algebra stehen Buchstaben symbolisch für beliebige konkrete Zahlenwerte und mit Assoziativgesetz, Kommutativgesetz, Distributivgesetz etc. können nun auf einer Metaebene sehr grundlegende Sachverhalte über die zulässigen und unzulässigen Rechenoperationen behandelt werden. Weiterhin können nun Merkmals- und Bedingungskombinationen systematischer erfasst und durchgespielt werden. Das Verständnis von Proportionen entwickelt sich, d. h. die Fähigkeit, die Gleichheit von Verhältnissen trotz unterschiedlicher Darstellungsformen festzustellen. Dies ist eine wichtige Voraussetzung etwa für das

Bruchrechnen, das wohl aus diesem Grund üblicherweise in der 6. Jahrgangsstufe in der Schule eingeführt wird. Auch der Begriff der Wahrscheinlichkeit wird damit erst klarer fassbar, denn Wahrscheinlichkeitswerte werden ja in der Regel als Verhältniszahlen ausgedrückt. Ebenso der Begriff der Korrelation, der die Wahrscheinlichkeit des gemeinsamen Vorkommens zweier Merkmale ausdrückt.

Die Neuerungen und Erweiterungen der kognitiven Problemverarbeitung, die mit dem formalen Denken einhergehen, lassen sich am Beispiel der Bewältigung mathematischer Probleme besonders deutlich zeigen, sie sind jedoch auch für viele weitere Bereiche von Relevanz. Es bildet sich ein neues Denken in Möglichkeitsräumen heraus, in Möglichkeitsräumen freilich, deren Elemente nicht mehr wie in der kindlichen Phantasie von Bedürfnissen und Wunschbildern geleitet und rein imaginativ und assoziativ verknüpft sind, sondern in Möglichkeitsräumen, die nun viel stärker als bisher durch gesetzte Annahmen und daraus abgeleitete Schlussfolgerungen geschaffen werden. Damit entsteht auch eine größere Fähigkeit, versuchsweise unterschiedliche Positionen einzunehmen und die Konsequenzen, die aus bestimmten Grundannahmen folgen, gedanklich durchzuspielen, was natürlich zu einer deutlichen Dezentrierung des Denkens und zu einer entsprechenden Erweiterung des Verstehenshorizontes führt. »Die formalen Operationen liefern nämlich dem Denken eine ganz neue Fähigkeit, die es letztlich vom Realen loslöst und befreit, um ihm die beliebige Aufstellung von Theorien und Überlegungen zu erlauben« (ebd., S. 205). So bringt Piaget die neue Qualität des Denkens auf den Punkt.

Freilich ist es nun jedoch keineswegs so, dass aus dem Jugendlichen mit Erreichen der Stufe des formalen Denkens sogleich ein nüchterner, skeptischer, um größtmögliche Objektivität bemühter »Theoretiker« würde, sondern Piaget hat neben der Fähigkeit zur Dezentrierung und zur Relativierung von Positionen auch eine gegenläufige Tendenz beschrieben und vom »intellektuellen Egozentrismus der Adoleszenz« gesprochen:

»Diese neue Form des Egozentrismus äußert sich im Glauben an die Allmacht der eigenen Überlegungen, als ob die Welt sich den Systemen unterordnen müsste und nicht die Systeme der Welt. Es ist das metaphysische Alter par excellence: Das Ich ist stark genug, um die Welt neu aufzubauen und sie sich einzuverleiben« (ebd., S. 205).

Es wäre also ein Missverständnis anzunehmen, nach Piaget würde der Jugendliche mit dem Erreichen der Stufe des formalen Denkens zum kühlen Rationalisten, der sich nur mehr deduktiv-ableitend und hypothesenprüfend in der Welt bewegt. Im Gegenteil spricht Piaget im Zusammenhang mit dem intellektuellen Egozentrismus der Adoleszenz sogar vom typisch jugendlichen »Größenwahn« (ebd., S. 209). Jugendliche neigen bisweilen dazu, sich an ihrem eigenen Denken zu berauschen. Besonders, wenn sie in entsprechender Gesellschaft sind:

»Die Gesellschaft der Jugendlichen dagegen ist vor allem eine Gesellschaft der Diskussion: Mit zwei Busenfreunden oder im kleinen Kreis wird hier die Welt gemeinsam neu aufgebaut, und vor allem werden endlose Diskussionen geführt, in denen die wirkliche Welt verdammt wird« (ebd.).

Interessante Beispiele für solche philosophisch angehauchten Diskussionen, bei denen sich Jugendliche von ihren eigenen Gedankenflügen davontragen lassen und dabei Tiefsinniges und Triviales auf eigentümliche Weise vermischen, finden sich in Benjamin Leberts Buch »Crazy«. Die Clique der 15-jährigen Jungen ist aus dem Internat ausgebüchst und auf dem Weg nach München. Im Bus unterhalten sie sich über ihre aufregenden und zugleich irritierenden und frustrierenden Erfahrungen mit den Mädchen des Internats und kommen schließlich zu allgemeinen Betrachtungen über Gott und die Welt und das Leben und die Liebe:

»›Eigentlich sind alle Mädchen so. Mädchen sind halt seltsam.‹
›Seltsam und geil‹, antworte ich.
›Vielleicht sind sie auch so geil, weil sie so seltsam sind‹, sagt Janosch.
›Ja‹, antworte ich. ›Oder sie sind so seltsam, weil sie so geil sind.‹ Wir lachen. Janosch drückt meinen Kopf gegen die Fensterscheibe.

›Warum hat Gott die Mädchen eigentlich erschaffen?‹ fragt Janosch. ›Warum sind sie so geil? Er hätte sie doch genausogut als häßliche Viecher in die Welt setzen können.‹
›Aber das ist es doch gerade‹, antworte ich. ›Solange sie geil sind, will jeder sie ficken. Und solange jeder sie fickt, bleibt die Menschheit erhalten. – Ja, Gott ist schon cool.‹
›Gott ist crazy‹, entgegnet Janosch. ›Gott ist ein Lustmolch. Der wußte was er wollte.‹
›Gott weiß immer, was er will‹, erwidere ich.
›Und was will er jetzt gerade?‹ fragt Janosch.
›Er will, daß wir gut nach München kommen‹, entgegne ich. ›Daß wir leben. Und tun wir das?‹
›Natürlich tun wir das‹, antwortet Janosch. ›Wir leben. Immer werden wir leben. Wir werden so lange leben, bis es nichts mehr zu leben gibt.‹
›Bist du da sicher?‹ frage ich.
›Aber hallo‹, entgegnet Janosch. ›Du hast es doch selbst gesagt. Gott will, daß wir leben. Und das tun wir auch. Ob wir das dann richtig oder falsch getan haben, das soll er schließlich selbst entscheiden. Wenn wir mal vor ihm stehen.‹
›Werden wir das denn?‹
›Irgendwann sicher‹, entgegnet Janosch. ›Und ich glaube, dann hole ich mir ein Autogramm von ihm.‹
›Du willst dir ein Autogramm von Gott holen?‹ frage ich.
›Klar‹, entgegnet Janosch. ›Da kommt man sonst ja nicht so oft dazu.‹
›Du bist wahnsinnig‹, sage ich. ›Meinst du wirklich, Gott gibt dir ein Autogramm?‹
›Gott gibt jedem ein Autogramm‹, erwidert Janosch. ›Soviel Zeit hat er. Außerdem glaube ich, hat er keine Starallüren.‹
›Das weißt du doch nicht‹, entgegne ich. ›Gott ist doch der Star schlechthin. Meinst du nicht, daß es da unhöflich wäre, gleich ein Autogramm von ihm zu verlangen?‹
›Nein, Gott wäre sicher geschmeichelt. So oft kommen Autogrammjäger ja auch nicht bei ihm vorbei.‹
›Du bist verrückt‹, entgegne ich« (Lebert, 2000[25], S. 120f.).

Die eigene Verwunderung über die »Seltsamkeit« der Mädchen und über den gleichermaßen seltsamen Magnetismus, der einen doch so machtvoll zu ihnen hinzieht, wird recht umstandslos verknüpft mit allgemeinen Spekulationen über den göttlichen Schöpfungsplan und über den evolutionsbiologischen Sinn der Anziehung zwischen den Geschlechtern. Alternative Einrichtungen der Schöpfung werden gedanklich durchgespielt (Mädchen als »häßliche Viecher«), eigene Motivlagen werden in egozentrischer Manier auf den Schöpfergott projiziert (»Lustmolch«) und das eigene Verhalten wird als übereinstimmend mit dem göttlichen Willen gerechtfertigt (»er will, daß wir gut nach München kommen«).

Die Phantasie, irgendwann Gott direkt gegenüberzustehen, wird sehr plastisch ausgemalt und dafür benützt, ihn als gewöhnlichen Star, der sich durch Autogrammjäger geschmeichelt fühlt, gewissermaßen vom Sockel zu holen, sich selbst gleichzeitig in hybrider Manier zu überhöhen als denjenigen, der Gott die benötigte Bewunderung zuteil werden lässt. Es ist oftmals gerade diese Mischung zwischen Schnoddrigkeit und Größenwahn, zwischen metaphysischem Tiefsinn und groteskem Unsinn, der den besonderen Charakter solcher pubertären Gedankenspiele ausmacht.

Wenn sich der »Denkstil«, die Art und Weise der kognitiven Verarbeitung von Problemen im Laufe der Entwicklung verändern, wenn das Reflexionsvermögen komplexer und abstrakter wird, wenn die Betrachtung von Sachverhalten differenzierter und mehrperspektivischer wird, so strahlt dies natürlich in viele Lebensbereiche aus und hat Einfluss auf die Vorstellungen und Urteile, die in diesen Bereichen gebildet werden. Entsprechend wurde in der Entwicklungspsychologie versucht, für viele dieser Bereiche möglichst genau die typische Abfolge der »Konzepte« der alterstypischen Verständnisweisen und Urteilsstrukturen zu erfassen.

17

Jugend als Differenzierung moralischer Urteilsfähigkeit – Lawrence Kohlberg

Das bekannteste dieser Stufenkonzepte in der Nachfolge Piagets ist wohl Kohlbergs Theorie der Entwicklungsstufen des moralischen Urteils (vgl. Kohlberg 2001). Zwar ist dies ein Theoriekonzept, das analog der Eriksonschen Beschreibung der normativen Krisen des Lebenszyklus die ganze Lebensspanne umfasst, dennoch war Kohlbergs Fokus dabei – ähnlich wie bei Erikson – doch immer sehr zentral auf die Entwicklungsprozesse und Übergänge im Jugendalter gerichtet. Schon das Projekt, das am Anfang von Kohlbergs Forschung stand, bezog sich auf Tiefeninterviews mit Jungen im Alter von zehn bis sechzehn Jahren, die dann im Rahmen einer Längsschnittstudie alle drei Jahre erneut befragt wurden. Entsprechend präsentiert Kohlberg zur Illustration der typischen moralischen Argumentationsmuster auf den unterschiedlichen Entwicklungsstufen immer wieder gerne Zitate aus den Interviews, die mit ein und derselben Person zu unterschiedlichen Zeitpunkten während dieser Longitudinalstudie durchgeführt wurden. So werden etwa die Antworten gegenübergestellt, die der Proband »Joe« als Zehnjähriger, als 17-Jähriger und als 24-Jähriger auf die Frage »Warum sollte man keinen Ladendiebstahl begehen?« gegeben hat (Kohlberg 1981, S. 42f.). Zudem hat Kohlberg sich auch bei den Bemühungen zur praktischen pädagogischen Umsetzung seiner Forschung im Sinne der Entwicklung und Evaluierung von Projekten zur Förderung der moralischen Urteilsfähigkeit primär auf die Schule und damit auf das Jugendalter bezogen.

In der Tat ist es ja so, dass sich im Jugendalter mit der Ablösung von den Eltern und deren Vorgaben von dem, was »gut« und »richtig«, »anständig« und »gerecht« ist, mit der Erweiterung der bewussten Wahrnehmung gesellschaftlicher und historischer Problemhorizonte, mit der Suche nach Identität und einem eigenen begründeten Stand in der Welt, aber auch mit der Bedeutungsaufwertung der Peer-Group und den damit einhergehenden Konflikten und Kontrasterfahrungen im Hinblick auf die je unterschiedlichen Vorstellungen von Konformität, Fairness, Loyalität viele neue Situationen ergeben, in denen sich moralische Fragen nach dem rechten Handeln und dessen Begründung bzw. nach der gerechten Ordnung in der Gruppe, der Klasse, der Gesellschaft, der Welt auftun: Ist es fair, bei Klassenarbeiten zu schummeln? Ist es gerecht, dass für einen Mitschüler mit Legasthenie andere Bewertungskriterien gelten als für den Rest der Klasse? Soll man eingreifen, wenn man mitbekommt, dass eine Klassenkameradin gemobbt wird? Darf man seinen Schülerausweis fälschen, um sich Zutritt zu Veranstaltungen zu verschaffen, die erst für Ältere erlaubt sind? Ist Schwarzfahren schlimm? Darf man Fleisch essen? ... Bezüglich vieler moralisch bedeutsamer Fragen müssen Jugendliche zu eigenen Urteilen und plausiblen Begründungen gelangen, die sie gegenüber Eltern, Lehrern und Peers möglichst überzeugend vertreten können.

Kohlberg ging freilich weniger von solchen praktischen Handlungsproblemen aus, die im Alltagsleben der Jugendlichen tatsächlich eine Rolle spielen, sondern von dramatischeren, konstruierten Dilemma-Geschichten, bei denen unterschiedliche moralische Gebote in Konflikt miteinander geraten. Etwa dem bekannten »Heinz-Dilemma«, bei dem es darum geht, ob ein Ehemann ein lebensrettendes Medikament für seine krebskranke Frau stehlen darf, wenn er es auf legalem Weg nicht beschaffen kann. Andere dieser Dilemma-Geschichten betrafen das Problem der Sterbehilfe oder die berufliche Schweigepflicht.

Auf der Grundlage der Analyse der Begründungsfiguren, die die Probanden unterschiedlichen Alters bei der Diskussion von solchen moralischen Dilemma-Geschichten abgaben, entwarf Kohlberg ein Konzept moralischer Entwicklung mit sechs aufeinander folgenden Stufen, die je paarweise drei verschiedenen Niveaus, dem präkonventionellen, dem konventionellen und dem postkonventionellen, zugeordnet werden. Entscheidend ist dabei, welche Argumentationsmuster bei der Begründung einer bestimmten Handlungsoption für den Protagonisten der Geschichte deutlich werden: Während sich Kinder auf der Stufe 1 bei der Einschätzung der Legitimität bestimmter Handlungen vor allem am Gehorsamsgebot und an der Strafandrohung orientieren, ist für Kinder auf der Stufe 2 bei der Beurteilung von kritischen Handlungssituationen eher ein naiver instrumenteller Hedonismus und das Prinzip der Fairness maßgeblich. D. h., sie überlegen primär, wie sie ihre eigenen Interessen unter Wahrung des Gebots der Fairness gegenüber denjenigen, auf deren Fairness sie ihrerseits angewiesen sind, am besten realisieren können.

Jugendliche befinden sich nach Kohlberg überwiegend auf Stufe 3, bisweilen auch schon auf Stufe 4. Auf Stufe 3 orientieren sich die Befragten bei ihren Handlungsvorschlägen vor allem am Prinzip der zwischenmenschlichen Konformität und des funktionierenden Zusammenhalts in der Gruppe. Leitend ist der Wunsch nach sozialer Anerkennung: Die bedeutsamen Anderen sollen positiv von einem denken, sollen einen als nett, freundlich, hilfsbereit und gerecht ansehen, aber selbst ohne direktes Publikum möchte man für die eigene Selbstwertschätzung jenen Ansprüchen genügen, die solche soziale Anerkennung in der eigenen Gruppe verbürgen. Wichtig sind vor allem zwischenmenschliche Werte wie Vertrauen, Loyalität, Wertschätzung und Dankbarkeit.

Auf Stufe 4 ist die Bezugsgruppe, die in die Reflexion miteinbezogen wird, deutlich erweitert, geht über die persönlichen Nahbeziehungen hinaus. Maßgeblich für die Beurteilung der dilemmatischen Konfliktsituationen ist nun eher die Frage danach, welches Handeln mit den Grundwerten und mit den Strukturprinzipien des Gesellschaftssystems, in dem man lebt, am ehesten vereinbar ist, welche Regeln, welche Gesetze und welche Verpflichtungen zu respektieren sind, damit das Ganze funktionieren kann. Dabei werden die Konfliktfälle zugleich »sachlicher«, »neutraler«, d. h. unabhängiger von persönlichen Sympathien und Loyalitäten beurteilt.

Auf den »postkonventionellen Stufen« 5 und 6, die kaum je von Jugendlichen, aber auch nur selten von Erwachsenen erreicht werden, orientiert sich das moralische Urteil an den Ideen des Sozialvertrags und des Gemeinwohls. Die kulturelle Relativität vieler Werte und gesellschaftlicher Regelungen wird auf der fünften Stufe durchaus gesehen, die Sinnhaftigkeit und Notwendigkeit solcher Ordnungen aber prinzipiell anerkannt. Gesetze können demnach in geordneten Verfahren angepasst, verändert, verbessert werden. Gleichzeitig wird aber darauf bestanden, dass zentrale individuelle Grundrechte wie Freiheit und Unverletzlichkeit der Person übergeordnete Geltung haben und von keiner Gesellschaftsordnung außer Kraft gesetzt werden dürfen. Auf der höchsten, 6. Stufe schließlich erfolgt die Einsicht in und die selbst gewählte Bindung an universelle ethische Prinzipien, die die Vernunft gebietet.

Was ist das Konstruktionsprinzip dieses Stufenschemas, das dazu führt, dass etwa der Übergang von Stufe 3 zu Stufe 4 als

»Entwicklungsfortschritt« betrachtet wird, d.h. dass Argumentationsweisen, die den Kriterien der Stufe 4 entsprechen, als irgendwie moralisch »besser«, »reifer«, »kompetenter« eingeschätzt werden als solche, die den Kriterien der Stufe 3 entsprechen? Nach Kohlberg ist es die zunehmende Erweiterung der sozialen Perspektive, die bei den unterschiedlichen Mustern der moralischen Urteilsbildung berücksichtigt wird. Während der Bezugspunkt der moralischen Reflexion auf Stufe 3 primär die Gruppe ist, also die sozialen Beziehungen des persönlichen Nahraumes, die durch Bekanntschaft, Vertrautheit, Hilfsbereitschaft und Gegenseitigkeit gekennzeichnet sind, ist es auf Stufe 4 eher die Gesellschaft, das übergreifende soziale System, dessen Bestand und Funktionieren gesichert werden muss und durch die vorgeschlagenen Lösungsstrategien nicht in Frage gestellt werden darf.

Ähnlich wie Piaget ging auch Kohlberg davon aus, dass für eine Höherentwicklung auf der Stufenleiter der moralischen Urteilsfähigkeit weniger die Belehrungen und Ermahnungen seitens der Erwachsenen von Bedeutung sind, sondern vielmehr die konkreten Erfahrungen und Reflexionen im Kontext der Interaktion mit den Gleichaltrigen:

> »Fundamentale moralische Normen und Prinzipien sind Strukturen, die aus der Erfahrung in sozialer Interaktion aufgebaut und nicht einfach durch die Internalisierung von – als äußeren Gegebenheiten vorhandenen – Regeln erworben werden. Moralstufen werden nicht durch internalisierte Regeln definiert, sondern durch Strukturen der Interaktion zwischen dem Selbst und anderen« (ebd., S. 51).

Besonders bedeutsam ist, dass in diesen sozialen Interaktionen mit anderen immer wieder Anlass zur Perspektivverschränkung und zur Rollenübernahme gegeben ist. Man muss, um in solchen Situationen »erfolgreich« zu handeln, d.h. um einerseits eigene Interessen nicht aus den Augen zu verlieren, aber auch um die Beziehungen zu den bedeutsamen Anderen aufrecht zu erhalten und um Anerkennung und Zugehörigkeit im Rahmen der Gruppe zu sichern, die Fähigkeit zur Rollenübernahme entwickeln und verfeinern. Man muss in der Lage sein, potentiell konfliktträchtige Situationen aus unterschiedlichen Perspektiven zu betrachten und die Gedanken und Gefühle der Beteiligten zu vergegenwärtigen. Gleichzeitig wird in solchen Aushandlungs- und Verständigungsprozessen immer wieder auch die Stimmigkeit – oder Unstimmigkeit – der eigenen Argumente und der moralischen Überzeugungen, auf denen sie basieren, spürbar:

> »Die strukturelle Theorie betont, daß sich der Übergang zum jeweils nächsten Stadium durch reflektierende Reorganisation vollzieht, die in Gang kommt, wenn in der Struktur des jeweils gerade erreichten Stadiums Widersprüche fühlbar werden. Wenn die Entscheidungssituationen innere Widersprüche in der Struktur des eigenen moralischen Denkens zutage fördern oder wenn das eigene Urteilen mit dem nach Inhalt oder Form abweichenden Denken bedeutsamer Bezugspersonen konfrontiert wird, dann kann ein kognitiver Konflikt erlebt werden. Dies ist der Grundgedanke der Programme zur Diskussion moralischer Fragen, die wir in der Schule durchgeführt haben« (Colby/Kohlberg 1984, S. 365).

Entsprechend hat Kohlberg sich im Sinne der Förderung der Moralentwicklung vor allem Gedanken darüber gemacht, wie in pädagogischen Kontexten stimulierende Impulse zur Diskussion über moralische Probleme bewusst gesetzt werden können und wie der Alltag und die Struktur von pädagogischen Einrichtungen so verändert werden kann, dass im Zusammenhang mit den gemeinsam zu treffenden Entscheidungen und Regelungen möglichst viele Anlässe für den Austausch über unterschiedliche Sichtweisen, Interessen und Gefühle sowie über die jeweiligen Vorstellungen von Fairness und Gerechtigkeit entstehen. Der eine Ansatz bestand darin, die ursprünglich als diagnostische Instrumente benutzten »Moralischen-Dilemma-Geschichten« im Rahmen von Gruppendiskussionen in Schulklassen gezielt auch als Förderinstrumente einzusetzen und Jugendliche damit in »sokratische Dialoge« zu verwickeln, bei denen möglichst viele Aspekte der bei diesen Dilemmasituationen möglichen Handlungsalternativen und deren moralische Implikationen erörtert werden. Der andere Ansatz war radikaler und bestand darin, ganze Einrichtungen, wie etwa bestimmte Modellschulen, zu »just communities« umzuformen, also zu Einrichtungen, bei denen alle Beteiligten ganz bewusst sehr stark und sehr gleichberechtigt in die Verantwortlichkeit für die Aushandlung der geltenden Regeln und für die Lösung der zu klärenden Alltagskonflikte eingebunden waren (vgl. Kohlberg 1986). Kohlberg war der Überzeugung, dass die moralische Bildung an den Schulen ein sehr viel größeres Gewicht erhalten musste, aber eben nicht einfach dadurch, dass die Schule sich in Leitbildern und Abiturreden zur Verkünderin hehrer Werte machte, sondern dadurch, dass eine »moralische Atmosphäre« das Alltagsleben prägte:

> »Statt zu versuchen, den Schülern ein vorgefertigtes und nicht hinterfragbares Wertsystem zu indoktrinieren, sollte man sie mit den moralischen Streitfragen konfrontieren, die der Schulgemeinschaft zur Lösung aufgegeben sind. Außerdem sollte man die Schüler mit den moralischen Problemen der Gegenwart, wie Bürgerrechte und Krieg, vertraut machen. Alles in allem gilt es, eine Atmosphäre zu schaffen, in der das Bemühen um Gerechtigkeit allgegenwärtig ist« (Colby/Kohlberg, 1984, S. 365).

Aber nicht nur im Hinblick auf die Moralentwicklung wurden in der Nachfolge von Piaget solche Stufenschemata der Höherentwicklung von Kompetenzen entworfen, sondern auch für viele andere Bereiche und Dimensionen der sozialen Kognition: So wurden etwa von Flavell Stufen der »Rollenübernahme« konstruiert (Flavell 1975) und von Selman »Entwicklungsstufen der Perspektivübernahme« (Selman 1984). Hoffmann beschrieb 4 Stufen für das »kognitive Verständnis für andere« (Hoffmann 2000), Turiel 7 Stufen für die »Entwicklung des sozialen Regelverständnisses« (Turiel 1983), Damon 4 Stufen für die »Entwicklung des Selbstverstehens« (Damon 1982) und Youniss 3 Stufen im Hinblick auf die »Entwicklung des Freundschaftsverständnisses« (Youniss 1982).

Was sind die prägnanten Entwicklungsfortschritte, die in diesen Konzepten im Hinblick auf Besonderheiten der sozialen Kognitionen im Jugendalter (in Abgrenzung zu jenen, die für die Kindheit charakteristisch sind), hervorgehoben werden?

- Jugendliche beschreiben sich selbst nicht mehr primär über ihre Vorlieben, Interessen und ihre favorisierten Tätigkeiten, sondern sie entwickeln zunehmend eine Form der Selbstbeschreibung in psychologischen bzw. charakterologischen Kategorien. D. h., sie nehmen sich selbst als Aktivitätszentren und als Subjekte mit charakteristischen Eigenschaften, Stärken und Schwächen wahr.
- Sie setzen dieses individuelle Eigenschaftsprofil, das sie bei sich selbst wahrnehmen, differenzierten Bewertungen aus und betrachten die Fortentwicklung bzw. eventuell auch die Korrektur dieses Profils zunehmend als eine Herausforderung und Gestaltungsaufgabe, an der sie selbst beteiligt sind. Sie werden damit sowohl selbstkritischer als auch anspruchsvoller im Blick auf sich selbst.
- Mit der kognitiven Entwicklung erweitert sich im Jugendalter die Fähigkeit zur Introspektion, zur differenzierten Wahrnehmung und Benennung eigener Gefühlszustände und Stimmungslagen sowie zur Einsicht in die Umstände, die diese hervorgebracht haben.
- Jugendliche entwickeln in dem Maß, in dem sie ein tieferes Verständnis für das eigene Selbst erlangen, im Prinzip auch ein differenzierteres Verständnis für andere, d. h. sie verstehen, dass jede Person ihre eigene subjektive Weltsicht hat und dass diese Weltsicht geprägt ist von individuellen Lebensumständen und Lebenserfahrungen.
- Sie begreifen auch, dass die menschliche Persönlichkeit nichts Einfaches, Glattes, Homogenes ist, sondern dass Personen in sich spannungsreich und widersprüchlich sein können. Sie werden zunehmend zu Psychologen, indem sie für das Handeln von Menschen Motive in Betracht ziehen, die jenseits der vordergründigen, offiziellen Begründungen liegen.
- Gleichzeitig können sie besser antizipieren, welche psychischen Reaktionen sie mit ihrem Verhalten bei ihren Interaktionspartnern auslösen werden, sie können damit sowohl gezielter provozieren als auch gekonnter schmeicheln.

- Sie haben auch ein klares Bewusstsein davon, dass das äußerlich gezeigte Ausdrucksverhalten nicht zwangsläufig identisch sein muss mit der inneren Stimmungslage und Befindlichkeit. Sie wissen, dass Menschen sich beherrschen, verstellen, täuschen können, und auch sie selbst bemühen sich zunehmend darum, ihr Ausdrucksverhalten je nach Situation und Eindruck, den sie erzeugen möchten, zu kontrollieren und zu modifizieren.
- Sie sind zur Perspektivenübernahme in der Lage und begreifen gleichzeitig, dass solche Perspektivübernahme nicht immer zu vollständigem Verständnis führt, sondern dass meist eine »Differenz«, ein »Rest« bleibt, der nicht überbrückbar ist.
- Sie sind sich zunehmend der kulturellen Relativität des größten Teils dessen, was gemeinhin als »normal«, als »richtig«, als »angemessen«, als »schicklich« angesehen wird, bewusst, und sie begreifen den Unterschied zwischen den Forderungen, die »nur« der jeweiligen gesellschaftlichen Konvention, dem »Anstand« und der »guten Sitte« entsprechen, und jenen moralischen Geboten, die universell gültig und bindend sind, weil sie die Grundlage jeglicher Sozialität darstellen.
- Der Begriff der Freundschaft ist für sie mit zunehmend höheren Ansprüchen verknüpft. Es genügt nicht mehr, sich zu mögen und gemeinsam Spaß zu haben, sondern entscheidend werden nun Aspekte des gegenseitigen Verstehens, der Offenheit, der Intimität und Vertrautheit sowie der Loyalität und Verlässlichkeit.
- Soziale Beziehungen zwischen den Jugendlichen erreichen somit einerseits mehr Tiefe und Ernsthaftigkeit, andererseits werden sie nicht selten auch »strategisch« eingesetzt. D. h., Jugendliche agieren in ihren sozialen Interaktionen meist vor einem realen oder imaginären Publikum. Sie sind in allem was sie tun, in dem, wie sie auftreten und sich geben, auf ihre Wirkung bedacht und sie entwickeln feine Antennen dafür, welche Kontakte, welche Freundschaften, welche Gruppenzugehörigkeiten ihrem Status und ihrem Selbstwertgefühl förderlich sind.

18

Jugend als Stimmverlust – Carol Gilligan

Wenngleich die Entwicklung im Jugendalter sicherlich in vielerlei Hinsicht grundsätzlich und primär als »Kompetenzerwerb«, also als Zugewinn an kognitiver Leistungsfähigkeit, an abstraktem Denkvermögen, an moralischer Urteilskraft, an sozialer Perspektiverweiterung, an introspektiver Selbstklärung, an psychologischem Verständnis und an philosophischer Reflexionstiefe zu betrachten ist, so ist dennoch die Frage legitim, ob es dabei eventuell gleichzeitig auch eine Verlustseite geben mag. Und ob diese Entwicklung für beide Geschlechter stets genau parallel läuft. Deshalb soll hier noch ein Ansatz vorgestellt werden, der sich unter entwicklungspsychologischer, moraltheoretischer, und feministisch-geschlechtertheoretischer Perspektive mit dieser Frage befasst und in den 1980er und 1990er Jahren auch hierzulande eine recht intensive Diskussion zu den unterschiedlichen Moralausprägungen von Männern und Frauen einerseits und zu den unterschiedlichen Entwicklungswegen von Jungen und Mädchen gerade im Jugendalter andererseits ausgelöst hat.

Carol Gilligan war Schülerin von Erik Erikson, später langjährige Mitarbeiterin von Lawrence Kohlberg und sie wurde schließlich selbst Professorin für Psychologie an der Harvard Universität. Bekannt geworden ist sie vor allem durch die sogenannte »Kohlberg-Gilligan-Debatte«, bei der es um die Frage ging, ob es unterschiedliche Auffassungen moralischer Problemlagen und damit unterschiedliche Argumentationsmuster im Zusammenhang mit moralischen Problemen bei Männern und Frauen gibt. Kohlberg hatte sein Stufenschema der moralischen Entwicklung entlang der zunehmenden Fähigkeit zu abstraktem, prinzipiengeleitetem Reflektieren und Argumentieren über moralische Problemkonstellationen konzipiert, d. h. entlang des Bestrebens, eine möglichst weite, unpersönliche, universelle Perspektive bei der Beurteilung moralischer Probleme einzunehmen und sich dabei weder primär von eigenen Interessen und Gefühlen, noch von speziellen Aspekten der Sympathie oder Antipathie, der Nähe und Bezogenheit leiten zu lassen. Bei Studien, die mit der von Kohlberg entwickelten Methode der Analyse und Kategorisierung der Argumentationsmuster im Zusammenhang mit den Moral-Dilemma-Episoden durchgeführt wurden, hatte sich immer wieder das Bild ergeben, dass die Mädchen in ihren erreichten Durchschnittswerten hinter den männlichen Probanden »zurückblieben«.

In ihrem Buch »In a Different Voice« von 1982 (dt.: »Die andere Stimme« 1984) entfaltete Gilligan eine grundsätzliche Kritik an jener Konzeption der Moralstufen, wie sie Kohlberg entwickelt hatte. Diese seien einseitig an der männlichen Sicht auf moralische Probleme orientiert, also am Ideal einer möglichst distanzierten, neutralen, prinzipiengeleiteten Beurteilung zwischenmenschlicher Konflikt-, Handlungs-, und Entscheidungssituationen. Frauen dagegen hätten einen anderen Blick auf solche Konstellationen und zudem überhaupt weniger Interesse an der abstrakten Diskussion hypothetischer Dilemma-Situationen, wie der »Heinz-Geschichte«. Sie selbst führte in einer Studie Interviews mit schwangeren Frauen über die für sie sehr viel konkretere und lebensnähere Frage der Möglichkeit eines Schwangerschaftsabbruchs und der für sie dabei maßgeblichen moralischen Erwägungen sowie der damit verknüpften emotionalen Belastungen durch. Auf dieser Basis kam sie zu der zentralen These, dass es zwei unterschiedliche Perspektiven auf moralische Probleme gäbe und dass Männer bei entsprechenden Erwägungen stärker an allgemeinen Gerechtigkeitsprinzipien, wie sie bei Kohlberg im Fokus stehen, orientiert seien. Entsprechend reagierten sie besonders sensibel auf Situationen, in denen diese Prinzipien verletzt werden. Frauen dagegen seien stärker an Überlegungen der Fürsorge, der Solidarität und der Verantwortung orientiert und bildeten somit eine höhere Sensibilität für Bedürftigkeiten und Notlagen aus, unabhängig davon, wie diese entstanden sind. Ihre Grundintention bringt sie dabei folgendermaßen auf den Punkt:

»Mit dem Entwurf eines alternativen Standpunktes möchte ich die moralische Entwicklung aus zwei moralischen Perspektiven rekonstruieren, die in moralisch relevanten Unterschieden der Beziehungsformen begründet sind. Die Gerechtigkeitsperspektive, die man oft mit moralischem Urteilen schlechthin gleichsetzt, wird neu verstanden, als eine Art und Weise, moralische Probleme aufzufassen; als alternative Sichtweise oder alternativer Bezugsrahmen wird eine Perspektive der Fürsorge entwickelt. ... Theoretisch liegt die Unterscheidung zwischen Gerechtigkeit und Fürsorge quer zu der geläufigen Einteilung in Denken und Fühlen, Egoismus und Altruismus, theoretisches und praktisches Urteil. Sie lenkt die Aufmerksamkeit auf den Umstand, dass alle menschlichen Beziehungen, öffentliche wie private, sowohl mit Rekurs auf Gleichheit wie auf Bindung charakterisiert werden können und dass sowohl Ungleichheit wie Trennung oder Gleichgültigkeit moralische Probleme aufwerfen können. Da jedermann von Unterdrückung wie von Verlassenheit betroffen werden kann, gibt es in der menschlichen Erfahrung allenthalben zwei moralische Sichtweisen – die der Gerechtigkeit und die der Fürsorge. Die beiden moralischen Gebote, anderen gegenüber nicht unfair zu handeln und jemanden, der in Not ist, nicht im Stich zu lassen, entsprechen diesen beiden Sichtweisen« (Gilligan 1991, S. 80f.).

In dieser Debatte konnte sich Gilligan mit ihrer Idee der »zwei Moralen« letztlich nicht wirklich durchsetzen und auch die empirischen Evidenzen dafür, dass es grundlegende geschlechtsspezifische Unterschiede in den moralischen Urteilsstrukturen gibt, blieben aus (vgl. Döbert 1991, Nunner-Winkler 1991, 2010). Bei genaueren Sekundäranalysen zeigte sich auch, dass das, was den ursprünglichen Ausgangspunkt für Gilligans »Gegenentwurf« dargestellt hatte, nämlich das vermeintliche Zurückbleiben der weiblichen Probanden auf den Kohlberg‹schen Skalen, bei Berücksichtigung der jeweiligen sozialen Hintergrundvariablen in den meisten empirischen Studien gar nicht zutrifft (vgl. Montada 1995, S. 892).

Ein anderes durchaus relevantes Phänomen, das sich auf Differenzen zwischen den Geschlechtern bezieht, welche nicht unmittelbar mit der moralischen Dimension zu tun haben, ist dagegen in zahlreiche Studien empirisch recht gut belegt: Das Absinken der Selbstzufriedenheit und des Selbstvertrauens bei den Mädchen im Verlauf der Pubertät. Weiterhin ist aus epidemiologischen Studien bekannt, dass die Vulnerabilität für psychische Probleme im Verlauf des Jugendalters bei den Mädchen deutlich zunimmt. Während über das Kindesalter hinweg die Mädchen als das psychisch robustere Geschlecht gelten, drehen sich mit Beginn der Pubertät die Vorzeichen um und nun sind Mädchen deutlich häufiger mit psychischen Krisen und Störungen konfrontiert.

Die Kurven, die die entsprechenden Durchschnittswerte hinsichtlich der Selbstzufriedenheit bei den befragten männlichen und weiblichen Probanden über den Verlauf des Jugendalters hinweg abbilden, gehen mit Beginn der Pubertät meist scherenförmig auseinander. In einem entsprechenden Bericht über die einschlägige Forschung hierzu heißt es:

> »Das geringe Selbstwertgefühl der Mädchen beschränkt sich nicht nur auf ihre schulischen Leistungen, sondern hat Einfluß auf alle Lebensbereiche junger Mädchen. Sie erwarten wenig vom Leben und haben nur geringes Vertrauen in sich selbst, so das deprimierende Hauptergebnis der American Association of American Woman Studie. Wie die Wissenschaftlerinnen feststellten, kommt es etwa um das 10. Lebensjahr herum zu einem

Bruch in der Entwicklung von Mädchen. Bis zu diesem Alter können keine Unterschiede im Selbstbewußtsein von Jungen und Mädchen beobachtet werden: 60 Prozent der Mädchen und 67 Prozent der Jungen sind zufrieden mit sich und ihrem Leben, sie sind lebensbejahend und zuversichtlich. Doch ab dem 10. Lebensjahr wird die Kluft zwischen den Geschlechtern immer größer. Wenn Mädchen in die Pubertät kommen, finden sie sich immer weniger ›in Ordnung‹. Sie halten sich für ›nicht gut genug‹ und meinen damit nicht nur ihre schulischen Leistungen, sondern auch ihr Aussehen« (Nuber 1992, S. 69).

Auch für Deutschland liegen entsprechende Befunde vor. In der Jugendstudie von Zinnecker u. a. etwa sind entsprechende Diagramme über Verteilung der Selbstzufriedenheit nach Alter und Geschlecht abgedruckt und die zentralen Ergebnisse werden in zwei markanten Merksätzen gebündelt: »Mädchen erleben einen ausgesprochenen Tiefpunkt ihres Selbstwertes in den Jahren der Pubertät« und »Am zufriedensten mit sich sind die 18-jährigen männlichen Jugendlichen, am unzufriedensten die 13-jährigen Mädchen« (Zinnecker u. a. 2002, S. 93). Und auch in allerjüngster Zeit kommt die KIGGS Studie zu einem ähnlichen Ergebnis, was die grundsätzliche Einschätzung der eigenen Gesundheit anbelangt:

»14- bis 17-jährige Mädchen schätzen im Vergleich zu Jungen ihren Gesundheitszustand deutlich häufiger als mittelmäßig bis sehr schlecht ein. Auch in den aktuellen Daten der KiGGS Welle 2 lässt sich dieser Unterschied zwischen den Selbsteinschätzungen von jugendlichen Mädchen und Jungen wieder ablesen. ... Während Mädchen und Jungen bis zu einem Alter von 13 Jahren ihre Gesundheit gleich häufig als mittelmäßig oder schlecht bewerten, liegt dieser Anteil im Jugendalter bei Mädchen etwa doppelt so hoch wie bei Jungen« (Pohetko-Müller 2018, S. 11).

Freilich bleibt es hier bei der bloßen Deskription des Phänomens. Weiterreichende Fragen, warum dies so ist, wie es ist, werden nicht gestellt. In ihrem gemeinsam mit Lyn Brown verfassten Buch »Die verlorene Stimme. Wendepunkte in der Entwicklung von Mädchen« (1997) haben die Autorinnen versucht, den Ursachen dieser Entwicklung auf die Spur zu kommen. In einer subtilen Studie haben Gilligan und Brown eine Gruppe von etwa einhundert Mädchen in Form von Tiefeninterviews über die entscheidenden Jahre des Übergangs von der Kindheit in die Adoleszenz begleitet. Gilligan und Brown charakterisieren ihren Ansatz dabei als »stimmzentriert« bzw. als »stimmsensibel«. Mit seiner narrativen Orientierung, mit seiner Zentrierung auf die subjektive Wahrnehmung von Beziehungen, mit seiner geschärften Aufmerksamkeit auf versteckte Botschaften, auf Brüche in den Erzählungen, auf Ungesagtes in den Schilderungen, mit seiner Sensibilität für die ausgelösten gefühlsmäßigen Resonanzen bei den Interviewerinnen selbst, auch mit seiner Form der klinisch-kasuistischen Darstellung der Ergebnisse hat dieser Ansatz mehr Nähe zur psychoanalytischen Tradition als zu den Standardmethoden empirischer psychologischer Forschung.

Auch beziehen sich Brown und Gilligan mehrfach auf den klassischen Ödipusmythos und betonen, dass sie mit ihrer Analyse der weiblichen Entwicklung beim Übergang von der Kindheit zum Jugendalter jene zentrale Schlüsselstelle in den Blick genommen hätten, die in ihrer Bedeutung der ödipalen Phase in der männlichen Entwicklung gleichkommt. Denn das Problem selbst, die Tatsache, dass diese Phase für viele Mädchen besonders krisenhaft ist, »daß Mädchen in dieser Zeit ihre Vitalität verlieren, ihre Widerstandskraft, ihre Immunität gegen Depressionen, ihr Gefühl für sich selbst und für ihren Charakter« (ebd., S. 8), sei längst bekannt. Sie nun aber hätten mit ihrer Studie begonnen, »ein altes Rätsel in der Entwicklung von Mädchen zu lösen« (ebd.).

Klar erkennbar ist bei Brown und Gilligan auch eine feministische Orientierung, die die politische und die pädagogische Dimension jener geschlechtsspezifischen Entwicklungsprozesse, die hier erforscht werden, deutlich hervorhebt. In diesem Sinne meinen die Verfasserinnen:

»Unsere Untersuchung wirft eine Frage von größerer Bedeutung auf, die die Beziehung von Frauen und der Gesellschaft und Kultur, in der Frauen leben, betrifft: Sind diese Verluste der Stimme und des Bezugs (relationship) notwendig und wenn nicht, wie lassen sie sich dann vermeiden?« (ebd., S. 11).

Die ausführlichen Gespräche, die mit den Mädchen im ersten, vierten, siebten und zehnten Schuljahr geführt wurden, drehten sich im Kern darum, wie die Mädchen sich selbst und ihre Beziehungswelt wahrnahmen und wie sie mit Entscheidungen, Widersprüchen, Ambivalenzen, Spannungen, Konflikten, Wünschen und Enttäuschungen im sozialen Feld umgingen. Brown und Gilligan entwickelten eine spezifische »stimmsensible Methode« der Auswertung dieser Interviews, in der in mehreren Durchgängen versucht wurde, nicht nur die Inhalte dessen, *was* über diese Themen gesagt wurde, zu erfassen, sondern vor allem auch die Nuancen dessen, *wie* es gesagt wurde, wie das Ich der Erzählerinnen sich dabei zur Sprache brachte, zu analysieren:

> »Wie eine ... Psychotherapeutin achteten wir auf wiederkehrende Wörter und Bilder, zentrale Metaphern, emotionale Klänge, den Stil betreffende Widersprüche und Brüche, auf Revisionen und auf das, was in der Geschichte fehlt; wir achteten auf Verschiebungen im Klang der Stimme und in der Erzählhaltung« (ebd., S. 36).

Was sind nun die Veränderungen in der Art und Weise, wie die Mädchen sich selbst und ihre soziale Umwelt wahrnehmen, wie sie sich mit ihren Interessen in sozialen Situationen einbringen und wie sie sich schließlich in der Interviewsituation zur Sprache bringen, welche die Forscherinnen bei ihrem Längsschnittprojekt feststellen konnten? Die Verfasserinnen zeigen sich zunächst beeindruckt von der Differenziertheit und Exaktheit, mit der schon die Acht- bis Zehnjährigen die Beziehungsrealitäten in ihrer Umwelt wahrnehmen. Noch mehr jedoch von der Unbekümmertheit und Direktheit, mit der sie ihre eigenen Interessen, ihre Wünsche, aber auch ihren Ärger und ihr Missfallen ausdrückten. Ihr Ausdrucksverhalten schien noch sehr offen und authentisch ihren realen Gefühlen und Bedürfnissen zu entsprechen.

Diese klare, kräftige, selbstbewusste Stimme der Kindheit gehe dann, so der zentrale Befund der Autorinnen, mehr und mehr verloren und wird durch eine Stimme ersetzt, die häufig durch unterschiedliche Formen der Unsicherheit, der Befangenheit, der

Konfliktscheu und der Selbstentfremdung gekennzeichnet ist. Das zentrale Dilemma, in dem die Mädchen zunehmend stehen, ist das, wie sie die beiden fundamentalen Entwicklungsbedürfnisse miteinander vereinbaren können, nämlich einerseits mit ihrem »wahren Selbst«, mit ihren individuellen Wünschen und Gefühlen in Berührung zu bleiben, und andererseits, mit den bedeutsamen Anderen aus ihrem sozialen Umfeld authentische Beziehungen aufrechtzuerhalten.

Als eine der primären Ursachen für die von ihnen beschriebene Entwicklungstendenz des »Stimmverlusts« und der Selbstentfremdung benennen Brown und Gilligan die »Tyrannei des Netten und Freundlichen« (ebd., S. 65). Diese Norm setzte sich zunehmend als Idealnorm in den von Rivalitäten und Eifersüchteleien geprägten Peergroup-Beziehungen zwischen den Mädchen durch und sie würde zudem durch die erwachsenen Rollenvorbilder verstärkt: Dies führt in der Wirkung nach Brown und Gilligan zu einem »allgemeine(n) Verbot für Mädchen zu sagen, was sie fühlen und denken«, und es führt in der Folge dann weiter zu einer Art inneren Spaltung: Die Mädchen lernen zu trennen »zwischen dem, was sie wissen, und dem, was artige Mädchen wissen sollten; zwischen dem, was sie tun, und dem, was Mädchen eigentlich tun sollten; zwischen dem, was sie denken und fühlen, und dem, was nette Mädchen fühlen und denken sollten« (ebd., S. 107). Auffällig war in den Interviews mit den älteren Mädchen in diesem Sinne insbesondere die deutliche Zunahme der bisweilen fast als Stereotyp gebrauchte Wendung »Ich weiß nicht…«, wenn es um bestimmte Aspekte von Gefühlen in Beziehungen ging (vgl. ebd., S. 152).

Obwohl die meisten Mädchen sich somit, äußerlich betrachtet, durchaus positiv entwickelten, ihre Schule gut bewältigten und sich im Umgang mit anderen sozial kompetent zeigten, nahmen die Forscherinnen bei ihren Interviews über die Entwicklungsjahre hinweg bei vielen der Mädchen eine verhängnisvolle gegenläufige Tiefenströmung wahr, einen Prozess der Anpassung und des Verlusts von Authentizität und Selbstbewusstsein, der sie tief berührte. Insgesamt stellt dieses Buch somit eine massive Kritik an gesellschaftlichen Leitbildern »weiblicher Perfektheit« dar, aber auch an pädagogisch forcierten Idealisierungen von »Nettigkeit«, »Freundlichkeit«, »Ausgeglichenheit«, »Kompromissbereitschaft« und »Harmoniestreben«. Obwohl dies im Buch nicht direkt gefordert wird, liegt es doch in der Logik der Darstellung, ein entsprechendes »Gegengift« am ehesten in der pädagogischen Anerkennung von Eigensinn, Unangepasstheit und Widerspenstigkeit und in der Förderung von Risiko- und Konfliktbereitschaft zu sehen. Von Astrid Lindgrens »Pippi Langstrumpf« über »Ronja Räubertochter« bis hin zu »Momo« und der »Roten Zora« gibt es eine durchaus eine spannende Tradition solcher unangepasster weiblicher Vorbildfiguren in der Kinder- und Jugendliteratur.

Von daher kann man auch die ganze »Böse-Mädchen-Bewegung«, die in den letzten Jahren einen ziemlichen Boom erlebt hat (vgl. Rommelspacher 2003), mit vielverkauften Buchtiteln wie »Gute Mädchen kommen in den Himmel, böse überall hin. Warum Bravsein uns nicht weiterbringt« (Erhardt 1994), »Das große Böse-Mädchen-Lesebuch« (Lette 1996), »Böse Mädchen« (Swan 1997), »Rote Lippen, scharfe Zungen. Ein Poesiealbum für böse Mädchen« (Stephens 1999), »Böse Mädchen kommen in die Chefetage: Strategien für mehr Durchsetzungsvermögen« (Herkenrath 2012), »Wörterbuch für böse Mädchen« (Merian 2018) als angemessene provokante Gegenreaktion gegen das von Brown und Gilligan beschriebene Entwicklungsdilemma betrachten. Eindrucksvoll ist in diesem Zusammenhang auch der Bildband »Wilde Mädchen: Am schönsten sind wir, wenn wir niemandem gefallen wollen« (Parker 2017).

Auf einer entsprechenden Internetseite wird die Frage, »Was ist ein böses Mädchen?« durch folgende Charakteristika beantwortet: »Böse Mädchen sind frei. Böse Mädchen verstecken sich nicht. Böse Mädchen haben ihren eigenen Kopf. Böse Mädchen sind sich treu. Böse Mädchen sind verspielt. Böse Mädchen sind un-heimlich. Böse Mädchen kämpfen gern. Böse Mädchen machen unsicher. Böse Mädchen sind unbequem. Böse Mädchen sind anspruchsvoll. Böse Mädchen sind ungezähmt. Böse Mädchen sind unberechenbar. Böse Mädchen sind anders.« Natürlich bleibt dabei die entscheidende Frage offen, wie Mädchen dahin kommen, diese Qualitäten zu entwickeln, um den von Brown und Gilligan beschriebenen Entwicklungsfallen entkommen zu können?

Da Brown und Gilligan ihre Untersuchung in einer reinen Mädchenschule durchgeführt haben und der Focus eher auf die Jahre des Übergangs von der Kindheit zum Jugendalter gelegt wurde, stehen in ihrem Buch die Beziehungen der Mädchen untereinander im Mittelpunkt. Natürlich ist die Kritik an den traditionellen Geschlechterrollen in einer patriarchalisch geprägten Gesellschaft für sie ein wichtiges Thema, aber dennoch spielen konkrete Beschreibungen gemischtgeschlechtlicher Interaktionen zwischen Jungen und Mädchen dort nur eine ganz randständige Rolle.

In der deutschen Koedukationsdebatte wurden dagegen oftmals die aggressiven, selbstherrlichen, einschüchternden, vorlauten und die Aufmerksamkeit der Lehrer für sich beanspruchenden Jungen für die vermeintliche Benachteiligung der Mädchen verantwortlich gemacht. Dies mag für die Situation in der Grundschule und in der Unterstufe ein ganzes Stück weit zutreffen. Der Spiegel hat zu der Thematik eine Titelstory mit der Überschrift »Schlaue Mädchen – Dumme Jungen. Sieger und Verlierer in der Schule« herausgebracht (21/2004). Man könnte – natürlich wiederum entsprechend übertreibend und pauschalisierend – ergänzen: »Brave Mädchen – freche Jungen. Angepasste und Aufmüpfige in der Schule«.

Gerade im beginnenden Jugendalter, in jenem Alter, in dem Mädchen und Jungen in neuer Weise aufeinander aufmerksam werden und in dem jener wundersame Magnetismus zwischen den Geschlechtern allmählich seine Wirkung entfaltet, ist es besonders spannend zu verfolgen, was sich nun in den gemischtgeschlechtlichen sozialen Interaktionen abspielt und welche Wirkungen die dort gemachten Wahrnehmungen und Erfahrungen im Sinne von Brown und Gilligan auf die »Veränderung der Stimmen« der Mädchen haben. Dieser Frage ist in unterschiedlichen Studien Karin Flaake nachgegangen und sie hat darin weitere interessante Facetten dessen, was hier als »Stimmverlust« bezeichnet werden soll, beschrieben. Am Beispiel des Informatikunterrichts in der 11. Klasse, also einer besonders »männlich besetzten« Domäne, hat sie ein typisches Muster identifiziert, bei dem Mädchen sich auf der inhaltlichen Ebene trotz vorhandener Kenntnisse eher zurücknehmen, sich als unsicherer und hilfsbedürftiger darstellen, als sie eigentlich sind, um auf diese Weise auf der Beziehungsebene ihre Wünsche nach Beachtung und Anerkennung zu befördern.

Diese Tendenz zur »Selbstverkleinerung«, zur Vermeidung inhaltsbezogener Konkurrenz, wenn man so will, zum »Stimmverlust«, hängt nach Flaake mit einer tiefverwurzelten und grundlegenden Asymmetrie hinsichtlich dessen zusammen, was für Männer und Frauen in unserer Kultur primär ausschlaggebend ist, um Attraktivität für das andere Geschlecht zu erlangen. Und der Wunsch, in den Augen der VertreterInnen des jeweils anderen Geschlechts attraktiv zu erscheinen, kann vielleicht überhaupt als das zentrale Motiv für das allermeiste, was im Jugendalter geschieht, gelten.

> »Das Bild der Weiblichkeit, mit dem Mädchen auf der Suche nach ihrer geschlechtlichen Identität konfrontiert werden, ist noch immer stark gebunden an die Attraktivität für Männer. Auch im Bild von Männlichkeit, mit dem Jungen konfrontiert werden, ist es wichtig, für Mädchen und Frauen attraktiv zu sein. Aber es gibt einen entscheidenden Unterschied: eine positiv bewertete Männlichkeit ist stark über eigene Fähigkeiten und Leistungen definiert, die Attraktivität für Frauen beruht zum großen Teil auf diesen eigenen Fähigkeiten und Leistungen. Weiblichkeit findet ihre Bestätigung dagegen wesentlich durch das Begehren der Männer und weniger über eigene Fähigkeiten und Leistungen« (Flaake 1990, S. 7).

Von daher wird auch verständlich, dass das Thema »Schönheit« für Mädchen in der Regel einen deutlich höheren Stellenwert hat als für Jungen, dass die Kämpfe und Krämpfe, die sie in Kauf nehmen, um dem jeweiligen körperlichen Schönheitsideal zu entsprechen, um sich etwa an die Idealfigur heranzuhungern, sehr viel hartnäckiger und verbissener sind und dass ihre Leiden beim Verfehlen dieser Ziele bisweilen eine ganz andere Dramatik annimmt.

19

Jugend als emotionaler Aufruhr und als Bemühen um Coolness

Schon bei Rousseau wurde die Metapher vom Jugendalter als »zweiter Geburt« vor allem mit der sich verändernden Gefühlswelt in Verbindung gebracht. Der da »neu geboren« wird, ist bei ihm vor allem der »Mensch der Leidenschaften«. Gefühle der Verwirrung, der Melancholie, der Sehnsucht, der Ergänzungsbedürftigkeit, der Hingabe, der Einsamkeit, der Scham, der Identitätsverwirrung sowie heftige Ambivalenzen und Gefühlsschwankungen spielten auch in den Charakterisierungen der typischen Seelenlage des Jugendalters durch Spranger, Bühler, Anna Freud und Erik Erikson eine wichtige Rolle.

19 Jugend als emotionaler Aufruhr und als Bemühen um Coolness

Natürlich haben auch schon Kinder heftige Gefühle, kennen Angst, Ärger, Kummer, Stolz, Scham und Freude, und dennoch entspricht die Vorstellung von der Jugendzeit als einer Zeit, »in der die Gefühle Achterbahn fahren«, durchaus den verbreiteten Vorstellungen über diese Altersphase. Es ist vor allem die Intensität und Wechselhaftigkeit des Gefühlslebens, die diese Zeit so aufregend und spannend, bisweilen aber auch so problematisch macht. So ist denn auch in einem Lehrbuch zur Emotionstheorie zu lesen:

> »Neben der frühen Kindheit ist keine Entwicklungsphase des Menschen für seine emotionale Entwicklung so entscheidend wie die Pubertät. ... Die in einem relativ kurzen Zeitraum auf den Jugendlichen einstürmenden Veränderungen führen oft zu einem Sturm der Gefühle, zu völlig neuen emotionalen Erlebnisdimensionen, die verarbeitet und in die Persönlichkeit integriert werden müssen, um eine auch emotionale Reifung zu ermöglichen« (Hülshoff 1999, S. 224).

Freilich hält Hülshoff diesen »Sturm der Gefühle«, die damit häufig verbundenen Krisenerscheinungen, für durchaus normal und sogar für ein positives Zeichen dafür, dass die sich entwickelnde Persönlichkeit Tiefe und Struktur gewinnt. In diesem Sinn postuliert er gar: »Nicht die emotionale Krise in der Pubertät, sondern ihr Ausbleiben ist bedenklich« (ebd., S. 228).

In der Tat sind viele der prototypischen Erfahrungen der Pubertät sehr eng mit starken Emotionen verknüpft: Die körperlichen Veränderungen und die damit einhergehenden Vergleichsprozesse in der Peergroup sind oft mit starker Verunsicherung und mit ausgeprägten Schamerlebnissen, manchmal natürlich auch mit Freude und Stolz verbunden. Die Ablösungskonflikte mit den Eltern, die Kämpfe um Autonomie und Selbstbestimmung in wesentlichen Lebensbereichen und die Erfahrung, dass man noch immer mit Fremdbestimmung, mit elterlichen Einschränkungen, Vorschriften, Verboten, Vorwürfen leben muss, führen häufig zu Empörung und zu starken Gefühlen von Ärger und Wut. Mit der erwachenden Sexualität entsteht gleichzeitig ein intensives Gefühl der Neugier für alles, was diesen Bereich betrifft, sowie neue Erlebnisse des Begehrens, bei denen emotionale Nähewünsche und körperliche Drangerlebnisse in ungekannter Weise und Intensität miteinander verschmelzen. Die ersten Verliebtheiten bringen ganz neue, bisher unbekannte Gefühle der Sehnsucht, des Hingezogenseins, der euphorischen Gestimmtheit mit sich, die ersten Erfahrungen des Verlassenwerdens, des Liebeskummers entsprechend intensive Gefühle von Weltschmerz, Trauer und Verzweiflung. Bei den Beziehungen und Aktivitäten im Rahmen der Peergroup, die im Jugendalter eine große Bedeutung gewinnen, stehen neben »Action« und »Spaß haben« immer auch Aspekte von Anerkennung und Ausgrenzung und damit von Stolz und Beschämung im Raum. Bisweilen werden in diesem Kontext auch gezielt Situationen inszeniert, die der Konfrontation mit Angst- und Ekelgefühlen dienen sollen (Mutproben, gemeinsames Betrachten von Horrorfilmen). Erstmals werden in diesem Alter auch bewusste Versuche unternommen, Befindlichkeiten, also Gefühle und Stimmungslagen gezielt zu manipulieren; sei es durch Alkohol oder Drogen oder durch entsprechende Arten des intensiven lauten Musikhörens und des ekstatischen Tanzens.

Dass Pubertierende emotional manchmal »neben der Spur« sind, dass sie bisweilen zu Niedergeschlagenheit und Weltschmerz, zu Ruppigkeit und Verschlossenheit, zu Launenhaftigkeit und Gereiztheit, zu arroganter Selbstgefälligkeit und Überheblichkeit, dann aber auch wieder zu kindlicher Anhänglichkeit und Unbeholfenheit neigen, dass ihre mimosenhafte Empfindlichkeit gegenüber Kränkungen zum Teil in merkwürdigem Kontrast zu der Heftigkeit und Rücksichtslosigkeit steht, mit der sie selbst verbal auszuteilen bereit sind, all dies ist Eltern, die Kinder im entsprechenden Alter haben oder hatten, hinlänglich bekannt. Empirische Studien belegen denn auch, dass die Angaben der Jugendlichen bezüglich der subjektiven Sicht der Beziehungsqualität zu den Eltern und zum eigenen Wohlbefinden im Elternhaus in jener Zeit einen deutlichen Knick erfahren (vgl. Fend 2000, S. 291f).

In autobiographischen Reflexionen beschreiben junge Erwachsene die Erinnerung an ihre emotionale Befindlichkeit während jener Zeit u. a. folgendermaßen (vgl. Göppel 2005, S. 39f.):

»Ich war als Teenager wirklich sehr launisch und auch meine Eltern haben mich immer als sogar zeitweise nicht ansprechbar beschrieben. Erstaunlich daran ist, dass ich meistens keinen speziellen Grund für meine schlechte oder auch für meine besonders gute Laune hatte. – Meine Psyche (oder meine Hormone) hat einfach Spielchen mit mir gespielt – so kam es mir vor. Irgendjemand oder irgendetwas steuert meine Gefühle und ich kann nichts dagegen tun. Dabei ging es meist nicht um Traurigkeit oder depressive Gefühle, meistens war ich total genervt und deshalb auch aggressiv. Manchmal hatte ich das Gefühl, ich muss gleich platzen, wusste nicht wohin mit meinen Aggressionen und wollte einfach nur meine Ruhe haben« (K13w).

»Besonders schlimm fand ich die Stimmungsschwankungen, die meinen Alltag bestimmten. Ich konnte morgens gut gelaunt und fröhlich das Haus verlassen und nachts depressiv und lebensmüde einschlafen. Es war mir klar, dass diese ambivalenten Gefühle und Reaktionen etwas mit der Pubertät zu tun hatten. Dennoch fand ich dieses Gefühl, sich selbst nicht unter Kontrolle zu haben, schrecklich« (K 25w).

»Mit meiner körperlichen Entwicklung kamen auch Stimmungsschwankungen in Form von anfänglichen Depressionen und Wutausbrüchen einher. Besonders meine Eltern vor allem mein Vater, der nicht so gut mit meiner Veränderung umgehen konnte wie meine Mutter, bekam dies zu spüren. Dennoch zogen sie sich nie von mir zurück oder distanzierten sich von mir, sondern suchten erst recht den Dialog mit mir« (K59w).

»Und ich dachte bewusster oder erstmals bewusst über mich und die Welt nach. Leider bin ich oft in eine tiefe Melancholie versunken. Diese negativen Gefühle schrieb ich in einer Art von Gedichten auf, denn danach ging es mir oft wieder besser. Hier habe ich mal ein Beispiel:
Ich bin hier allein im tunnel der zeit
weiss nicht vor noch zurück
weiss nicht, in welche welt ich gehöre
in jene unverständliche, komplizierte und verdammte
oder in die langerwünschte der träume
ich drehe mich im kreise
weiss nicht wohin
allein, verzweifelt, gehasst von mir.
ich werde mit mir nicht eins,

ersticke an mir.
eines tages gehe ich in meine langersehnte welt
schon
bald.
Als ich das schrieb, war ich zwölf oder dreizehn. Irgendwie erschreckt mich das gerade. Ich weiß gar nicht, wie lang diese Phase anhielt, aber ich glaube, mit einigen Unterbrechungen, bis zur zehnten oder elften Klasse. Während dieser Zeit redete ich sehr viel mit meinen Freunden, weniger mit meinen Eltern. Ich wollte ihnen keine Sorgen machen. Auf jeden Fall haben mir diese langen und intensiven Gespräche mit meinen Freunden sehr geholfen, diese Phase zu überwinden« (K63w).

Es sind unterschiedliche Gefühlsaspekte, die hier zur Sprache kommen. Zum Teil stärker melancholisch-depressive Momente wie im letzten Beispiel, zum Teil mehr aggressiv-gereizte, die sich etwa in dem Gefühl ausdrücken, »gleich platzen zu müssen«. Fast durchgängig ist das retrospektive Staunen über die Heftigkeit der eigenen Stimmungsschwankungen und über die Unvermitteltheit, mit der die Stimmungen bisweilen ohne ersichtlichen äußeren Grund umschlagen. Typisch ist das Erleben, dass einem diese Gefühlsschwankungen widerfahren, dass man ihnen mehr oder weniger ausgeliefert ist. Natürlich ist das nicht das ganze Gefühlsspektrum, das im Jugendalter vorkommt. Auch die positiven Gefühle werden später wohl kaum noch so intensiv und überschäumend erlebt wie in besonders herausgehobenen Momenten im Jugendalter: Begeisterung, Ausgelassenheit, Übermut, Lebenslust, freudige Erwartung, Verliebtheit, Gemeinschaftsgefühl, Stolz ...

Seiffge-Krenke hat unter dem Aspekt der »emotionalen Kompetenz« auf den zwiespältigen Eindruck hingewiesen, den Jugendliche hier oft hinterlassen. Einerseits wirken sie bisweilen wie »emotionale Analphabeten«, weil ihre Stimmungslage häufig so labil ist, weil sie oftmals so sehr von Gefühlen »übermannt« werden und dem scheinbar so wenig an Kontrolle, an nüchterner, ruhiger, distanzierter Betrachtung entgegensetzen können. Auch wegen ihrer ausgeprägten Selbstbezogenheit und der Rücksichtslosigkeit, mit der sie ihre Missstimmung nicht selten ungefiltert jenen »an den Kopf werfen«, die dafür gar nichts können. Sie spricht von einem »auffälligen narzisstischen Rückzug auf die eigene Person« und von einer Phase des »reaktivierten Egozentrismus« (Seiffge-Krenke 2002, S. 52). Im Verhältnis zu den Eltern kommt nicht selten auch noch das »Dichtmachen«, die schroffe Zurückweisung von emotionalen Unterstützungsangeboten, von Aussprache und Trost hinzu. Andererseits sei den Jugendlichen gleichzeitig aber auch eine »hohe emotionale Kompetenz« zuzusprechen, weil sie zu hochdifferenzierten sozialen Vergleichs- und Antizipationsprozessen in der Lage sind, große Aufmerksamkeit auf die Wirkungen ihrer Selbstpräsentation in sozialen Situationen richten, komplexe Beziehungsnetze unterhalten und mit ausgewählten Personen durchaus auch intensiven Austausch über ihre innere Befindlichkeit, über ihre Ängste, Sorgen und Sehnsüchte unterhalten. Freilich verschiebt sich der Rahmen, in dem diese Kommunikation stattfindet: »Die Eltern werden zunehmend als Adressaten für intime verbale Selbstenthüllung entthront, an ihre Stelle treten gleichaltrige und gleichgeschlechtliche Freunde«, später auch gegengeschlechtliche romantische Partner (ebd., S. 54). Dabei gibt es auch auffallende Geschlechtsunterschiede, denn in Mädchenfreundschaften spielt der Austausch über intime, gefühlsbeladene Themen eine deutlich größere Rolle als in Jungenfreundschaften.

Den Umgang mit Emotionen zu lernen, die eigene »emotionale Kompetenz« zu erweitern, und das heißt eben auch, die Kontrolle des Ausdrucks von Emotionen zu verfeinern und Strategien der Regulation eigener Befindlichkeit zu entwickeln, stellt eine wichtige Aufgabe im Jugendalter dar. In der jugendlichen Peergroup bilden sich in der Regel Normen heraus, welcher Umgang mit Emotionen angemessen ist. Und diese Normen dienen durchaus auch als Abgrenzungskriterien gegenüber den Verhaltensmustern der Kindheit: Wer gleich zu heulen anfängt, wenn er eine Enttäuschung einstecken muss, weil er etwa beim Skateboarden gestürzt ist, weil er bei der Mathematikschulaufgabe eine 5 bekommen oder beim Tischtennisturnier ein Match verloren hat, wer gleich »ausrastet« und aggressiv wird, wenn die Dinge nicht so laufen, wie er es sich wünscht oder wenn er ein wenig provoziert wird, der hat in der Gruppe der Gleichaltrigen einen zunehmend schwereren Stand, da solches Verhalten als unreif und kindhaft gilt.

Seiffge-Krenke hat in einer interessanten Studie herausgefunden, dass die Coping-Strategien, die Jugendliche anwenden, um mit sozialen Stresssituationen und der damit verbundenen emotionalen Erregung umzugehen, sich durchaus unterscheiden, je nachdem, in welchem Kontext das Ganze stattfindet. So nannten Jugendliche in Bezug auf eine solche Stresssituation im Rahmen der Gleichaltrigengruppe mehr als doppelt so häufig die kontrollierende Strategie »Ich lasse mir nichts anmerken« als in Bezug auf eine entsprechende Situation mit den Eltern. Dafür bekannten sie sich bei Konfliktsituationen mit den Eltern fast doppelt so oft als gegenüber den Peers zu der expressiven Strategie »Ich mache meinem Ärger Luft« (ebd., S. 61). Während im Kontext der Peergroup also eher das Ideal der Kontrolle, der Lockerheit und Überlegenheit von Bedeutung ist, ist es im Hinblick auf die Eltern eher das Ideal der »gerechten Empörung«, des »Sich-nichts-gefallen-Lassens«. Bedenkt man, dass es im Blick auf die Gleichaltrigengruppe eher um Aspekte von Integration und Anerkennung geht und im Blick auf die Eltern dagegen eher um Aspekte von Ablösung und Autonomiegewinn, dann machen diese unterschiedlichen Strategien durchaus Sinn.

Emotional aufgeladene Konflikte mit den Eltern und Ärger mit den Freunden gehören zu den wichtigsten Stressfaktoren im Leben der Jugendlichen. Aber auch hier ergeben sich interessante Differenzen in der unterschiedlichen Bewertung der subjektiven Bedeutsamkeit dieser beiden Konfliktzonen:

> »›Ich hatte Ärger mit Freunden‹ wurde als sehr viel wichtiger und belastender eingestuft als ›Auseinandersetzung mit den Eltern‹. Dieses Ereignis war für die Jugendlichen auch weniger vorhersehbar als familiäre Auseinandersetzungen. ... Auch die Bereitschaft, Kompromisse einzugehen, war bei Konflikten mit Freunden viel stärker als in der Auseinandersetzung mit den Eltern« (ebd., S. 56f).

In den Augen der Jugendlichen sind Auseinandersetzungen mit den Eltern offensichtlich eher alltäglich, normal, erwartbar. Sie bedeuten zwar Stress und Aufregung, stellen aber doch gleichzeitig ein wichtiges Trainingsfeld für die Erprobung von Selbstbehauptung, für die Demonstration von Empörung und für die Schärfung der eigenen Argumentationskunst in Sachen Rechtfertigung und Gegenvorwurf dar. Zudem finden diese Kämpfe auf dem Boden einer trotz aller Auseinandersetzungen stabilen, dauerhaften, im Prinzip nicht aufkündbaren Beziehung statt. Im Hinblick auf die Konflikte mit Freunden muss viel eher damit gerechnet werden, dass zu heftiger, unkontrollierter Ausdruck der eigenen Gefühle dazu führt, dass es zu Auflösungen kommt, dass Beziehungen definitiv in die Brüche gehen, dass Cliquen zerfallen. Um die Metapher von den Eltern als »Sparringspartner« zu benützen, könnte man sagen: Krach zu Hause ist »Sparring«, Krach mit den Freunden ist »Ernstfall«.

Auch wenn die Ausschläge des emotionalen Empfindens und des emotionalen Ausdrucks im Jugendalter heftiger und intensiver werden, so gehören doch gerade die grundlegenden emotionalen Reaktionsbereitschaften des Menschen wohl zu jenen Persönlichkeitsbereichen, die recht früh schon tief geprägt werden. In diesem Sinne hat Zimmermann die Fähigkeit zur Emotionsregulation im Jugendalter vor dem Hintergrund der früheren Bindungserfahrungen im familiären Kontext analysiert. Er geht davon aus,

> »dass der Umgang mit Gefühlen ein Kernbereich dessen ist, was Kinder in Bindungsbeziehungen lernen. Dies bedeutet, daß Emotionsregulation im Jugendalter von früheren Bindungserfahrungen und den darin enthaltenen interpsychischen Mustern der Emotionsregulation beeinflußt ist« (Zimmermann 1999, S. 239).

Entsprechend kann er aus den Längsschnittstudien der Bindungsforschung Zusammenhänge zwischen der sicheren Bindung zum Vater und zur Mutter in der frühen Kindheit und späterem aktivem Bewältigungsverhalten bzw. zu späterer Offenheit und emotionaler Unterstützung in engen Freundschaftsbeziehungen berichten. »Somit werden bereits in der Kindheit Muster individueller und sozialer Emotionsregulation erlernt, die Auswirkung bis ins Jugendalter zeigen« (ebd.).

In einer Längsschnittstudie ist von Salisch den entwicklungstypischen Veränderungen der Strategien zur Regulierung von Ärgergefühlen im Kontext von Freundschaftsbeziehungen beim Übergang von der Kindheit ins Jugendalter nachgegangen. Sie konnte zum einen zeigen, dass die Strategien hier schon immer sehr viel vielfältiger sind, als es etwa die »Aggressions-Frustrations-Hypothese« nahe legt. Nur eine Minderheit gab verbal, körperlich oder relational aggressive Verhaltensweisen (Intrigen) als typische Reaktionsweisen auf solche Ärgersituationen an. Der sehr viel größere Teil der Kinder setzt dagegen eher auf Strategien wie »sich abwenden«, »soziale Unterstützung suchen«, »Ablenkung«, »erklären« oder »Humor«, um mit solcher Verärgerung fertig zu werden. Im Laufe des Jugendalters nimmt diese Tendenz noch deutlich zu.

> »Lernziel in der Peer-Welt scheint es nach diesen Befunden zu sein, seine (negativen) Emotionen unter Kontrolle zu bekommen, also in der Sprache der Jugendlichen ›cool‹ zu bleiben, oder zumindest so zu wirken. Dies gilt bei Jungen wahrscheinlich auch für den Ausdruck von Freude und anderen positiven Emotionen, denn auch dieser wird zwischen neun und dreizehn Jahren immer gedämpfter« (von Salisch 2002, S. 143).

Bei der Nachuntersuchung der Probanden fünf Jahre später, also bei den nun 14–18-Jährigen hatten sich diese Tendenzen hin zu nicht aggressiven Formen der Ärgerregulierung im Umgang mit Freunden noch einmal deutlich verstärkt. Auch distanzierende Strategien (sich abwenden) waren nun seltener, dafür wurde deutlich mehr auf kommunikativ-klärende Strategien wie »erklären«, »sich vertragen« und »Humor« gesetzt.

Häufig laufen auch unter Jungen die subtilen Machtkämpfe und Rangordnungsrituale nun eher verdeckt ab. Nicht mehr die pure körperliche Stärke und Kampfkraft ist entscheidend für den Statusgewinn in der jugendlichen »Männerhorde«, sondern die »Coolness«, die gelassene Überlegenheit. Es ist mehr die geistig-sprachliche und gestische »Schlagfertigkeit« gefragt als die reale grobmotorische-kämpferische. Vielleicht ist dieses Ideal der »Coolness« auch deshalb so bedeutsam, weil diese Art von Beherrschung für viele Jugendliche keineswegs leicht zu erringen ist, weil sie emotional sehr schwankend sind und in Situationen, in denen ihre Souveränität bedroht erscheint, sehr schnell in heftige Erregung geraten.

In diesem Zusammenhang ist es ganz interessant, dass die beiden in der Jugendsprache der letzten Jahrzehnte wohl geläufigsten Begriffe, um Personen, Dinge, Ereignisse, Vorhaben etc. positiv zu konnotieren bzw. hervorzuheben, die Adjektive »cool« und »geil« sind. Sie werden heute ziemlich inflationär und weitgehend synonym gebraucht und können sich auf alles und jedes beziehen: eine neue Jacke, ein Musikstück, einen Youtube-Clip, eine Pizza, ein bewundertes Mädchen, einen angehimmelten Jungen. Erstaunlich ist dabei, dass es sich bei diesen Adjektiven ihrem Ursprung nach um typische »Emotionsbegriffe« handelt, freilich um solche, die in ganz unterschiedliche Richtungen weisen. Während »geil« von seiner ursprünglichen Bedeutung her »sexuell erregt«, also »heiß«, »begehrlich«, »drangvoll« meint, steht »cool« ursprünglich eben für »kühl«, »gelassen«, »entspannt«. Beide Begriffe dienen aber in der heutigen Jugendsprache ganz allgemein zur positiven Hervorhebung, stehen also für das, was früher einmal mit »gut«, »toll«, »super« oder »Klasse« bezeichnet wurde. Vielleicht kommt in dieser erstaunlichen und paradoxen jugendsprachlichen Entwicklungstendenz ein bedeutsamer Sachverhalt zum Ausdruck: Dass nämlich beides wichtig, bedeutsam, »gut« ist und im Jugendalter in neuer Weise erlebt, beachtet und gelernt werden will: das Auskosten der Erregung, des Kicks, der Spannung und das Aufrechterhalten bzw. Wiedergewinnen der Gelassenheit, der Souveränität, der Kontrolle über jene emotionalen Ausnahmezustände.

V

(Neuro-)biologische Positionen

20

Jugend als Folge hormonaler Veränderungen

Was sind die Auslöser und Hintergründe für die im Jugendalter so typischen emotionalen Turbulenzen? Als geläufige Antwort wurde und wird häufig auf den »Hormonschub« verwiesen, der all dies bewirke. In diesem Sinn sind Artikel über die Pubertät nicht selten mit Sätzen wie »Wenn die Hormone verrückt spielen« (Stober 2015) oder »Pubertät – Wenn die Hormone aus der Reihe tanzen« (Sonntag 2014) überschrieben. Ein Text über Jugendsexualität beginnt mit den Worten:

> »Die ersten Liebesattacken befallen Teenager hinterrücks und im Wochentakt. Jungs eben noch ›doof‹ und ›voll unterentwickelt‹ entpuppen sich als Zielobjekt jungfräulicher Begehrlichkeit. Mädchen, bis dahin ›ner-

vig< verwandeln sich in elektrisierende Lolitas für zärtlich ungelenke Anmachversuche. ... Was nützen schnöde Aufklärungstheorien, wenn im eigenen Inneren emotionaler Ausnahmezustand herrscht. Hirn und Hormone lenken die Ahnungslosen auf das eine unberechenbare Ereignis – das erste Mal« (Böck 2001, S. 123).

In der Tat ist in unserem Körper mit dem endokrinologischen System Tag und Nacht ein hochkomplexes und fein abgestimmtes System still am Arbeiten, das von der Aufrechterhaltung des Blutzuckerspiegels und der Körpertemperatur, über die Steuerung des Schlaf-Wach-Rhythmus, über die Erzeugung von Hunger- und Durstgefühlen sämtliche Körperfunktionen den jeweiligen Gegebenheiten anpasst. Sowohl die graduellen organischen Veränderungsprozesse als auch die großen Einschnitte im menschlichen Lebenslauf sind mit markanten Veränderungen in der Homöostase der dabei jeweils maßgeblichen hormonellen Prozesse verbunden: Geburt, Wachstum, Pubertät, Menopause, Altern, Sterben ... Und natürlich weiß man heute, dass auch bei all jenen Prozessen, die – evolutionsbiologisch betrachtet – mit der Reproduktion der menschlichen Art zu tun haben, also bei Partnersuche, Verliebtheit, vertrauensvoller Bezogenheit, sexuellem Verlangen, Orgasmus, Schwangerschaft, Geburt, Eltern-Kind-Bindung Hormone stets eine wichtige Rolle spielen.

Bestimmte Hormone stehen im Zusammenhang mit ganz spezifischen Verhaltens- und Stimmungsaspekten beim Menschen: So das Stresshormon Kortisol, das unser Erleben von und unsere Reaktionen auf Stress beeinflusst, oder das Oxytocin, das die emotionale Bindungsbereitschaft fördert. Die Botenstoffe Dopamin und Serotonin haben Einfluss auf das Erleben von Emotionen wie Neugier, Erregung, Freude und Stolz bzw. auf die Ausprägung der gegenteiligen Gefühle wie Ängstlichkeit, Traurigkeit oder Depression. Deshalb nehmen viele Medikamente zur Behandlung von Depression oder ADHS auf den entsprechenden Hormonstoffwechsel Einfluss. Besonders das Sexualhormon Testosteron wird oftmals mit aggressivem, antisozialen Verhaltenstendenzen bei jungen Männern, bei denen der Testosteronspiegel sein höchstes Level erreicht, in Zusammenhang gebracht.

»Im Alter von 19 Jahren erreicht der Testosteronspiegel des Durchschnittsmannes tatsächlich den höchsten Wert. Um dieses Alter herum, zwischen ihrem 15. und dem 25. Geburtstag etwa, haben Männer die meisten Unfälle, begehen sie die meisten Straftaten, nehmen sie die meisten Drogen, gefährden sie ihr Leben und das anderer am ehesten« (Hollersen 2015).

Dabei sind die Wirkungen offensichtlich komplexer, und in Experimenten konnte gezeigt werden, dass Testosteron vor allem das energische Streben nach Status fördert und dass dies je nach Kontext sowohl zu aggressivem, aber auch zu großzügigem Verhalten führen konnte (vgl. Gessat 2016).

»Die Psyche, die Gefühlswelt, ist offenbar symbiotisch mit dem Hormonprofil verbunden: Was wir tun, beeinflusst die Hormone – und die Hormone beeinflussen, was wir tun« – so fassen die AutorInnen in einem Überblicksartikel die Wechselwirkungen zwischen den unterschiedlichen Ebenen zusammen (Heinrich/Rehermann 2013, S. 34).

Von daher ist eine Deutung, die die emotionalen Turbulenzen und die Verhaltensbesonderheiten der Pubertät auf die mit diesem Entwicklungseinschnitt verbundenen hormonellen Veränderungen und die dabei eventuell auftretenden Ungleichgewichte zurückführt, durchaus naheliegend. Denn in der Tat sind es zunächst Veränderungen im Hormonhaushalt, die überhaupt erst die typischen körperlichen Veränderungsprozesse der Pubertät, den Wachstumsschub, die Verwandlung der Körperproportionen und die Ausreifung der Geschlechtsorgane in Gang setzen. Wenn minimale Konzentrationsverschiebungen dieser biochemischen Botenstoffe in hochkomplexen Regelkreisen letztlich dazu führen, dass sich das Körperwachstum beschleunigt, dass die Brüste sprießen, dass es zu Schambehaarung, zum Stimmbruch, zur Menarche und zur Samenproduktion kommt, dann liegt es in der Tat nahe, eine gewisse Parallelität der Einflüsse der Hormone auch auf die seelischen Veränderungsprozesse anzunehmen. Dass die Hormonkonzentrationen, die ja im Verlauf des weiblichen Zyklus bestimmten typischen Schwankungen unterworfen sind, prinzipiell Einfluss auf die psychische Befindlichkeit, auf Aspekte wie Stimmungslabilität, Angespanntheit, Reizbarkeit, libidinöse Erregbarkeit nehmen können, ist vielen Frauen durch das so genannte prämenstruelle Syndrom durchaus vertraut.

Im Zusammenhang mit den Entwicklungen der Pubertät ist natürlich insbesondere der Einfluss der Sexualhormone von Interesse. Am differenziertesten wurden die Wirkungen des Östrogens Östradiol und des Androgens Testosteron untersucht. Die Konzentration des männlichen Sexualhormons Testosteron im Blut erreicht bei Jungen während der Pubertät etwa den 18-fachen Wert wie vor der Pubertät. Der Wert des weiblichen Geschlechtshormons Östradiol steigt etwa um das 8-Fache an (vgl. Flammer/Alsaker 2002, S. 74). Dennoch gibt es keineswegs eindeutige und lineare Zusammenhänge zwischen bestimmten Hormonkonzentrationen und bestimmten psychischen Befindlichkeiten oder Verhaltensweisen. Oftmals scheint es so zu sein, dass weniger das absolute Niveau einer bestimmten Hormonkonzentration bestimmte psychische Auswirkungen hat, sondern mehr das Tempo der Verschiebung des Hormonspiegels, d. h. die relative Zu- oder Abnahme. Zudem ist der Hormonhaushalt ein hochkomplexes und sensibles dynamisches System, das nicht nur reifungsbedingten Entwicklungen unterliegt, sondern seinerseits auch sensibel auf Einflüsse der Lebenswelt und des Lebensstils reagiert.

Höhere Testosteronwerte wurden zwar für Jungen mit erhöhter Aggressionsneigung und für Mädchen mit gesteigerter Traurigkeit in Verbindung gebracht. Aber andererseits fanden sich erhöhte Testosteronwerte auch bei sozial besonders kompetenten, dominanten und prosozial orientierten Jugendlichen (vgl. Fend 2000 S. 227). Am eindeutigsten sind die Befunde hinsichtlich des Zusammenhangs zwischen dem Anstieg von Sexualhormonen insbesondere von Testosteron und der sexuellen Erregbarkeit bei Jungen. Sexuelle Phantasien, Träume, Wünsche und auch sexuelle

Aktivitäten hängen bei ihnen mit dem jeweiligen Testosteronniveau zusammen. Bei Mädchen gibt es eine ähnliche Tendenz, was die sexuellen Phantasien anbelangt, dies schlägt bei ihnen jedoch offensichtlich weniger auf das konkrete Sexualverhalten durch (vgl. Udry/Billy 1987).

Insgesamt kommen die einschlägigen Überblicke über dieses komplexe Forschungsfeld aber zu eher ernüchternden Gesamteinschätzungen. So meinen etwa Flammer/Alsaker:

»Zusammenfassend müssen wir feststellen, dass der große Forschungsaufwand zu den Zusammenhängen zwischen dem Hormonhaushalt, der emotionalen Befindlichkeit und dem Verhalten von pubertierenden Jugendlichen wenig verlässliche Erkenntnisse gebracht hat. Die Zusammenhänge sind meistens schwach und sehr inkonsistent« (Flammer/Alsaker 2002, S. 76).

Und ähnlich bilanziert auch Fend:

»In der Summe kann festgestellt werden, daß sich direkte Beziehungen zwischen Hormonen und Verhalten bisher als wenig bedeutsam und schwer nachweisbar erwiesen haben. Sie klären viel weniger Varianz des Verhaltens auf, als erwartet wurde und als die Alltagsvorstellung vom ›Einfluß der Pubertät‹ nahe legen würde« (Fend 2000, S. 227).

21

Jugend als Ausdruck eines »Gehirnumbaus«

In jüngster Zeit hat eine andere Erklärungsvariante für die biologischen Hintergründe der typischen Stimmungslagen und Verhaltenstendenzen Pubertierender große Aufmerksamkeit gefunden. Diese hebt weniger auf die hormonalen Vorgänge als vielmehr auf entwicklungsneurologische Prozesse ab: Das Gehirn der Teenager sei eine große »Baustelle«. Gerade in jenen Hirnregionen, die für komplexere Entscheidungen, Handlungsplanungen und soziale Wahrnehmung zuständig seien, finde in jenen Jahren ein bedeutsamer, bisher nicht erkannter neuronaler Restrukturierungsprozess statt. So ist etwa in einem populären Wissenschaftsmagazin unter der Überschrift: »Pubertät: Baustelle Gehirn« Folgendes zu lesen:

21 Jugend als Ausdruck eines »Gehirnumbaus«

»Sie rebellieren, provozieren, suchen den Nervenkitzel, den emotionalen ›Kick‹, oder sie ziehen sich total in sich selbst zurück, verkapseln sich in einem inneren Exil. Die Strategien, mit denen Heranwachsende die drastischen Veränderungen von Leib und Seele meistern, machen Erwachsene noch immer ratlos. Seit Neuro-Wissenschaftler Pubertierenden in den Kopf geschaut haben, gilt immerhin als sicher, dass in dieser Phase mehr in Aufruhr ist als nur der Hormonhaushalt« (Willenbrock 2005).

Die Metapher von der »Gehirnbaustelle« hat in den letzten Jahren eine ziemlich steile Karriere gemacht und wurde in zahlreichen populären Magazinen aufgegriffen. So titelte der Stern schon 2002 »Wahnsinn Pubertät. Neue Hirnforschung: Warum Teenies so komisch ticken«. Und der Focus zog 2003 nach: »Abenteuer Pubertät. Wenn Teenager plötzlich anders ticken. Forscher entschlüsseln, wie das Gehirn erwachsen wird«. Das Magazin GEO brachte 2005 eine Nummer mit dem Titel »Baustelle Gehirn« und die SZ sprach 2014 in einer Überschrift sogar von der »Großbaustelle Gehirn«.

Diese Metaphorik hat wegen der Assoziationen zu den zeitweiligen Störungen und Komplikationen, die hinzunehmen sind, weil im Rahmen von Umbauarbeiten etwas Neues, Besseres, Schöneres entsteht, einerseits sicherlich einen gewissen Charme. Aber – wie alle Metaphern – hat sie auch ihre Kehrseiten und Ambivalenzen und birgt die Gefahr, das Denken in falsche Richtungen zu lenken. Vermutlich hat die Tatsache, dass gerade eine solche technologische Metapher zur Beschreibung jenes organischen Wandlungsprozesses der Pubertät eine solche Karriere gemacht hat, auch mit der generellen Verschiebung unseres Menschenbildes unter der Ägide der Hirnforschung zu tun. Wenn unser Zentralorgan in erster Linie als gigantischer »Riesencomputer« mit hochkomplexer »Verdrahtung« verstanden wird, und wenn nun im Jugendalter größere Veränderungen in den »Verdrahtungen«, in der »Hardware« jenes »Rechenzentrums« unter der Schädeldecke anstehen, dann liegt es durchaus nahe, hier von einer »Baustelle« zu sprechen.

Lange ging man in der Entwicklungsneurologie davon aus, dass die maßgeblichen Prozesse der Gehirnentwicklung in den ersten Lebensjahren stattfinden. So heißt es etwa in dem bekannten Lehrbuch »Bausteine der kindlichen Entwicklung« von Ayres:

> »Reizung der Sinnesorgane und Bewegungsaktivität während der Jahre der frühen Kindheit regen die Neuronen und die Zwischenverbindungen an, sensorische und motorische Verarbeitung durchzuführen, welche für den Rest des Lebens der betroffenen Person relativ konstant erhalten bleiben« (Ayres 1984, S. 64).

Die funktionelle Architektur des Gehirns erschien demnach nach den ersten fünf bis sechs Lebensjahren als ziemlich stabil. Bis dahin hat es auch bereits 95 Prozent seiner endgültigen Größe erreicht. Dabei war lange schon jener gegenläufige Prozess von Produktion und Reduktion bekannt, bei dem eine zunächst angelegte Überfülle von neuronalen Verschaltungen unter dem Einfluss der je individuellen Erfahrungen dann wieder reduziert wird: Während der Embryonalzeit und der ersten 18 Lebensmonate findet eine »Überproduktion« von neuronalen Verbindungen statt, die dann in den nachfolgenden Jahren nach dem Prinzip des »use-it-or-loose-it« wieder eine deutliche Ausdünnung und Strukturierung erfahren. Nur etwa ein Drittel der einmal angelegten Verbindungen bleibt dauerhaft erhalten (vgl. Singer 2002, S. 83).

Heute jedoch geht man in der Gehirnforschung von einem »zweizeitigen Ansatz« der Gehirnentwicklung aus:

> »Die Entwicklungsphasen des Gehirns selbst sind zeitlich gestaffelt und erfolgen in zwei großen Wellen. Die eine beginnt mit der Geburt und entwickelt sich etwa bis zum fünften Lebensjahr, die zweite begleitet die Pubertät. In diesen Phasen wird die Verknüpfung von Nervenzellen kräftig forciert; nicht benötigte Verbindungen werden entsprechend stark eingeschmolzen.«

Jene zweite Welle der Gehirnentwicklung sieht Singer durch folgende Merkmale charakterisiert:

> »Die Bereiche der Großhirnrinde, die sich erst spät in der Evolution entwickelt haben, werden auch individuell spät ausgebildet. Diese erbringen

die komplexen kognitiven Leistungen, die beim Menschen ihre höchste Differenzierung erreicht haben. Dazu zählen die Fähigkeiten, die eigene Existenz in der Zeit zu begreifen, Handlungen aufzuschieben und von vorausgehenden Überlegungen abhängig zu machen, ein Konzept vom eigenen Ich zu entwickeln, sich in soziale Wertgefüge einzuordnen und moralische Verbindlichkeiten anzuerkennen« (ebd., S. 175).

Traditionell stammte das Wissen über den strukturellen Aufbau des Gehirns in unterschiedlichen Lebensaltern und auch über die funktionelle Bedeutung unterschiedlicher Gehirnregionen aus morphologischen und histologischen Untersuchungen an Gehirnen von Menschen, die in unterschiedlichen Lebensaltern verstorben waren und/oder die aufgrund von Verletzungen oder Tumoren im Gehirn spezifische motorische, sensorische, sprachliche oder psychische Ausfallerscheinungen hatten. Da es eine beträchtliche interindividuelle Variabiliät in den Feinheiten der Hirnstruktur und Hirnentwicklung gibt – so kann etwa das Gesamtvolumen des Gehirns bei gesunden, psychisch unauffälligen Kindern und Jugendlichen gleichen Alters bis zu 50% Differenz aufweisen (Konrad 2011, S. 126) –, blieben auf diesem querschnittlichen Weg die typischen Umbauprozesse im Gehirn, die während des Jugendalters stattfinden, weitgehend verborgen. Dann brachten die nichtinvasiven bildgebenden Verfahren neue und subtilere Möglichkeiten, die Entwicklung individueller Gehirne längsschnittlich in den Blick zu nehmen und die Veränderungen systematisch nachzuzeichnen.

Das National Institut for Mental Health in Bethesda, USA, startete 1991 unter der Leitung von Jay Giedd eine aufwendige Längsschnittstudie zur Gehirnreifung in Kindheit und Jugend. Die beteiligten Kinder und Jugendlichen wurden alle zwei Jahre zu umfangreichen genetischen, neurologischen und neuropsychologischen Untersuchungen einbestellt und von ihren Gehirnen wurden im Scanner jeweils Bilder gemacht. Insgesamt wurden im Rahmen dieser entwicklungsbegleitenden Studie inzwischen von mehr als 3000 Personen regelmäßige Hirnscans angefertigt, und so steht heute ein großer Datenpool zur Verfügung, um einerseits die typischen Verlaufsformen der Umgestaltungsprozesse, die im Laufe der Entwicklung unter dem Schädeldach stattfinden, nachzuzeichnen, und um andererseits nach markanten Abweichungen von diesem »normalen Entwicklungsweg« bei Kindern und Jugendlichen mit klinischen Auffälligkeiten forschen zu können (Giedd u. a. 1999, Giedd u. a. 2006, Giedd 2012).

Neben der Entwicklung des Hirnvolumens als erstem und schlichtestem Parameter galt die nächste Frage dem sich über den Entwicklungsverlauf hinweg verändernden Verhältnis von grauer und weißer Hirnsubstanz. Bei Schnitten durch das Hirn sind diese beiden »Grundsubstanzen«, aus denen das Gehirn aufgebaut ist, durchaus gut zu unterscheiden. »Graue Substanz« besteht überwiegend aus Nervenzellkörpern. Die »weiße Substanz« dagegen besteht aus Nervenfasern, aus jenen Milliarden von »Verbindungsleitungen«, mit denen die Nervenzellen untereinander in Kontakt stehen. Diese werden im Laufe der Hirnreifung von einer fetthaltigen Myelinschicht umkleidet, welche sie wesentlich »schneller« und damit leistungsfähiger macht.

Hier ergaben die Auswertungen der Hirnscanbilder nun, dass die Entwicklungslinie der grauen und der weißen Substanz unterschiedlich verläuft. Während die Kurve für die weiße Substanz eine linear ansteigende ist, die dann erst Mitte der zwanziger Jahre immer flacher wird, hat die Kurve für das Volumen der grauen Substanz einen umgekehrt U-förmigen Verlauf, d. h. nachdem ein Volumensmaximum erreicht ist, kommt es wieder zu einem Rückgang des Volumens an grauer Substanz im Gehirn. Die Veränderung im Hinblick auf das Volumen der weißen Substanz wird in erster Linie mit der fortschreitenden Myelinisierung der Axone in Verbindung gebracht.

Im Hinblick auf die graue Substanz ist es von besonderem Interesse, dass deren reifungsbedingter Rückgang nach Erreichung des Maximums nicht in allen Gehirnregionen gleichmäßig und parallel verläuft, sondern gewissermaßen zeitlich verschoben. Während das Maximum an »grauer Substanz« im Parietallappen bei Mädchen durchschnittlich bereits mit 10,2 Jahren und bei Jungen mit 11,8 Jahren erreicht wird, tritt es im Frontallappen mit 11,0 bzw. 12,1 Jahren auf und im Temporallappen erst mit 17,7 bzw. 16,2 Jahren (Giedd u. a. 2006, S.155). Inzwischen gibt es sogar animierte Filme, in denen auf der Datenbasis der NIMH-Studie farblich markiert sehr detailliert der zeitliche Verlauf der Hirnreifung über die gesamte Oberfläche des Kortex hinweg durch den entsprechenden Wechsel der Einfärbung nachverfolgt werden kann. Insgesamt besteht dabei ein Trend in dem Sinne, dass die Hirnreifung gewissermaßen »von hinten nach vorne« voranschreitet. Während die sensorischen und die motorischen Areale des Neokortex bereits in den ersten Lebensjahren vollständig myelinisiert werden, findet eine entsprechende Verbesserung der Leitungseigenschaften der Axone im Bereich jener Regionen des Frontalkortex, die in besonderer Weise mit den spezifisch humanen Errungenschaften des Ich-Bewusstseins, der Empathie, der Handlungsplanung und der Impulskontrolle zu tun haben, bis ins späte Jugendalter hinein statt.

Des Weiteren wurde in jenen Regionen auch ein besonderer Verlauf der synaptischen Dichte, d. h. der Anzahl der synaptischen Verbindungen pro Volumenseinheit festgestellt. Während in den motorischen und sensorischen Arealen des Hinterhaupts- und Scheitellappens die Prozesse der Reduktion, des »Prunings«, der »überzähligen« synaptischen Verbindungen bereits in der Kindheit abgeschlossen sind, kommt es zu Beginn der Pubertät im präfrontalen Kortex zunächst noch einmal zu einer neuronalen Proliferation und zu einer entsprechenden Zunahme der Synapsendichte, bevor dann auch hier in den folgenden Jahren die Prozesse des »Auskämmens« einsetzen, die zu einem allmählichen Rückgang der Synapsendichte führen. Diese Reorganisation im Sinne der Beschränkung auf eine geringere Anzahl von dafür leistungsfähigeren Verbindungen ist nach Blakemore und Choudhury (2006, S. 12) essentiell für das »fine-tuning« der neuronalen Netzwerke und sie zieht sich gerade im frontalen Kortex bis in die Mitte des dritten Lebensjahrzehnts hin. Dem entspricht auch die erstaunliche Tatsache, dass trotz der zweifellos zunehmenden mentalen Leistungsfähigkeit bei den längsschnittlichen Untersuchungen häufig gleichzeitig ein Rückgang der gemessenen neuronalen Aktivitäten in den präfrontalen Regionen bei der Bearbeitung der einschlägigen Testaufgaben festgestellt wurde. Dieser Rückgang wird mit den nunmehr »effektiveren«, weniger Energie beanspruchenden Arbeitsmodi des gereiften Gehirns erklärt.

Nicht nur auf der strukturellen Ebene, der Verteilung von grauer und weißer Substanz, der Veränderung der synaptischen Dichte und der Verstärkung der Myelinschichten gibt es markante Veränderungen im Laufe des Jugendalters. Untersuchungen mittels der Elektroenzephalographie (EEG) oder mittels der funktionellen Magnetresonanztomographie (fMRT), die die Regionen erhöhter neuronaler Aktivität bei der Reaktion auf spezifische Stimuli oder bei der Bearbeitung spezifischer Aufgabentypen sichtbar machen, haben gezeigt, dass die Gehirne der Jugendlichen auch in manchen Hinsichten etwas anders arbeiten als die von Kindern einerseits oder die von Erwachsenen andererseits. Bisweilen sind bestimmte Hirnregionen, denen traditionell die »Zuständigkeit« für bestimmte kognitive Diskriminierungs-/Ordnungs-/Bewertungs- oder Inhibitionsleistungen zugeschrieben wird, bei entsprechenden Testaufgaben bei Jugendlichen noch nicht in dem Maße aktiviert wie später bei Erwachsenen, bisweilen sind bei ihnen aber auch noch andere Regionen mit aktiv.

Im Hinblick auf das Jugendalter steht vor allem der präfrontale Kortex als jene Gehirnregion, die in besonderer Art und Weise mit höheren kognitiven und sozialen Funktionen wie Selbstbewusstsein, Identitätsgefühl, Planungsfähigkeit, Risikoabschätzung, Impulskontrolle, Empathie, moralischem Bewusstsein, Gewissen etc. zu tun hat, im Mittelpunkt des Interesses. Einerseits weiß man, dass dies die Gehirnregion ist, die mit am spätesten ausreift, andererseits ist es so, dass die genannten Funktionen, die hier »verortet« werden, in besonderer Art und Weise kritische Entwicklungsthemen von Jugendlichen darstellen.

In gewissem Sinn könnte man auch sagen, es geht bei jenen Funktionen, die mit der Ausreifung des präfrontalen Kortex in

Verbindung gebracht werden, im Prinzip – und mit Spranger gesprochen – darum, wie sich das »Königs-Ich« aus der Vielfalt der möglichen Iche herausbildet, wie es die Führung übernimmt, wie es Kontur gewinnt, indem es seine Interessen und Aktivitäten fokussiert, sein Tun und Lassen an langfristigen Zielen und persönlichen Ansprüchen und verbindlichen Werten ausrichtet.

Besonders angetan haben es den Forschern dabei die sogenannten »exekutiven Funktionen« und unter ihnen wiederum vor allem die Hemmung, die Inhibition von störenden, ablenkenden, Impulsen:

> »In der Entwicklung der verschiedenen exekutiven Funktionen wird die Ausbildung der Inhibitionsleistung von einer Reihe von Autoren als der entscheidende Entwicklungsschritt gesehen, welcher als Voraussetzung anderer wichtiger psychischer Funktionen dient, nämlich unter anderem von längerfristigem Planen (Unterdrückung ablenkender Reize, Luna et. al 2010), reifem Sozialverhalten (Selbstbeherrschung, evtl. Unterdrückung von Aversionen im sozialen Umgang durch Ausblenden von Gesichtsausdruck, Passarotti et al. 2009) sowie der zweckmäßigen Einschätzung von Belohnung und Risiko (Geier et.al. 2010)« (Mohr 2011, S. 144).

Nun ist es sicherlich so, dass die Fokussierung auf Wesentliches und die Unterdrückung von störenden, ablenkenden Impulsen bisweilen förderlich für das eigene Vorankommen ist, und natürlich ist es gerade im Hinblick auf ein verträgliches Zusammenleben notwendig, dass aggressive Impulse von den Betroffenen nicht stets umstandslos ausagiert werden. Schon Freud hatte die Ersetzung des Lustprinzips durch das Realitätsprinzip als wesentliches Reifekriterium benannt. Dennoch erstaunt die zentrale Stellung, die die Inhibitionsleistung in diesem Entwicklungskonzept einnimmt, sowie die nicht weiter reflektierte normative Tendenz, mit der »Inhibition« per se und ganz selbstverständlich als das Günstigere, Wünschenswertere, Angemessenere beurteilt wird. Denn natürlich gibt es auch eine übermäßige, problematische Hemmung von Spontaneität, Expressivität, Genussfähigkeit und Lebenslust und eine »ungesunde«, »bedenkliche« Überanpassung an Konventionen, Ordnungen, gesellschaftliche Erwartungen, Funktionalitätsanforderungen etc.

Bei Crone, die diese Forschungsbefunde zum Thema »Inhibition« und »Interferenz« in ihrem Buch »Das pubertierende Gehirn« (Crone 2011) präsentiert, sind immer wieder auch Fallbeispiele eingestreut, welche jene vermeintlich typischen Verhaltensweisen Jugendlicher, die nun mittels der Hirnforschung besser verständlich gemacht werden sollen, illustrieren. Zum Thema »Mangel an Impulskontrolle« wird gleich einleitend das Beispiel der 15-jährigen Susanne erzählt, die sich, angestachelt von einer Freundin, spontan dazu hinreißen lässt, das Geld, das sie von ihrer Mutter für eine neue Winterjacke bekommen hatte, statt in ein solches Kleidungsstück, in ein Piercing zu investieren, obwohl sie wusste, dass ihre Eltern ein klares Verbot gegenüber dieser Art von Körperschmuck ausgesprochen hatten. Dieses »pubertäre Fehlverhalten« wird nun als Ausdruck einer »entwicklungsbedingten neuronalen Dysfunktion«, eines Mangels an Impulskontrolle interpretiert:

> »Als sie vor dem Piercing-Laden gestanden hatte, war bei ihr die Hirnregion, die auf riskante Verhaltensweisen zusteuert, aktiver als diejenige, die sie zum Nachdenken über die Konsequenzen ihres Tuns veranlasst. In diesem Fall führte das Ungleichgewicht zu einer impulsiven Aktion, von der Susannes Eltern alles andere als begeistert waren« (Crone 2011, S. 15).

Dieses Beispiel ist in gewissem Sinne typisch für die im Zusammenhang mit der Popularisierung der Neurowissenschaft immer wieder auftauchende Tendenz, aus sehr spezifischen und hochartifiziellen Laborexperimenten – über deren »ökologische Validität« man durchaus streiten kann – weitreichende Schlüsse und Interpretationen über die Hintergründe von Alltagshandlungen abzuleiten.

Dass die Zusammenhänge zwischen bestimmten neuronalen Entwicklungsprozessen und bestimmten kognitiven Leistungen (und natürlich erst recht zwischen konkreten, situativen Handlungsweisen Jugendlicher) in der Regel sehr viel komplexer und unsicherer sind, zeigt Mohr, der auf der Basis der bisherigen, sehr uneinheitlichen Befundlage von fMRT-Studien zur Rolle des präfrontalen Kortex bei der Entwicklung der kognitiven Kontrolle von Jugendlichen vier unterschiedliche Hypothesen diskutiert und dann schließlich zu folgendem Fazit kommt:

> »Zusammenfassend ergibt sich noch kein eindeutiges Bild von der Rolle des PFK in der Entwicklung von exekutiven Funktionen. Viele Studien mit Verhaltensdaten weisen darauf hin, dass unterschiedliche Aspekte der Exekutiven Funktionen und Inhibitionsleistungen sich von der Kindheit über die Adoleszenz bis ins Erwachsenenalter hinein kontinuierlich verbessern« (Mohr 2011, S. 151).

Während das Thema »Impulskontrolle« recht offensichtlich eines von erheblicher Relevanz für das Jugendalter ist, hat sich die Forschung zum Thema »Teenage Brain« auch mit einigen spezifischeren kognitiven Leistungen und deren neuronaler Repräsentation befasst, die bisher kaum auf der Agenda der Jugendforschung standen. Eine der elementarsten und selbstverständlichsten Voraussetzungen, um sich in sozialen Kontexten angemessen bewegen zu können und um das eigene Kommunikationsverhalten sinnvoll steuern zu können, ist die schnelle und möglichst korrekte Erfassung des Emotionsausdrucks auf den Gesichtern der Mitmenschen. In der Regel sondieren wir stets unbewusst und intuitiv unsere soziale Umwelt nach entsprechenden Signalen. Gerade für Jugendliche ist die Frage der Anerkennung durch Gleichaltrige, ob sie bei den bedeutsamen Anderen also als »cool«, »tough«, »smart«, nett oder aber als langweilig, nervig, schräg etc. gelten, eine zentral bedeutsame Angelegenheit. Aber auch im Hinblick auf den Umgang mit Erwachsenen ist es von höchster Bedeutung, ob sie deren Auftreten ihnen gegenüber als freundlich oder feindselig, als respektvoll oder rücksichtslos, als authentisch oder aufgesetzt erleben. Nicht selten sind sie befangen oder verunsichert, was ihre Wirkung auf andere anbelangt und entsprechend tun sie sich bisweilen schwer mit der korrekten Einschätzung und Interpretation sozialer Gegebenheiten.

Das Wahrnehmen und Wiedererkennen von menschlichen Gesichtern sowie die Einschätzung und Bewertung des Gesichtsausdrucks ist eine höchst komplexe menschliche Leistung, die die Gehirnforschung schon lange beschäftigt. Denn um in sozialen Kontexten angemessen handeln zu können, muss ständig das Ausdrucksverhalten der anderen »gescannt« und bei der Planung der eigenen Kommunikationsbeiträge und Handlungsweisen berücksichtigt werden. Da der mimische Ausdruck der menschlichen Grundemotionen – wie von Paul Ekman detailliert erforscht – universell recht einheitlich ist, lag es nahe, Probanden unterschiedlichen Alters im fMRT-Scanner entsprechende Gesichtsbilder zu präsentieren, sie um eine Einordnung der auf den Bildern gezeigten Emotionen zu bitten und zugleich zu verfolgen, welche Hirnregionen dabei jeweils in besonderer Weise aktiviert werden.

Eine Forschergruppe um Robert McGivern hat eine Studie durchgeführt, um die Unterschiede in dieser speziellen Dimension der kognitiven Leistung in Abhängigkeit vom Alter und damit von der Gehirnentwicklung zu untersuchen. Und hier zeigte sich ein interessante Differenz in der Art der neuronalen Informationsverarbeitung in unterschiedlichen Altersgruppen: Während die neuronalen Verarbeitungsprozesse bei der Einschätzung der emotionalen Gesichtsausdrücke bei Erwachsenen primär über den präfrontalen Kortex liefen, also offensichtlich eine abwägende, differenzierende Einordnung und Bewertung vorgenommen wurde, war bei den Pubertierenden hier vornehmlich ein anderes Areal aktiv, nämlich der Mandelkern, jene Region, die eher für unmittelbare, unreflektierte, schnelle Instinkt- und Abwehrreaktionen gegenüber potentiell bedrohlichen Reizen zuständig ist. Wenn somit die Wahrnehmung und Bewertung des Ausdrucksverhaltens des Kommunikationspartners bei Jugendlichen eher stimmungsabhängig und wenig präzise »aus dem Bauch heraus« erfolgt, dann mögen allerhand Kommunikationsverzerrungen und Missverständnisse die Folge sein. Etwa wenn ein Jugendlicher eine besorgte Nachfrage seitens der Eltern gleich als harsche Kritik wahrnimmt und sich seinerseits dann lautstark und heftig darüber empört, dass er schon wieder grundlos »angemotzt« worden sei (vgl. McGivern u. a. 2002).

Den wohl wichtigsten und interessantesten Fokus hat die neue neurowissenschaftliche Jugendforschung im Bereich der Jugendrisikoforschung, also bei der Suche nach den Hintergründen dafür, dass Jugendliche sich in deutlich höherem Maß als etwa Kinder oder Erwachsene auf potentiell gefährliche Verhaltensweisen einlassen und somit einem erhöhten Risiko unterliegen, in Situationen zu geraten, bei denen sie selbst oder andere Schaden nehmen. Im Internet kursieren auf Youtube diverse »Fail Compilations«. Sammlungen also von gefilmten missglückten Versuchen meist jugendlicher Akteure, besonders spektakuläre Sprünge, Fahrten, Rutsch-, Skate-, Kletter-, Schaukelaktionen oder sonstige akrobatische Übungen und verwegene Stunts, bei denen die Schwerkraft herausgefordert wird, zu vollführen. Diese Sammlungen stellen ein durchaus interessantes Studienmaterial im Hinblick auf das Thema »jugendliche Risikobereitschaft« dar. Man staunt beim Betrachten über die schier grenzenlose Phantasie der Protagonisten, ohne jede äußere Not mit teils bizarren, aber stets waghalsigen Aktionen nach dem Motto »No risk, no fun« Kopf und Kragen zu riskieren. (Inzwischen hat zwar auch das Motto »You only live once – YOLO« in der Jugendszene eine ziemliche Verbreitung gefunden. Dieses ist jedoch weniger als Ausdruck einer neuen Tendenz zu Vorsicht und Sicherheitsdenken bei Jugendlichen zu interpretieren, sondern eher als Ermunterung und Rechtfertigung, bei Konflikten zwischen Realitäts- und Lustprinzip letzterem zu folgen. Und die lustorientierten Kicks sind dann eben nicht selten auch die risikobehafteten, die das so kostbare und eben nur ein einziges Mal zur Verfügung stehende Leben in Gefahr bringen).

Als außenstehender »rationaler« bzw. sicherheitsorientierter erwachsener Beobachter fragt man sich, was junge Menschen dazu treibt, ihre Gesundheit in solch haarsträubenden Aktionen so leichtfertig aufs Spiel zu setzen. Da jenseits des zweifelhaften Unterhaltungswertes der entsprechenden Videoclips auch viel reales Leid und hohe psychosoziale und volkswirtschaftliche Kosten mit der erhöhten Risikobereitschaft und Risikoneigung Jugendlicher verbunden sind, gibt es schon seit längerem Versuche, die Ursachen dafür herauszufinden, und auf dieser Basis dann entsprechende Aufklärungs- und Präventionsprogramme zu entwickeln. So wurde spekuliert, dass es daran liegen könnte, dass Jugendliche einfach noch nicht über die differenzierte Wahrnehmungsfähigkeit verfügen, um die Risiken einer Situation angemessen einzuschätzen, oder dass ihre kognitive Informationsverarbeitung irgendwie anders läuft und sie deshalb zu anderen Situationsbewertungen kommen, oder aber, dass sie Risiken deshalb unterschätzen, weil sie sich in ihrem jugendlichen Narzissmus (unbewusst) schlicht für unverwundbar halten. Die empirischen Befunde zur kognitiven Leistungsfähigkeit von Jugendlichen, etwa zur differenzierten Situationswahrnehmung, zum logischen Denken, aber auch zur korrekten Einschätzung und realistischen Gewichtung unterschiedlicher Risiken zeigen aber, dass es hier jenseits des Alters von 16 Jahren kaum Unterschiede zwischen Jugendlichen und Erwachsenen gibt.

Lawrence Steinberg, der wohl bedeutendste Forscher in diesem Feld der Jugendrisikoforschung, hat die entsprechenden Studien gesichtet und kommt zu dem Ergebnis:

> »In sum, adolescents' greater involvement than adults in risk-taking does not stem from ignorance, irrationality, delusion of invulnerability, or faulty calculations (...) The fact that adolescents are knowledgeable, logical, reality-based and accurate in the ways in which they think about risky activity – or at least as knowledgeable, logical, reality-based, and accurate as their elders – but engage in higher rates of risky behavior than adults raises important considerations for both, scientists and practitioners« (Steinberg 2008, S. 80).

Das Ganze stellt somit für ihn nicht primär ein kognitives Problem dar, das über entsprechende Aufklärung und Informationsvermittlung zu lösen wäre, sondern hat andere und tiefere Wurzeln, die eher im emotionalen und sozialen Bereich zu suchen sind. Von daher bemüht er zur Erklärung auch nicht die populäre Metapher von der »Gehirnbaustelle«, die doch stets mit Assoziationen von

»Störung«, »Ausfall«, »eingeschränkter Funktionalität« verknüpft ist, sondern geht von einer »Inbalance«, einem Ungleichgewicht bzw. einer Ungleichzeitigkeit in der Reifung zentral bedeutsamer neuronaler Teilsysteme menschlicher Verhaltenssteuerung aus. Demnach kommt es mit der Pubertät zu relativ plötzlichen und starken Veränderungen im sozio-emotionalen Teilsystem des Gehirns, das heißt, in jenen dopaminergen Regionen, die vor allem die Amygdala, den Nucleus Accumbens, den orbifrontalen Kortex und den medialen präfrontalen Cortex umfassen, die mit Lustempfinden und Belohnungserleben zu tun haben und die damit für die affektiven Bewertungen und die motivationalen Impulse besonders bedeutsam sind. Steinberg diskutiert in diesem Zusammenhang die Hypothese eines temporären »reward deficiency syndroms«, d. h. eines durch die pubertätsbedingten Veränderungen im Gehirn ausgelösten Zustandes, in dem die bis dahin als anregend und befriedigend erlebten sozialen, spielerischen, sportlichen, musischen Aktivitäten der Kindheit mehr und mehr ihre Reize verlieren und gewissermaßen ein Hunger nach stärkeren, erregenderen Stimuli entsteht, um subjektiv wieder ein adäquates Belohnungserleben zu verspüren.

Dagegen verläuft der adoleszentäre Reifungsprozess des kognitiven Kontrollsystems, das primär im lateralen präfrontalen Kortex und im parietalen Assoziationskortex und im anterioren cingulären Kortex verortet ist, sehr viel langsamer und gradueller. Durch diese Ungleichzeitigkeit der Entwicklungslinien entsteht nach Steinberg ein »maturity gap«, eine Lücke, welche die besonderen Risikotendenzen des Jugendalters erklärt:

> »The differing timetables of this changes – the increase of reward-seeking, which occurs early and relatively abrupt, and the increase of self-regulatory competences, which occurs gradually and is not complete until the mid-20s, make mid-adolescence a time of heightened vulnerability to risky and reckless behavior« (ebd., S. 83).

Dabei ist die Position von Steinberg weniger die eines reinen »Neurobiologen«, sondern die eines Entwicklungspsychologen, der sich für die zwei zentralen Fragen, warum das Risikoverhalten beim Menschen kulturübergreifend mit der Pubertät zu- und mit dem Erwachsenenalter wieder abnimmt, interessiert, und nach den dahinter liegenden grundlegenden, evolutionär entstandenen und cerebral verankerten Tiefenstrukturen sucht. Er selbst bezeichnet seinen Standpunkt als den einer »social neuroscience perspective«, warnt vor einem »brain overclaim« (ebd., S. 81) und spricht eher vorsichtig von dem »tale of the two brain systems« (ebd., S. 82). Er hat aber gleichzeitig den Anspruch, dass eine zeitgemäße psychologische Theorie des jugendspezifischen Risikoverhaltens vereinbar sein sollte mit dem, was heute über die neurobiologischen Entwicklungsprozesse in jenem Alter bekannt ist. Und bekannt ist aus der Gehirnforschung, dass ein Anstieg der dopaminergen Aktivitäten in den genannten Regionen des Belohnungssystems in der Regel mit einem erhöhten Grad von Aufmerksamkeit auf potentiell lustvolle Stimuli, nach neuen, aufregenden Reizen, aber auch mit einer allgemein leichteren emotionalen Erregbarkeit und mit einer größeren Aufmerksamkeit auf soziale Informationen einhergeht. Dagegen werden jene Regionen, die dem kognitiven Kontrollsystem zugeordnet sind und die durch die langsamere Myelinisierung später ausreifen, vor allem mit Impulskontrolle, Voraussicht, Planungsfähigkeit und der Koordination von Emotionen und Kognitionen in Verbindung gebracht.

Ausdrücklich betont Steinberg, dass er jenes »maturity gap«, jene Ungleichzeitigkeit der neuronalen Entwicklungstendenzen, die dazu führt, dass die Lust auf Neues, Aufregendes, auf »action«, »kick« und »thrill« früher und schneller ansteigt als das Bedürfnis nach Sicherheit, Berechenbarkeit, Verlässlichkeit oder die Fähigkeit zur sorgfältigen Planung und bedachtsamen Risikoabwägung, nicht für ein Defizit oder gar für eine »Pathologie« hält, sondern für etwas, das evolutionär entstanden ist und unter dieser Perspektive durchaus Sinn macht: Es befördert einerseits die um diese Zeit notwendige Loslösung des Individuums aus dem familiären Kontext, und es dient andererseits bei der ebenfalls um diese Zeit anstehenden Partnersuche. Denn diese hat ja auch tendenziell mit Wagnis, mit dem Sich-Einlassen-auf-Neues, zu tun. Dass Mut, Kühnheit, Unerschrockenheit gerade bei Männern deren Attraktivität für das weibliche Geschlecht erhöht, ist Gegenstand unzähliger Mythen, Märchen, Sagen, Romane und Heldenfilme bis in die Gegenwart.

So spannend die Befunde und Deutungen aus dem neuen Feld der »research on teenage brain« sind, inzwischen gibt es auch deutliche Kritik am neuen Boom der These von der »Gehirnbaustelle« als Ursache für die »Chaostendenzen« im Jugendalter. So meint etwa Robert Epstein, »dass jenes angebliche unreife Teenagergehirn, das den Jugendlichen so große Probleme bereitet, nichts weiter ist als ein Mythos« (Epstein 2009, S. 42). Ähnlich wie schon Margret Mead, die 1928 ihr berühmtes Buch »Coming of Age in Samoa« nicht zuletzt deshalb veröffentlicht hat, um ihren Landsleuten zu zeigen, wie harmonisch die Adoleszenz in anderen kulturellen Verhältnissen verlaufen kann und wie sehr die »Jugendrebellion« ein Phänomen westlicher Gesellschaften ist (vgl. Mead 1928), argumentiert auch Epstein vor allem kulturvergleichend und betont, dass die beklagten Phänomene in Wirklichkeit als Folge der kulturellen Infantilisierung der Heranwachsenden in modernen Gesellschaftsformationen verstanden werden müssten, also als Folgen des Umstandes, dass die Heranwachsenden dort länger als jemals in der Geschichte (und länger als ihnen gut tut) von verantwortungsvollen Aufgaben und Bewährungen sowie von ernsthafter gesellschaftlicher Teilhabe ausgegrenzt werden. Eingesperrt in das »Ghetto der Altersgleichen« und allein mit der Aufgabe konfrontiert, schulische Lernpensen zu absolvieren, sei ihnen sowohl die wichtige Erfahrung, für Andere nützlich zu sein, als auch die Erfahrung, in alltäglicher sachlicher Kooperation mit Älteren Lebenserfahrung zu sammeln, weitgehend verwehrt. Erst die vor diesem Hintergrund entstandene künstliche Ersatzwelt der modernen »Teenagerkultur« mit ihren Moden, Eskapaden und Exaltiertheiten habe dann jene Phänomene und Probleme hervorgebracht, die nun mit der »Gehirnumbauthese« erklärt werden sollen. In der Tat sollte man aus einer rein neurobiologischen oder evolutionsbiologischen Perspektive ja erwarten, dass die entsprechenden alterstypischen Phänomene und Entwicklungsprozesse universell relativ gleichartig ablaufen.

VI

Soziologische Positionen

22

Jugend als »gesellschaftliches Konstrukt«

Gewissermaßen den diametralen Gegenpol zur Betrachtung der jugendtypischen Erscheinungen als Ausdruck biologischer Gegebenheiten, von hormonalen Einflüssen und neuronalen Umbauprozessen stellt jene Perspektive dar, die Jugend als genuin soziales Phänomen betrachtet, als ein Teilsegment der Gesellschaft, in dem sich in besonderer Weise Aspekte des jeweiligen gesellschaftlich-kulturellen Entwicklungsstandes bzw. des »Zeitgeistes« verdichten, und aus dem gleichzeitig besonders wichtige Impulse für die Kritik und Weiterentwicklung der Gesellschaft und der Kultur entstehen. Hier geht es nun gerade nicht mehr um das Biologische, Naturgegebene, Entwicklungsbedingte und Wesenhafte dieser Lebensphase, sondern es geht um die ökonomischen, historischen und gesellschaftlichen Voraussetzungen, die es überhaupt erst ermöglichen, dass sich so etwas wie eine »Jugendphase« als Spielraum für Identitätsentwürfe und eigenständige Formen des »Jugendlebens« und der »Jugendkultur« und damit der sozialen Gesellung und der ästhetischen Artikulation des gesellschaftlichen Nachwuchses herausbilden konnte.

Seiner Einführung in die Grundlagen und Theorien der Jugendsoziologie stellt Albert Scherr die soziologische Überzeugung voran,

> »dass man gesellschaftliche Verhältnisse in den Blick nehmen muss, wenn man verstehen und erklären will, warum sich Jugendliche so verhalten, wie sie es tun. Gegenüber Erklärungen, die auf die Erbanlagen, die Hormone oder die angeblich zu allen Zeiten gleiche menschliche Psyche hinweisen, sind Soziologen – aus guten Gründen – misstrauisch« (Scherr 2009, S. 16).

Dagegen interessiere sich die Jugendsoziologie vor allem dafür, wie die Jugend als eine Lebensphase im Kontext der gesellschaftlichen Ordnung der Altersgruppen eingebunden ist und welche Rechte und Pflichten, welche Optionen und Limitationen ihr in der jeweiligen Gesellschaft zugewiesen werden. Weiterhin geht es um die Frage, welche Auswirkungen die jeweils gegebenen gesellschaftlichen, politischen und wirtschaftlichen Bedingungen auf die Entfaltungs- und Gestaltungsspielräume der Jugendlichen haben und wie sich die Lebens- und Entwicklungsbedingungen der Jugendlichen, je nachdem aus welcher sozialen Position und aus welchem gesellschaftlichen Milieu ihre Herkunftsfamilie stammt, unterscheiden. Von Interesse ist dabei weiterhin, wie die Prozesse und Praktiken ablaufen, in denen Jugendliche sich als eigene »Jugendkultur« organisieren und sich von der Erwachsenengesellschaft abgrenzen. Schließlich geht es darum, wie die Erwachsenengesellschaft die diversen Problemlagen Jugendlicher wahrnimmt und deutet und mit welchen jugend- und sozialpolitischen Maßnahmen sie ihnen zu begegnen versucht (vgl. ebd. S. 18).

Die Rede davon, dass etwas »ein Konstrukt« bzw. »eine soziale Konstruktion« sei, ist in der gegenwärtigen Sozialwissenschaft sehr geläufig. Bezüglich so elementarer Sachverhalte wie »Kindheit«, »Mutterschaft«, »Familie«, »Behinderung«, »Krankheit«, »Geschlecht«, »Wahnsinn« wurde und wird immer wieder die Frage aufgeworfen, inwieweit es sich dabei um elementare anthropologische und soziale Tatsachen oder aber vielmehr um »Konstrukte« handle. Ian Hacking hat in einem lesenswerten Buch mit dem Titel »Was heißt ›soziale Konstruktion‹? – Zur Konjunktur einer Kampfvokabel in den Wissenschaften« (Hacking 1999) diesen Trend einer recht differenzierten Analyse unterworfen. Als gemeinsame Merkmale der Rede davon, dass X ein »Konstrukt« sei, hat er dabei die folgenden Merkmale hervorgehoben: »Die Existenz oder Beschaffenheit von X ist nicht vom Wesen der Dinge festgelegt. X ist nicht zwangsläufig. X verdankt seine Existenz oder Ausprägung sozialen Ereignissen und Kräften, einer Geschichte, die durchaus auch hätte anders verlaufen können« (ebd., S. 20).

Die These von der »Jugend als einem Konstrukt«, die in der jüngeren Diskussion zum Thema Jugend ziemlich populär geworden ist, radikalisiert gewissermaßen die These von der historischen Wandelbarkeit und damit von der gesellschaftlichen Relativität von Jugend. In dieser Perspektive ist Jugend überhaupt keine anthropologische Grundgegebenheit mehr, keine durch biologische Reifungsvorgänge ausgelöste Entwicklungsphase, sondern eine Vorstellung, die in einem bestimmten historischen Kontext entsteht und dort aus bestimmten Gründen Relevanz gewinnt. In einer berühmten Formulierung hat Musgrove diese Sicht von Jugend als eine Erfindung der bürgerlichen Gesellschaft folgendermaßen zugespitzt: »Die Jugend wurde zur selben Zeit erfunden wie die Dampfmaschine. Der Konstrukteur der letztgenannten war Watt im Jahre 1765, der Erfinder der erstgenannten Rousseau im Jahre 1762« (Musgrove 1966, S. 33). Etwas abgemildert heißt es in Münchmeiers Text »Jugend als Konstrukt«:

VI Soziologische Positionen

»Jugend, wie wir sie heute kennen, als eigene Lebensphase zwischen Kindheit und Erwachsensein, mit eigenen Ordnungen und Aufgaben, ist ein Produkt und Projekt der europäischen Moderne seit dem Beginn des Industrialisierungsprozesses im 19. Jahrhundert« (Münchmeier 1988, S. 104).

Und selbst bei einem Autor wie Fend, der ein maßgebliches Lehrbuch der Entwicklungspsychologie des Jugendalters verfasst hat, heißt es an einer Stelle: »Die Etablierung der Lebenslaufphase ›Jugendzeit‹ ist ein Ergebnis des gesellschaftlichen Modernisierungsprozesses« (Fend 1988, S. 184).

Bekannt geworden sind vor allem die sozialhistorischen Relativierungen von Kindheit durch die Bücher von Ariès, deMause und Postman. In plakativer Verkürzung gehört die Behauptung, dass es »im Mittelalter keine Kindheit gegeben hätte«, dass Kinder damals »wie kleine Erwachsene« betrachtet und behandelt worden wären und dass in unserer Zeit durch den Einfluss der Bildmedien die Kindheit schließlich wieder am Verschwinden sei, zu den nicht ganz unproblematischen, weil allzu verkürzten Lieblingsprüfungsthesen heutiger PädagogikstudentInnen. Wenn also schon die Kindheit in ihrer gesamten Existenz oder Nichtexistenz angeblich so sehr von gesellschaftlichen Rahmenbedingungen abhängig ist, um wie viel mehr muss dies dann erst auf die Jugend zutreffen, die ja nun ganz offensichtlich in sehr viel größerem Maße am historischen Prozess teilhat. In dieser sozialkonstruktivistischen Sicht werden dann bisweilen alle traditionellen Beschreibungen, die die Erscheinungen des Jugendalters auf biologische, entwicklungsbedingte Hintergründe zurückführen, als ideologische Konstrukte »dekonstruiert«, also »entlarvt« und zurückgewiesen: So ist zum Beispiel bei Stone/Church zu lesen:

>»Viele Autoren haben die mit der Pubertät einhergehende physiologische Umwälzung für die Turbulenz dieses Alters verantwortlich gemacht, und unter bestimmten Umständen auch die Diskrepanz zwischen der sexuellen Reife des Jugendlichen und seiner geistigen Unreife. Inzwischen erscheint es als offensichtlich, daß diese Erklärung nicht stichhaltig ist. Einmal gibt es Gesellschaften, und auch Teile unserer eigenen Gesellschaft, in denen

das Jugendlichenalter keine Sturm- und Drangzeit ist. Obwohl alle jungen Menschen die körperlichen Veränderungen der Adoleszenz erfahren, zeigen also nur Jugendliche bestimmter Kulturen das Verhalten, das wir als charakteristisch für dieses Alter ansehen. ... Wir sind daher gezwungen, die Adoleszenz als ein kulturelles Phänomen anzusehen, das in der Art und Weise begründet ist, in welcher die Menschen in den europäischen Gesellschaften die Tatsache des körperlichen Heranreifens auffassen« (Stone & Church 1978, 221f.).

Und sie kommen schließlich zu dem Fazit:

»Die wesentliche, aus dem Vergleich unserer Kultur mit anderen Kulturen hervorgehende Tatsache ist, daß die psychische Adoleszenz nicht eine selbstverständliche Folge der physischen Adoleszenz, sondern ein Kulturphänomen ist, hervorgerufen durch eine Verzögerung in der Annahme von Erwachsenenrollen« (ebd., S. 223).

Neben der historischen Dimension wird hier auch noch die kulturvergleichende, ethnologische Dimension als Argument für die gesellschaftliche Konstruktion von Jugend ins Feld geführt. Wenn Jugend aus dieser Perspektive also kein naturgegebener Sachverhalt ist, sondern eher ein komplexer Vorstellungs-, Erwartungs-, Zumutungs-, und Möglichkeitsraum, den die »herrschende« erwachsene Majorität der Gesellschaft für ihren Nachwuchs bereit hält, dann stellt sich natürlich die Frage, unter welchen gesellschaftlichen Bedingungen die Schaffung eines solchen Raumes und damit die Ausgestaltung einer Jugendphase als eines psychosozialen Moratoriums gesellschaftlich notwendig oder zumindest nahe liegend wird.

Schaut man auf unterschiedliche traditionelle und moderne Gesellschaftsformationen, dann ergibt sich ein auffälliger Zusammenhang: Je traditionsgebundener, »archaischer« und damit auch je statischer, in sich selbst ruhender eine Gesellschaft ist, desto weniger gibt es dort so etwas wie ein »psychosoziales Moratorium« als einen Experimentierraum, in dem die Jugendlichen ihr eigenes jugendkulturelles Leben entfalten können und dabei noch von der vollen Last der gesellschaftlichen Verpflichtungen freigestellt sind; umso abrupter und schockartiger, gleichzeitig umso organisierter und ritualisierter verläuft dort dann der Übergang vom Status des Kindes zu dem des vollwertigen erwachsenen Gesellschaftsmitgliedes. In der Regel wird dieser Übergang in solchen archaischen Gesellschaften durch »Initiationsriten« inszeniert und symbolisch bekräftigt.

Je »moderner« eine Gesellschaft ist, und das heißt eben auch je dynamischer, offener, fortschrittsorientierter, desto mehr verlieren offizielle »Initiationsrituale« in ihr an Bedeutung, desto gestreckter und gradueller ist der Übergang in den Erwachsenenstatus und desto mehr Entfaltungs- und Experimentierraum wird gleichzeitig dem Nachwuchs zugestanden, um seine eigenen Lebensformen, Umgangsweisen und Weltsichten zu entwickeln.

Der Ethnopsychoanalytiker Mario Erdheim hat in seiner Theorie über Adoleszenz und Kulturentwicklung diesen markanten Zusammenhang in den Mittelpunkt gestellt. Er greift die von Lévi-Strauss stammende Unterscheidung zwischen »kalten« und »heißen Gesellschaften« auf und untersucht die Zusammenhänge, die zwischen der gesellschaftlichen Grundkonstellation und der jeweiligen Ausprägung der Adoleszenz bestehen.

In »heißen Gesellschaften« ist im Gegensatz zu den traditionsgebundenen, statischen Gesellschaften die gesellschaftliche Veränderungsdynamik in Gang gekommen und im Bewusstsein der Menschen präsent. Den Erwachsenen ist im Prinzip klar, dass die Lebensverhältnisse, in denen sich ihre Kinder einst bewähren müssen, nicht mehr die gleichen sein werden wie die ihrer Väter oder gar die ihrer Vorväter. Von daher verliert die ritualisierte, punktuelle, von den Erwachsenen zeremoniell gestaltete Einführung und Einbindung in das traditionelle Erbe seine Funktion. Die Jugendphase dehnt sich zeitlich aus, ein »psychosoziales Moratorium«, eine der Jugend von der Erwachsenengeneration zugestandene Explorations- und Experimentierphase bildet sich heraus. Diese ist einerseits Folge, andererseits aber auch Motor des kulturellen Wandels. Die Adoleszenz stellt per se eine Entwicklungsphase dar, in der die bisher ausgebildeten psychischen Strukturen, die im familiären Rahmen ausgebildeten Identifikationen, Überzeugungen und Ideale aufgeweicht werden. Gleichzeitig kommt es mit der pubertären Triebentwicklung zum Erleben neuer irritierender Wünsche, Sehnsüchte und Phantasien. Hinzu kommt in der Regel eine massive Verstärkung des Narzissmus im Sinne eines genaueren Gewahrwerdens und einer Bedeutungsaufladung der eigenen Ideen, Bedürfnisse, Interessen und damit zwangsläufig zu einem Prozess der Infragestellung familiärer Gewohnheiten und kultureller Selbstverständlichkeiten. All dies, die Labilisierung bisheriger Orientierungen, die »Verflüssigung« psychischer Strukturen, die Bedeutungsaufwertung des eigenen Ichs, stellt eine Gemengelage und ein kreatives Potential dar, für das in »heißen Gesellschaften« kein entsprechendes »Kühlsystem« in Form von »Initiationsritualen« mehr zu Verfügung steht. Ja, »heiße Gesellschaften«, mit ihrem »gierigen Bedürfnis nach Veränderung« (ebd., S. 289), nach Neuem, haben auch gar nicht mehr das Interesse nach einer grundlegenden Unterdrückung dieser Veränderungsimpulse. Vielmehr gewinnt hier gerade die Jugendgeneration eine besondere Bedeutungsaufwertung als »innovative Kraft«, als »Trendsetter«, als »Speerspitze des Fortschritts«. Durch diese prinzipielle gesellschaftliche Aufwertung von Jugendlichkeit, durch die enorme Ausdifferenzierung der unterschiedlichen jugendkulturellen Stile und Moden, durch die mit den Medien gegebene blitzartige globale Verbreitung neuer Trends und ihre ebenso rasche kommerzielle Verwertung durch die Mode-, Musik- und Unterhaltungsindustrie hat sich tendenziell die Situation vielleicht sogar umgekehrt: Die gesellschaftlichen Gegebenheiten, mit denen sich Jugendliche in dieser Phase inneren Umbruchs konfrontiert sehen, wirken heute eher im Sinne eines »Durchlauferhitzers« als im Sinne eines »Kühlsystems«.

Erdheim hat zwar als Kulturanthropologe durchaus die großen kulturellen Unterschiede in der Ausprägung dessen, was »Jugend« bedeuten kann, im Blick. Aber er ist dennoch kein radikaler Konstruktivist in dem Sinne, dass er jegliche Aussage über anthropologisch gegebene alterstypische Grundbefindlichkeiten und Grundbedürfnisse als bloße »Erfindungen« bzw. als bloße »soziale

Konstruktionen« verwirft. Vielmehr geht es ihm darum, zu zeigen, welch unterschiedliche Entfaltungsmöglichkeiten diesen Bedürfnissen in unterschiedlichen Kulturen zugestanden wird und in welchen Kulturen damit überhaupt ein Raum für die Ausformulierung differenzierterer Vorstellungen davon, was Jugend und Jugendkultur ausmacht, entstehen kann.

Wer sind aber in diesen modernen, »heißen« Kulturen die »Konstrukteure« von Jugend? Zunächst wohl diejenigen literarischen und wissenschaftlichen Autoren, die immer wieder prägnante »Bilder des jugendlichen Seelenlebens« entworfen haben. Zum anderen hatten natürlich auch die traditionellen Erziehungsmächte, also Schulen, Jugendverbände, Parteien, Kirchen etc., stets ein spezifisches Interesse an der Jugend und ihre je unterschiedlichen Vorstellungen davon, wie die Jugend ist, wie sie sein sollte, was sie braucht, was sie gefährdet und wie eine sinnvolle pädagogische Begleitung aussehen könnte. Heute sind es zudem in verstärktem Maße die Medien und die Konsumindustrie, die definieren, was Jugend und Jugendlichkeit ausmacht, was die angesagten Trends und Styles, die must-haves und no-goes für coole, zeitgemäße Jugendliche sind.

23

Jugend als »Generationenverhältnis«

Das Stichwort von der »Jugend als gesellschaftlichem Konstrukt« dient in der Soziologie einerseits dazu, Versuche zurückzuweisen, jugendtypische Verhaltensweisen allzu umstandslos aus biologischen Tatsachen, sei es aus hormonellen oder neurologischen Umbauprozessen, sei es aus innerseelischen Spannungs- und Umbruchsprozessen, abzuleiten. Andererseits dient es dazu, auf die gesellschaftsgeschichtlichen ökonomischen und sozialen Entwicklungen zu verweisen, die im Prozess der Modernisierung dazu führten, dass sich mit zunehmender Durchsetzung und Verlängerung der Schulzeit überhaupt eine eigenständige »Jugendphase« als eine Phase des Lernens und der Berufsvorbereitung einerseits sowie der Erkundung und Erprobung von Ideen und

Idealen, Zukunftsphantasien und Lebensentwürfen andererseits herausbilden konnte. Wenn sich aber im gesellschaftlichen Entwicklungsprozess das Bewusstsein von den unterschiedlichen Bedürfnissen und Befindlichkeiten der altersmäßig verschiedenen Teilgruppen einmal herausgebildet hat, dann stellt sich unter soziologischer Perspektive die weitere Frage, wie das Verhältnis der Altersgruppen zueinander zu bestimmen ist und wie und wodurch ein Zusammenhang, ein Gemeinschaftsgefühl, eine bestimmte Mentalitätsprägung bei jenen entsteht, die in ihrem individuellen Lebenslauf die Altersphase »Jugend« zum etwa gleichen »historischen Moment« durchlaufen.

Die Generationendifferenz ist neben der Geschlechterdifferenz sicherlich eines der markantesten Strukturierungsmerkmale der Gesellschaft. Dass es Kinder und Jugendliche, junge Erwachsene, Erwachsene, Ältere und Hochbetagte in der Gesellschaft gibt, deren quantitative Verteilung in entsprechenden Alterspyramiden grafisch dargestellt werden kann, ist ebenso offensichtlich wie die Tatsache, dass mit diesen Positionen des Lebenszyklus in aller Regel unterschiedliche soziale Ansprüche und unterschiedliche gesellschaftliche Einfluss-, Teilhabe- und Gestaltungsmöglichkeiten verbunden sind. Während diese Positionen des Lebenszyklus als solche weitgehend statisch bleiben, bewegen sich die Individuen im Laufe ihres Lebenslaufs dynamisch durch diese Positionen hindurch.

Wenn im Strom des gesellschaftlichen Lebens durch Alter und Tod beständig die erfahrenen und kundigen Träger des bestehenden kulturellen Wissens ausscheiden und »Kulturneulinge« nachrücken, stellt sich das Problem, wie der Prozess der Weitergabe, der Sicherung und der Weiterentwicklung jenes kulturellen Wissens gesellschaftlich organisiert sein soll. Schon Schleiermacher hatte deshalb das Generationenverhältnis, zugespitzt auf die ganz konkrete Frage: »Was will denn eigentlich die ältere Generation mit der jüngeren?«, in den Mittelpunkt seiner pädagogischen Überlegungen gestellt. Und er kommt im Laufe seiner Argumentation zu der Überzeugung, dass es weder darum gehen könne, dafür zu sorgen, dass der gesellschaftliche Status quo mit all seinen Unzulänglichkeiten möglichst unverändert erhalten bleibt, noch darum, »die Jugend zu lauter Reformatoren zu erziehen«, die alles Bestehende permanent umwälzen. Vielmehr kommt er zu folgender berühmten Formel:

> »Die Erziehung soll so eingerichtet werden, daß beides in möglicher Zusammenstimmung sei, daß die Jugend tüchtig werde, einzutreten, in das, was sie vorfindet, aber auch tüchtig in die sich darbietenden Verbesserungen mit Kraft einzugehen« (Schleiermacher 1826/2000, S. 34).

Diese Themen werden heute in der Soziologie meist mit Bezug auf Karl Mannheim und unter den Stichworten »Generation«, »Generationenlage«, »Generationszusammenhang«, »Generationenverhältnis« bzw. »Generationsgestalt« diskutiert, und sie sind natürlich gerade für die Jugendtheorie von besonderer Bedeutung. Scherr spricht deshalb in Bezug auf das Bemühen, Jugend zentral aus der Tatsache des Generationenverhältnisses und des damit verbundenen Problems des Kulturtransfers heraus zu verstehen, als einem »der ältesten und nach wie vor einflussreichsten jugendtheoretischen Paradigmen« (Scherr 2009, S. 62). Denn es ist offensichtlich, dass »Jugend« nicht isoliert im luftleeren Raum existiert, sondern immer eingebunden in einen Generationszusammenhang, d. h. in ein bestimmtes, von Erwartungen, Anforderungen, Rechten, Pflichten, Möglichkeiten, Beschränkungen, Hoffnungen und Klagen strukturiertes Verhältnis zu den Erwachsenen dieser Gesellschaft.

Mannheim geht von einem sozialen Raum aus, der primär durch das ökonomische und machtmäßige Gefüge der Gesellschaft bestimmt ist. Ähnlich wie die »Klassenlage« mit einer bestimmten Lagerung in diesem sozialen Raum einhergeht und damit eine abstrakte Verbindung mit den anderen Individuen ähnlicher Lagerung hervorbringt, beruht seiner Meinung nach auch der Generationenzusammenhang auf einer solchen verwandten Lagerung der einer Generation zurechenbaren Individuen im sozialen Raum

»Die Klassenlage war fundiert durch das Vorhandensein einer jeweilig sich verändernden, ökonomischen, machtmäßigen Struktur der Gesellschaft. Die Generationslagerung ist fundiert durch das Vorhandensein des biologischen Rhythmus im menschlichen Dasein: durch die Fakta des Lebens und des Todes, durch das Faktum der begrenzten Lebensdauer und durch das Faktum des Alterns. Durch die Zugehörigkeit zu einer Generation, zu ein und demselben ›Geburtenjahrgange‹ ist man im historischen Strome des gesellschaftlichen Geschehens verwandt gelagert« (Mannheim 1928, S. 173).

In anthropologisch-entwicklungspsychologischer Hinsicht geht Mannheim unter der These von der »Prädominanz der ersten Eindrücke« davon aus, dass gerade das Jugendalter – die Zeit, wenn das Bewusstsein für den historischen Moment, für den politisch-kulturellen Horizont und für die weiteren sozialen gesellschaftlichen Verhältnisse jenseits der Familie erstmals erwacht – eine besonders sensible Phase für die Prägung von Einstellungen und Mentalitäten darstellt. Mit etwa 17 Jahren erst beginnt für ihn das »selbstexperimentierende Leben« und damit »die Möglichkeit des In-Frage-Stellens«. Erst jetzt erwacht die Reflexivität in Bezug auf die Zeitumstände, und insofern wird der Mensch nun erst »wirklich ›gegenwärtig‹« (ebd., S. 183) und damit offen für jene prägenden Auseinandersetzungen mit den aktuellen gesellschaftlichen Fragen.

»Es ist weitgehend entscheidend für die Formierung des Bewußtseins, welche Erlebnisse als ›erste Eindrücke‹, ›Jugenderlebnisse‹ sich niederschlagen, und welche als zweite, dritte Schicht usw. hinzukommen. Ferner: es ist ganz entscheidend für ein und dieselbe ›Erfahrung‹ und deren Relevanz und Formierung, ob sie von einem Individuum erlebt wird, das sie als einen entscheidenden Jugendeindruck, oder von einem anderen, das sie als ›Spätererlebnis‹ verarbeitet. Die ersten Eindrücke haben die Tendenz, sich als natürliches Weltbild festzusetzen. Infolgedessen orientiert sich jede spätere Erfahrung an dieser Gruppe von Erlebnissen, mag sie als Bestätigung und Sättigung dieser ersten Erfahrungsschicht, oder aber als deren Negation und Antithese empfunden werden« (ebd., S. 181).

Es ist also die »Zeitgenossenschaft«, die Tatsache, dass man gemeinsam während dieser besonders prägenden Jugendphase mit den gleichen historisch-gesellschaftlichen Konstellationen und mit den gleichen technischen Innovationen konfrontiert war, und damit ähnlichen Herausforderungen, ähnlichen Zumutungen, ähnlichen Gefahren, ähnlichen Chancen gegenüberstand und somit in gewisser Hinsicht ähnliche Erlebnisse machte und in deren Verarbeitung ähnliche Denk-, und Verhaltensweisen entwickelte.

> »Nicht das Faktum der in derselben chronologischen Zeit erfolgten Geburt, des zur selben Zeit Jung-, Erwachsen-, Altgewordenseins, konstituiert die gemeinsame Lagerung im sozialen Raume, sondern erst die daraus erstehende Möglichkeit an denselben Ereignissen, Lebensgehalten usw. zu partizipieren und noch mehr, von derselben Art der Bewußtseinsschichtung aus dies zu tun« (ebd., S. 180).

Mannheim nimmt eine differenzierte Unterscheidung zwischen unterschiedlichen Intensitätsgraden der Partizipation bzw. der Identifikation mit bestimmten Formen der Reaktion auf die zeitgeschichtlichen Herausforderungen vor. Eine »*Generationslagerung*« ist zunächst nur etwas Potentielles. Sie trägt jedoch stets eine »inhärierende Tendenz« in sich, d. h. sie macht bestimmte Verläufe wahrscheinlicher und andere eher unwahrscheinlich, d. h. sie beschränkt den »Spielraum möglichen Geschehens« und legt »eine spezifische Art des Erlebens und Denkens, eine spezifische Art des Eingreifens in den historischen Prozeß« nahe und schaltet damit gleichzeitig »eine große Zahl der möglichen Arten und Weisen des Erlebens, Denkens, Fühlens und Handelns überhaupt aus und beschränkt den Spielraum des sich Auswirkens der Individualität auf bestimmte umgrenzte Möglichkeiten« (ebd., S. 174).

Zu einem »*Generationszusammenhang*« kommt es erst dann, wenn die Individuen mit ähnlicher Generationslagerung auch tatsächlich am historischen Prozess partizipieren. Es muss somit ein Stück Bewusstwerdung eines gemeinsamen Schicksals und ein Stück Auseinandersetzung und Stellungnahme – die dabei freilich in durchaus konträre Richtungen gehen kann – erfolgen, um von einem »Generationszusammenhang« zu sprechen. Eine »*Generationseinheit*« ist für Mannheim schließlich dadurch charakterisiert, dass es zu einer verbindenden gemeinsamen Resonanz, einer gemeinsame Begeisterung oder Empörung kommt, dass »ein einheitliches Reagieren, ein im verwandten Sinne geformtes Mitschwingen und Gestalten der gerade insofern verbundenen Individuen einer bestimmten Generationslagerung« entsteht (ebd., S. 313).

Mannheim geht es mehr um eine formal-soziologische Klärung der mit dem Generationenthema verbundenen Kategorien und Konzepte, weniger um deren Anwendungen auf bestimmte konkrete historische Jugendphänomene. Lediglich auf die Gegenüberstellung einer romantisch-konservativen und einer liberal-rationalistischen Jugend als zwei unterschiedlichen »Generationseinheiten«, die sich zu Beginn des 19. Jahrhunderts in polarer Gegensätzlichkeit formierten, geht er knapp ein.

Helmut Fend hat Mannheims Überlegungen in seiner »Sozialgeschichte des Aufwachsens« aufgegriffen und in besonderer Art und Weise fruchtbar gemacht zur Analyse der Generationsgestalten des 20. Jahrhunderts. Der Begriff »*Generationsgestalt*« kommt bei Mannheim selbst – auch wenn er durchaus Bezüge zur Gestaltpsychologie herstellt und von der Notwendigkeit einer »Gestalterfassung« spricht (Mannheim 1928, S. 313) – nicht vor. Fend verwendet ihn, »um die besondere Erscheinungsform von Heranwachsenden, die in einem definierten Zeitraum geboren sind, zu charakterisieren« (Fend 1988, S. 178). Zwei Merkmale sind dabei für Fend für die Begriffsbestimmung wesentlich: der Umstand, gemeinsam in einer bestimmten Zeitspanne geboren worden zu sein, und die damit verbundene Tatsache, den gesellschaftlichen Entwicklungsprozess und bedeutsame Ereignisse der politischen Geschichte in der besonders empfänglichen Jugendphase durchlebt zu haben. Empirisch-operational lässt sich nach Fend das, was eine Generationsgestalt kennzeichnet, »mit den Durchschnittswerten in Einstellungen, Meinungsmustern, Gewohnheiten der Lebensführung bestimmter Alterskohorten« erfassen. Es geht Fend jedoch um mehr als nur um eine dürre Auflistung von Mittelwerten aus empirischen Studien. Ausdrücklich wird der idealtypische, ganzheitliche und gestalthafte Charakter des Konzepts der Generationsgestalten betont und Fend interpretiert sie darum auch als »kohortenspezifische Bewältigungsstile der Generationslage« (ebd.) und fordert, zu ihrer Analyse und Beschreibung auch entsprechend aussagekräftige qualitative Materialien, z. B. Äußerungsformen der Jugend in Tagebüchern, Briefen und Gedichten etc. mit heranzuziehen.

Ein zentrales Problem dieses Ansatzes besteht natürlich darin, wie die Sequenzierung der Abfolge der maßgeblichen Jugendgenerationen angelegt und begründet wird. Denn in jedem Jahr werden Kinder geboren und in jedem Jahr finden auf der Bühne des Weltgeschehens und der Politik Ereignisse und öffentliche Auseinandersetzung statt. Selbst wenn man mit Mannheim von der Faustformel ausgeht, dass der Abstand von Generation zu Generation mit dem durchschnittlichen Abstand zwischen Geburt und Reproduktion, also mit etwa 30 Jahren angesetzt werden kann, hilft dies noch nicht sehr viel weiter, weil immer noch offen bleibt, wo die Einschnitte gesetzt werden sollen, um entsprechende »Generationsgestalten« aus dem Strom der »Geschichte des Aufwachsens« hervorzuheben.

Fend stützt sich bei seiner Untergliederung auf die Tradition der Jugendforschung und auf die dort bestehende, überraschend große Übereinstimmung in Bezug auf die maßgeblichen historischen Einschnitte und die damit in Verbindung stehenden »Generationsgestalten des Jugendalters«. So kann für ihn kein Zweifel darüber bestehen, »daß die Generationsgestalt der Jugendbewegung am Beginn dieses Jahrhunderts [gemeint ist das 20. Jahrhundert R.G.] das Leitbild für alle Charakterisierungen von Jugendgenerationen abgegeben hat«. Entsprechend wird an dieser jugendbewegten Jugend – die ja auch schon das implizite Leitbild für Sprangers Klassiker »Psychologie des Jugendalters« darstellte – noch einmal dargestellt, wie sich erstmals so etwas wie ein eigenes Selbstbewusstsein der Jugend und eine eigene Kultur jugendlichen Gemeinschaftslebens formierte und wie sich diese »Generationsgestalt als Gegenprogramm zum gesellschaftlichen Normalentwurf, zu den dominanten Strömungen« der Erwachsenengesellschaft verstand (ebd., S. 191).

Fünf konkrete »Generationsgestalten« sind es, die Fend dann in ihrer historischen Abfolge darstellt. Dabei sind für seine Darstellung zwei weitere Begriffe bedeutsam: Einmal der der »Identifikationskristallisation«, der sich auf kollektive Überzeugungen, Meinungen, Denkmuster, Ideologien etc. bezieht, die für einzelne Generationen eine besonders bedeutsame, identitätsstiftende Funktion gewonnen haben, und andererseits der der »Distanzierungszonen«, womit Wirklichkeitsbereiche und Sichtweisen gemeint sind, bezüglich derer unter den Mitgliedern der jeweiligen Generation ein klarer Konsens der Ablehnung und Zurückweisung bestand. Eine interessante These Fends besteht nun darin, dass es im Verlauf des 20. Jahrhunderts ein permanentes Pendeln der Generationsgestalten zwischen einer eher kollektivistischen Orientierung und einer eher individualistischen Orientierung gegeben habe, dass also Phasen, bei denen stärker »das gute persönliche Leben« im Vordergrund stand, immer wieder abgelöst wurde von Phasen, bei denen der Fokus mehr auf »das gute gemeinschaftliche Leben« gerichtet war. In diesem Sinne war die Jugendbewegung zu Beginn des zwanzigsten Jahrhunderts stärker auf die Realisierung von idealistischen Selbstgestaltungsambitionen und auf die Kultivierung von autonomen Jugendgemeinschaften bezogen und verstand sich eher in Distanz zum Mainstream der Erwachsenengesellschaft. Dagegen stand bei der nachfolgenden Generationsgestalt, die Fend einfach die »Hitler-Jugend« nennt, klar die kollektivistische Orientierung, die Identifikation mit Volk und Vaterland im Vordergrund. Die Generation der Aufbau- und Wirtschaftswunderjahre wird von Fend in Anlehnung an Schelsky als die »Skeptische Generation« bzw. als die »unbefangene Generation« tituliert, und hier sieht Fend wiederum die Orientierung an individuellen Karriere- und Konsumwünschen im Vordergrund stehen. Die gegebenen demokratischen bzw. kapitalistischen Verhältnisse in Politik und Wirtschaft wurden dabei, da diesen Zielen dienlich, weitgehend problemlos akzeptiert. Dagegen bestand – nach den historischen Erfahrungen nur allzu verständlich – eine tiefe Skepsis gegenüber allen kollektivistischen Ideologien und Heilsversprechungen, die einen grundlegenden Umsturz der gesellschaftlichen Verhältnisse forderten. Erst mit der »politischen Generation« der 68er Bewegung rückte die Kritik an der bestehenden »repressiven« gesellschaftlichen Ordnung in den Vordergrund und eine Veränderung der gesellschaftlichen Machtstrukturen und Produktionsverhältnisse wurde als Voraussetzung für die Möglichkeit eines befreiten, glücklichen, nichtentfremdeten Lebens gesehen. Die letzte Generationsgestalt in Fends Darstellung trägt den Titel »Lebensweltgeneration« und bezieht sich auf die Zeit Ende der 70er, Anfang der 80er Jahre, die mit Anti-AKW-Protest, Nachrüstungsdebatte, Bewusstwerdung der Grenzen des Wachstums, Gründung der Partei der Grüne, etc. assoziiert ist. Hier waren es weniger die großen, theoriegeleiteten ideologischen Kontroversen, die die Gemüter erhitzten, sondern eher die konkreten Bedrohungsszenarien und die entsprechenden Widerstandsbewegungen sowie die zahlreichen lokalen Versuche, im Kleinen und in konkreter Praxis neue soziale Wohn-, Arbeits- und Lebensformen zu erproben und ökologisch verträgliche Produktions- und Konsumformen zu entwickeln. »Alternativ« war ein Schlüsselwort, mit dem sich diese Initiativen vom wachstums- und profitorientierten Mainstream abgrenzten.

Fend ging es mit seinem Konzept der »Generationsgestalten« um die »langen Wellen« (ebd., S. 184), d. h. um eine retrospektive Rekonstruktion idealtypischer Verdichtungen von markanten Ausprägungen der »Weltzuwendungsmodi« Jugendlicher im 20. Jahrhundert. Ihm war wohl bewusst, dass es in der Regel nur Minderheiten der jeweiligen Alterskohorten waren, die in vollem Umfang all den Einstellungen, Identifikationsbereitschaften, Distanzierungstendenzen, Lebensformen und Aktivitätsmustern entsprachen, die er im Zusammenhang mit den jeweiligen »Generationsgestalten« beschreibt. Und dennoch waren sie für ihre Zeit in gewissem Sinne »stilprägend« und haben oftmals auch Trends ausgelöst, die dann innerhalb der Gesellschaft Verbreitung weit über die entsprechende Jugendgeneration hinaus gefunden haben. Sei es in Sachen Kleidung, Ernährung, Wohnen, Beziehung, Erziehung, Musik, Konsum, Reisen, Engagement, Protest ...

Gegen Ende seiner 1988 erschienenen Darstellung kommt Fend zu dem Fazit: »Je mehr wir uns der Gegenwart nähern, um so schwerer fällt es, eine prägnante Gestalt der Jugendgeneration zu formulieren« (ebd., S. 215). Dabei ist es freilich nicht so, dass es nicht auch in den Jahren seitdem eine Vielzahl von Generationen-Labels gegeben hätte, die meist in der Form von Buchtiteln ins Spiel gebracht wurden. Keines davon hat sich jedoch in ähnlicher Weise zur Beschreibung einer »Generationsgestalt« durchgesetzt, wie jene bei Fend präsentierten.

24

Jugend als »Zeitgeistseismograph« und als »gesellschaftliche Avantgarde«

Aber natürlich gab und gibt es ein großes Interesse der Jugendforschung auch an den »kurzen Wellen« und entsprechend wurde und wird mit großem Aufwand immer wieder versucht, auf möglichst aktuellem Stand, repräsentative Bilder der aktuellen Jugend und all der Trends und Tendenzen, die dort gegenwärtig zu beobachten sind, zu zeichnen. Es geht darum, denjenigen, die gerade aktuell die Jugendphase durchlaufen, »auf den Puls zu fühlen«, das jeweils Neue, Besondere, Spezifische zu beschreiben, die Veränderungstendenzen in den Denk- und Verhaltensweisen der Jugendlichen möglichst differenziert nachzuzeichnen und möglichst prägnante Etiketten zu ihrer Charakterisierung zu finden. Dabei wird mit Rekurs auf die befragten Jugendlichen häufig ebenfalls auf den Generationsbegriff zurückgegriffen, jedoch in einem sehr viel weiteren und vageren Sinne, als dies bei Mannheim oder Fend mit ihren retrospektiven Rekonstruktionen der Fall war. In der Regel wird dort dann eben einfach die Alterskohorte, die gerade befragt wurde, als die »aktuelle Jugendgeneration« tituliert – auch wenn die entsprechenden Befragungen im Abstand von wenigen Jahren stattfinden.

Insgesamt ist diese Art der empirischen Jugendforschung stark soziologisch geprägt. Als Erklärungsgrund für die jeweils festgestellten Veränderungen in den Einstellungen, Werten, Ambitionen und Sorgen der jeweiligen Jugendkohorte (im Vergleich zu der zuletzt befragten) werden unter der soziologischen Prämisse vor allem gesellschaftliche Spannungen, politische Krisen, wirtschaftliche Auf- oder Abschwünge (und damit veränderte Zukunftschancen), ökologische Bedrohungsszenarien bzw. technologische Wandlungen ins Feld geführt. Die Jugend wird dabei gewissermaßen als Seismograph betrachtet, der in besonders sensibler Weise auf gesellschaftliche Problemlagen, Erschütterungen, Spannungen und Ungereimtheiten reagiert.

Die wohl wichtigste und einflussreichste Instanz bei der Erforschung von Jugend unter dieser Perspektive stellen in Deutschland die Shell-Jugendstudien dar. Anlässlich des 50-jährigen Jubiläums der ersten Shell-Jugendstudie wurde ein instruktiver Bildband veröffentlicht, der die Geschichte der Shell-Jugendstudien und damit die Geschichte der deutschen Nachkriegsjugend noch einmal in markanten Bildern und Texten Revue passieren lässt. Im Vorwort äußert sich auch die deutsche Shell AG zu den Motiven ihres jahrzehntelangen Sponsorings von Jugendforschung.

> »Warum hat Shell in Deutschland sich ausgerechnet für das Thema Jugend entschieden? Jugend heißt Aufbruch, Auseinandersetzung, Blick nach vorn. Grundhaltungen, die auch im Unternehmen Shell elementar wichtig sind. Gleichzeitig zeigt die Beschäftigung mit der Jugend uns allen, welche Strömungen relevant sind und was in der Gesellschaft zählen wird.

Denn es ist die Jugend von heute, die die Gesellschaft von morgen gestaltet« (Deutsche Shell 2002, S. 8).

Dieses ausgeprägte Interesse daran, welche Strömungen relevant sind, welche Tendenzen sich in der Jugend abzeichnen, welche Einstellungen, Werte, Ziele und Zukunftsvorstellungen bei der Jugend als jener gesellschaftlichen Teilgruppe, die die Gesellschaft von morgen gestalten soll, vorherrschen, dürfte auch verantwortlich sein für die große Resonanz, die die jeweils neuesten Jugendstudien in der Regel in den Medien und in der Öffentlichkeit erfahren. Es geht darin eben auch um Veränderungen des beim gesellschaftlichen Nachwuchs vorherrschenden Sozialcharakters bzw. um die maßgeblichen Mentalitätsprägungen, die dann mit einiger Wahrscheinlichkeit auch in deren späteren Lebensverlauf und damit im Hinblick auf deren soziale Ausrichtung, deren politische Anteilnahme, deren ökologische Aufmerksamkeit und deren ökonomische Anstrengungsbereitschaft von Relevanz sind.

Freilich kommen die differenzierten Ergebnisse dieser umfangreichen empirischen Studien dort in der Regel nur in sehr holzschnittartiger Verkürzung, oft nur in Form von »Generationenlabels« an. Zu den wichtigsten Aufgaben bei der Abfassung solcher Studien gehört es denn auch, hier prägnante Formulierungen zu finden, um das jeweils Neue, Interessante, Auffällige der Ergebnisse öffentlichkeitswirksam hervorzuheben.

Hurrelmann hat in der Shell-Jugendstudie 2002 zur Kennzeichnung der damaligen Jugendgeneration die Bezeichnung »Ego-Taktiker« geprägt, um den hohen Grad der Selbstzentriertheit heutiger Jugendlicher auf den Punkt zu bringen, und er charakterisiert die entsprechende Grundhaltung folgendermaßen:

>»Die vorliegenden Studien lassen es als gerechtfertigt erscheinen, den Sozialcharakter der Mehrheit der Jugendlichen heute als ›Egotaktiker‹ zu bezeichnen. Egotaktikerinnen und Egotaktiker fragen die soziale Umwelt ständig sensibel nach Informationen darüber ab, wo sie selbst in ihrer persönlichen Entwicklung stehen. ... Hier gilt es das Beste aus der Situation zu machen und vorhandene Chancen so wahrzunehmen, wie sie sich anbieten. Zur egotaktischen Grundeinstellung gehört ein Schuss Opportu-

nismus ebenso wie eine Portion Bequemlichkeit, eine abwartende und sondierende Haltung ebenso wie die Fähigkeit, im richtigen Moment bei einer sich bietenden Chance zuzugreifen« (Hurrelmann u. a. 2002, S. 33).

Hurrelmann hatte diese Charakterisierung eigentlich nicht in kritischer oder moralisierender Absicht gegen die 2002 befragten Jugendlichen vorgetragen. Er hielt die beschriebene Haltung durchaus für nachvollziehbar und letztlich adaptiv: »Die egotaktische Grundeinstellung ist so gesehen die angemessene Antwort auf die Offenheit der Struktur der Lebensphase Jugend, deren Ausgang in das verantwortungsvolle Erwachsenenalter ungewiss geworden ist« (ebd.). Dennoch gab es allerhand Kritik an dieser Beschreibung, die nur knapp am Vorwurf des Egoismus »vorbeischrammt« und die letztlich doch die Unverbindlichkeit als zentralen Grundzug ins Zentrum der Beschreibung rückt:

> »Eindeutige und (un-? R.G.) bezweifelbare Normen und Werte, feste Zugehörigkeiten und Milieus, kalkulierte und klare Abfolgen von persönlichen Lebensschritten, sichere moralische und ethische Standards, eindeutige soziale Vorbilder – alle diese Voraussetzungen für den Aufbau einer Persönlichkeit sind heute fraglich und auf keinen Fall mehr selbstverständlich« (ebd., S. 34).

Als das Autorenteam im Zusammenhang der 17. Shell-Jugendstudie von 2015 einen Rückblick auf die zentralen Motti der Shell-Jugendstudien von 2002 bis 2015 warf, tauchte das heikle Stichwort von den »*Ego-Taktikern*« nicht mehr auf. Dafür ist dort mit Blick auf die 2002er Studie die Rede von »*einer jungen Generation zwischen pragmatischem Idealismus und robustem Materialismus*« (Albert u. a. S. 34). Das unverfänglichere »Pragmatismus«-Label wurde dann in den folgenden Studien in den Untertiteln mehrfach variiert: 2006 war von einer »*pragmatischen Generation unter Druck*« die Rede, da einige der Indikatoren für Ängste und Unsicherheiten bei den Befragten angestiegen waren. 2010, als wieder mehr »Anzeichen eines wiedererstarkenden Optimismus im Blick auf die persönliche Zukunft« erkennbar wurden, wurde der Slogan »*Eine pragmatische Generation behauptet sich*« zum Motto der Studie gewählt. Und die allerjüngste Studie von 2015 schließlich trägt den Untertitel »*Eine pragmatische Generation im Aufbruch*«. Diese optimistischere Botschaft ist vor allem dem Umstand geschuldet, dass sich die Berufseinstiegsperspektiven für junge Menschen angesichts der demographischen Entwicklungen und angesichts der über längere Zeit anhaltenden robusten Wirtschaftslage in Deutschland deutlich verbessert haben. Wohin freilich der angedeutete »Aufbruch« der aktuellen Jugendgeneration geht, wird dabei nicht so recht deutlich erkennbar. Und bei der Einleitung zum qualitativen Teil der Studie wird die »Aufbruchsthese« mit dem etwas paradoxen Titel »Jugend im Aufbruch – Vieles soll stabil bleiben« auch gleich wieder konterkariert (Leven/Utzmann, 2015, S. 273). Aber natürlich sind Survey-Studien wie die Shell-Jugendstudien eher auf differenzierte Beschreibung der aktuellen Befindlichkeiten und Sichtweisen ausgerichtet als auf zuverlässige Prognosen künftiger Entwicklungen (die per se immer sehr viel schwieriger und spekulativer sind).

Diese Studien basieren auf der systematischen Befragung großer, repräsentativer Gruppen von Jugendlichen durch Meinungsforschungsinstitute. Um einen Eindruck davon zu vermitteln, was es eigentlich für konkrete Fragen sind, die hier an die Jugendlichen gerichtet werden, um aus den Antworttendenzen dann im Endeffekt solche Generationentrends als Gesamteinschätzungen »herauszudestillieren«, sollen hier einige exemplarische Beispiele aus dem umfangreichen Fragenkatalog genannt werden.

Die Jugendlichen werden etwa gebeten, einzuschätzen, was ihrer Meinung nach bei ihren Altersgenossen heute »in« und was »out« ist, und dann werden ihnen Begriffe vorgelegt, die sie entsprechend einordnen sollen. Diese reichen von »Treue«, »Karriere machen«, »sich in die Politik einmischen«, »an etwas glauben«, »toll aussehen«, über »Europa«, »Aktien«, »Technik«, »sich selbständig machen«, »Markenkleidung tragen«, »Bioläden«, »Verantwortung übernehmen« bis hin zu »studieren«, »heiraten«, »Drogen nehmen« und »Bürgerinitiativen«. Ein ziemlich buntscheckiges Sammelsurium von Reizworten also! Oder die Jugendlichen werden gebeten, zu der Frage Stellung zu nehmen: »Wie stellen Sie sich ihre eigene Zukunft vor? Man kann ja die Zukunft, wie das eigene Leben so weitergehen wird, eher düster oder eher zuversichtlich sehen? Wie ist das bei Ihnen?«. Sie haben dann die Möglichkeit, sich für die drei möglichen Optionen »eher düster«, »eher zuversichtlich« oder »gemischt, mal so – mal so« zu entscheiden. Im Hinblick auf die Wertorientierung der Jugendlichen steht seit Jahren immer wieder die folgende Fragestellung im Zentrum: »Jeder Mensch hat ja bestimmte Vorstellungen, die sein Leben und Verhalten bestimmen. Wenn Sie einmal daran denken, was sie in ihrem Leben eigentlich anstreben, wie wichtig sind dann die folgenden Dinge für Sie persönlich? Die Jugendlichen werden dann weiterhin aufgefordert, ihre Zustimmung zu 25 Items mit Werten zwischen 1 (unwichtig) und 7 (außerordentlich wichtig) zum Ausdruck zu bringen. Diese lauten u. a.: »Gesetz und Ordnung respektieren«, »einen hohen Lebensstandard haben«, »Macht und Einfluss haben«, »seine eigene Phantasie und Kreativität entwickeln«, »nach Sicherheit streben«, »sozial Benachteiligten und gesellschaftlichen Randgruppen helfen«, »sich und seine Bedürfnisse gegen andere durchsetzen«, »fleißig und ehrgeizig sein«. ...

Eine interessante Frage, die gerade im Hinblick auf die Einschätzung der aktuellen Ausprägung des Generationenkonflikts eine besondere Rolle spielt lautet: »Würden Sie Ihre Kinder so erziehen, wie Ihre Eltern Sie erzogen haben, oder würden Sie es anders machen?« Und die Befragten haben dann die Möglichkeit, auf einer vierstufigen Skala zwischen »genau so«, »ungefähr so«, »anders« und »ganz anders« zu wählen.

Angesichts des umfangreichen Fragenkatalogs kommen so eine immens große Datenmasse und eine unüberschaubare Menge von Detailergebnissen zustande. Nun ist es freilich nicht sonderlich interessant zu wissen, dass 81% der Befragten Technik für »in« halten (was immer das bedeuten mag) oder dass die Zielorientierung »fleißig und ehrgeizig sein« von 82% der Befragten für wichtig gehalten wird. Interessant sind vor allem die ipsativen Vergleiche, d. h. die Rangfolgen der einzelnen Items untereinander. Und hier ist es dann schon ganz spannend zu erfahren, dass bei der »in/out«-Liste »toll aussehen« und »Karriere« ganz oben rangieren oder dass bei den persönlichen Wertorientierungen die Dimensionen »Freundschaft«, »Partnerschaft« und »Familie« in den Shell-Jugendstudien der letzten Jahre immer wieder die Spitzenplätze einnehmen. Im Hinblick auf die jüngste Studie kann man sagen, dass es eine ziemlich breite Palette von Werten gibt, die jeweils von mehr als Dreiviertel der Jugendlichen als »wichtig« eingeschätzt, also mit Werten zwischen fünf und sieben auf der siebenstufigen Skala bedacht wurden. Dazu gehören in absteigender Reihenfolge: »Gute Freunde haben, die einen anerkennen«, »Einen Partner haben, dem man vertrauen kann«, »Ein gutes Familienleben führen«, »Eigenverantwortlich leben und handeln«, »Viele Kontakte zu anderen Menschen haben«, »Von anderen Menschen unabhängig sein«, »fleißig und ehrgeizig sein«, »Gesetz und Ordnung respektieren«, »Seine Phantasie und Kreativität entwickeln«, »Nach Sicherheit streben«, »Das Leben in vollen Zügen genießen«, »Gesundheitsbewusst leben« und »Sich bei Entscheidungen auch nach Gefühlen richten«. Am unteren Ende, mit deutlich geringeren »Wichtig-Einschätzungen« bei unter einem Drittel der Befragten, rangieren die folgenden Items: »Macht und Einfluss haben«, »An Gott glauben«, »Stolz sein auf die deutsche Geschichte«, »Sich politisch engagieren«, »Am Althergebrachten festhalten« und »Das tun, was andere auch tun«. Dazwischen gibt es noch ein Mittelfeld, bei dem die »Wichtig-Einschätzungen« um die 60% schwanken: »Einen hohen Lebensstandard haben«, »Sich unter allen Umständen umweltbewusst verhalten«, »Sozial Benachteiligten und Randgruppen helfen«, »Eigene Bedürfnisse anderen gegenüber durchsetzen«, »Auch Meinungen tolerieren, denen man nicht zustimmen kann«.

Da in dem Fragebogen nicht nur die Urteile und Einstellungen der Befragten zu unterschiedlichen Lebensbereichen abgefragt werden, sondern auch persönliche Daten zum Familienhintergrund, zur Herkunft, zum Geschlecht, zur Bildungsgeschichte und zur aktuellen Lebenssituation erhoben werden, lassen sich all die

Ergebnisse zu den einzelnen Fragen dann auch noch vielfältig korrelieren und entsprechend differenziert aufbereitet darstellen: nach Alter, nach Geschlecht, nach West- und Ostdeutschen, nach Stadt- und Landbevölkerung, nach Bildungsgrad, nach sozioökonomischem Hintergrund, nach kulturellem Kapital und politischem Engagement in der Herkunftsfamilie. ...

Von besonderem Interesse sind dabei auch immer die längerfristigen Zeitvergleiche und damit die Feststellung von markanten Verschiebungstendenzen innerhalb bestimmter Zeiträume. Da ein bestimmter Pool von Fragen gewissermaßen zum »Stamminventar« der Shell-Jugendstudien gehört, der bei jeder Erhebung abgefragt wird, lassen sich hier interessante Zeitreihen bilden. So ist es z. B. schon interessant zu sehen, wie etwa die Einschätzungen hinsichtlich der persönlichen und gesellschaftlichen Zukunft immer wieder in Abhängigkeit von der jeweils aktuellen politischen und wirtschaftlichen Großwetterlage schwanken. Hier ist auch die Diskrepanz zwischen beiden Zukunftsdimensionen seit langem markant ausgeprägt: Der Blick auf die persönliche Zukunft fällt meistens ziemlich optimistisch aus: der Anteil derer, die ihre persönliche Zukunft »eher zuversichtlich« einschätzen, ist zudem von 35% im Jahre 1996 auf 61% im Jahr 2015 deutlich angestiegen. Entsprechend hat sich der Anteil derer, die die persönliche Zukunft »eher düster« einschätzen, deutlich verringert und lag zuletzt im Westen bei ganzen 3%. Ein ganz anderes Bild zeichnet sich jedoch ab, wenn nicht nach der Einschätzung der persönlichen, sondern der gesellschaftlichen Zukunft gefragt wird. Hier liegen die Anteile derer, die eher pessimistisch in die Zukunft blicken, sehr viel höher und hier sind auch die Schwankungen von Untersuchung zu Untersuchung in der Regel sehr viel ausgeprägter. Allerdings gab es in den letzten 10 Jahren einen Entwicklungstrend im Sinne eines zunehmenden Vertrauens in die gesellschaftliche Zukunft. Interessanterweise verzeichnet auch die Kurve für die Zeitreihe, welche das politische Interesse der Jugendlichen abbildet, nach dem Tiefstand von 2002 wieder einen stetigen Anstieg. So gaben zuletzt 46% der Jugendlichen an, sie seinen »an Politik interessiert« bzw. sogar »stark interessiert« (Schneekloth 2015, S. 157).

Auch im Hinblick auf die Ausprägung des »Generationenverhältnisses« lässt sich aus dem Verlauf der Shell-Jugendstudien eher Erfreuliches vermelden. So ist die Zahl derer, die angaben, sie wollten ihre Kinder später einmal »genauso« oder zumindest »ungefähr so« erziehen, wie sie selber von ihren Eltern erzogen worden sind, die 1985 bei 53% lag, seitdem kontinuierlich angestiegen und lag bei der Studie von 2015 zuletzt bei 77% (Leven u. a., S. 55). In der Tat kann man diesen Wert, der sich auf das grundsätzliche Einverständnis mit dem elterlichen Erziehungsstil und mit der elterlichen Lebensgestaltung und Vorbildhaltung bezieht, als ein Indiz für die Ausprägung der Harmonie bzw. der Konflikthaftigkeit im Generationenverhältnis interpretieren.

Nach Klaus Hurrelmann, der die letzten vier Shell-Jugendstudien federführend mitkonzipiert hat, geht es bei der Untersuchung der Jugend nicht nur um einzelne Tendenzen, nicht nur darum zu sehen, wie sich einzelne Trends verschoben haben, und auch nicht nur darum, zu sehen, ob und inwieweit die nachwachsende Generation bereit ist, »die Gesellschaft von morgen zu gestalten«, indem sie sich anschickt, in die Fußstapfen der Alten zu treten, sondern es geht in gewissem Sinn auch darum, an den Antworten der befragten Jugendlichen gespiegelt grundsätzliche Tendenzen unserer kulturellen Entwicklung zu analysieren. Nach Hurrelmanns Einschätzung hat sich unter dem Vorzeichen der gesellschaftlichen Modernisierung und Individualisierung nämlich etwas Grundsätzlicheres im Generationenverhältnis verändert. Der menschliche Lebenslauf habe sich zunehmend »entstrukturiert«, das heißt, auch für die Erwachsenen würden die traditionellen Leitlinien der standardisierten Lebenslaufgestaltung – Berufslaufbahn, Partnerschaft, Familiengründung – zunehmend brüchiger. Auch ihnen würden heute sehr viel größere Leistungen bei der Gestaltung des eigenen Lebenslaufs abverlangt, auch sie müssten heute permanent das Bild ihrer eigenen Person und ihre Lebensplanungen flexibel weiterentwickeln, müssten ständig ihre eigenen Ansprüche mit denen ihrer Mitmenschen aushandeln und sich in der Pluralität der möglichen Lebensstile zurechtfinden.

»Das ›moderne Individuum‹ benötigt eine hohe Flexibilität und ausgeprägte Kapazität der Selbststeuerung mit der Fähigkeit, das eigene Handeln auch selbstwirksam zu beeinflussen. Ein ›innerer Kompass‹ ist notwendig, um die Vielfältigkeit von Handlungsanforderungen und Aktionsalternativen sinnvoll zu bewältigen« (Hurrelmann 2003, S. 17).

Diese Such- und Orientierungsleistungen, die traditionell eher der Jugendphase, dem »psychosozialen Moratorium«, zugeordnet wurden und die nach traditioneller Vorstellung dann irgendwann mit einer »gefestigten Identität« und einem klaren Bewusstsein vom »eigenen Weg« und vom »eigenen Platz in der Gesellschaft« endeten, dehnten sich damit tendenziell über die ganze Lebensphase aus. Damit verliere die Jugendphase ihren Vorbereitungs- und Durchgangscharakter und werde prototypisch für die menschliche Lebensgestaltung in der Moderne. Gleichzeitig wird die Jugend somit also auch noch in einem ganz anderen Sinne zur gesellschaftlichen Avantgarde. Nicht nur indem sie neue Trends setzt und lebt, neue Stile hervorbringt, die dann bisweilen vom Mainstream der Gesellschaft aufgegriffen werden, sondern indem sie in besonders prägnanter Weise zeigt, was es heißt, unter den Bedingungen von Individualisierung und Globalisierung und angesichts »riskanter Chancen« (Beck/Beck-Gernsheim 1994) und unabsehbarer künftiger Entwicklungen sein »eigenes Leben« (vgl. Beck u. a. 1995) zu leben. »Die Lebensbewältigung im Jugendalter ist zu einem Paradigma für die gesamte Lebensspanne geworden. Die scheinbar spezifischen Probleme der Adoleszenz breiten sich im gesamten Lebenslauf aus« (Hurrelmann 2003, S. 122), so lautet die starke These zum heutigen Avantgardecharakter des Jugendalters und gleichzeitig zur Juvenilisierung des Erwachsenenalters.

25

Jugend als »Jugenden« (Typen, Milieus, Szenen ...)

Mit den einheitlichen Generationscharakteristika wird es angesichts der Pluralisierung jugendlicher Lebensstile und Wertorientierungen immer schwieriger. Schon in der '97er Shell-Studie haben die Autoren leicht ironisch festgestellt: Die Jugend sei ziemlich »jung aber ansonsten sehr verschieden« (Fischer/Münchmeier, 1997, S. 65), und 18 Jahre später sprechen Albert, Hurrelmann und Quenzel in der 2015er Jugendstudie von dem »altbekannte(n) Problem, mit der Benennung von Generationen Verschiedenes möglicherweise zu stark über einen Kamm zu scheren« (Albert u. a. 2015, S. 36). Weil es andererseits doch immer darum geht, die immense Komplexität der Daten irgendwie sinnvoll zu reduzieren und zu strukturieren, sind die neueren Jugendstudien zunehmend dazu übergegangen, clusteranalytisch nach besonders prägnanten »Konfigurationen« von zusammengehörigen Einstellungen, Orientierungsmustern, Selbsteinschätzungen, Verhaltensweisen und Herkunftssituationen zu suchen und auf diesem Weg der Typenbildung mit der Pluralität der Phänomene und der Lebenslagen umzugehen.

Auch die Shell-Jugendstudien haben seit 2002 diesen Weg verfolgt, und hier wurden auf der Basis der Wichtigkeitseinschätzungen bezüglich der diversen Items der Wertorientierungsskala vier unterschiedliche »Wertetypen« gebildet und mit folgenden Bezeichnungen versehen: »Pragmatische Idealisten«, »Unauffällige Zögerliche«, »Aufstrebende Macher« und »Robuste Materialisten«. Dabei wurden als »Aufstrebende Macher« diejenigen Jugendlichen bezeichnet, die quer durch sämtliche Wertdimensionen dazu neigten, den in den Items benannten Tugenden, Zielen und Lebensorientierungen hohe Bedeutsamkeit zuzuschreiben. Die »Unauffälligen Zögerlichen« waren im Kontrast dazu diejenigen, die in allen Dimensionen eher zurückhaltend waren, »denn sie finden alles unwichtiger« (Gensicke, 2015, S. 266). Für die »Robusten Materialisten« waren hohe Zustimmungswerte zu den hedonistischen und materiellen Werten wie »Das Leben voll genießen«, »Einen hohen Lebensstandard haben«, »sich gegen andere durchsetzen« und »Macht und Einfluss haben« besonders kennzeichnend. Dagegen erfuhren idealistische Werte wie Toleranz oder soziales oder politisches Engagement von ihnen nur geringe Zustimmung. Auch die Tüchtigkeit (»Fleißig und ehrgeizig sein«), der ja doch für die Realisierung der materiellen und hedonistischen Lebensziele einige Bedeutung zukommt, wurde von ihnen erstaunlicherweise nicht besonders hoch gewichtet. Die Kontrastgruppe dazu sind die »Pragmatischen Idealisten«, bei denen die genannten idealistischen Werte besonders hoch im Kurs stehen, die aber auch die »Brückenwerte« wie Tüchtigkeit, Sicherheit und Respekt vor Gesetz und Ordnung für persönlich sehr bedeutsam halten und nur die hedonistischen und materiellen Werte eher gering schätzen. Während man im Hinblick auf die »pragmatischen Idealisten« und die »robusten Materialisten« tatsächlich von einem konträren Profil sprechen kann, stellt sich die Frage, ob der Gegensatz zwischen »aufstrebenden Machern« und »unauffälligen Zögerlichen« tatsächlich als ein Gegensatz der real gelebten Wertorientierungen der jungen Menschen betrachtet werden kann oder ob er vielleicht doch nur einen temperamentsbedingten Gegensatz der generellen Wertungs- und Zustimmungsfreudigkeit bzw. der Tendenz zur Vorsicht und Zurückhaltung beim Ausfüllen eines Fragebogens widerspiegelt. Denn ob z. B. das Ankreuzen des Wertes 5 beim Item »Macht und Einfluss haben« für den einen genau das gleiche bedeutet wie für den anderen, ist ja keineswegs gesichert.

Relativ klar ist indes, dass es eine ausgeprägte Differenz zwischen den Geschlechtern gibt, und zwar in dem Sinne, dass der Typus des »robusten Materialisten« konstant bei den männlichen Jugendlichen stärker vertreten ist, der konträre Typus des »pragmatischen Idealisten« dagegen häufiger bei den weiblichen Jugendlichen vorkommt.

Besonders spannend sind auch hier natürlich die Verschiebungen der Ausprägungen der einzelnen Wertetypen über die Zeit hinweg. Hier konnte nach den Ergebnissen der Shell-Jugendstudie die Gruppe der »Aufstrebenden Macher« seit 2002 einen kontinuierlichen Zuwachs von 25% auf 32% verbuchen. Die Gruppe der »robusten Materialisten« sank im Gegensatz dazu auf einen Wert von zuletzt 19%. Zu den »pragmatischen Idealisten« und zu den »zögerlich Unauffälligen« wurden mit geringen Schwankungen jeweils etwa ein Viertel der Befragten gerechnet (ebd., S. 266f.).

Eine andere inzwischen in Deutschland wohl etablierte und bereits mehrfach durchgeführte Jugendstudie hat einen deutlich anderen methodischen Weg gewählt, um etwas darüber herauszufinden, wie Jugendliche »ticken« und wie man die unterschiedlichen Lebenswelten und Lebensorientierungen von Jugendlichen sinnvoll beschreiben und differenzieren kann. 2008, 2012 und 2016 wurden vom SINUS-Institut Jugendstudien vorgelegt, bei denen das von diesem Institut entwickelte Modell der Unterscheidung gesellschaftlicher Milieus als Hintergrundfolie eine zentrale Rolle spielt. Das Modell wurde ursprünglich für die Marktforschung entwickelt und in einer aktuellen Darstellung des SINUS-Instituts wird entsprechend werbewirksam formuliert:

> »Die Sinus-Milieus liefern ein wirklichkeitsgetreues Bild der real existierenden Vielfalt in der Gesellschaft, indem sie die Befindlichkeiten und Orientierungen der Menschen, ihre Werte, Lebensziele, Lebensstile und Einstellungen sowie ihre soziale Lage vor dem Hintergrund des soziokulturellen Wandels genau beschreiben. Mit den Sinus-Milieus kann man die Lebenswelten der Menschen ›von innen heraus‹ verstehen, gleichsam in sie ›eintauchen‹. Mit den Sinus-Milieus versteht man, was die Menschen bewegt und wie sie bewegt werden können. Und es wird deutlich, welche Zielgruppen die Zukunft bestimmen ... Die Sinus-Milieus gruppieren Menschen, die sich in ihrer Lebensauffassung und Lebensweise ähneln. Grundlegende Wertorientierungen gehen dabei ebenso in die Analyse ein wie Alltagseinstellungen zur Arbeit, zur Familie, zur Freizeit, zu Geld und Konsum. Sie rücken also den Menschen und das gesamte Bezugssystem seiner Lebenswelt ganzheitlich ins Blickfeld« (SINUS Milieus 2017, S. 2).

Dieses mehrdimensionale Milieukonzept hat die früher gängigen eindimensionalen Schichtenmodelle weitgehend abgelöst.

Bei der SINUS-Jugendstudie handelt es sich um eine qualitative Studie. Es ist durchaus beeindruckend, welch dichtes und differenziertes Bild der aktuellen Ausprägungen unterschiedlicher Lebenswelten und Denkweisen die Autoren hier auf der Basis von ganzen 72 narrativen Interviews mit Jugendlichen zwischen 14 und 17 Jahren entwickelt haben. Die Interviews wurden dabei noch durch einige weitere originelle Methoden der Datenerhebung ergänzt wie etwa »Hausaufgabenhefte«, bei denen die Jugendliche individuelle Reflexionen zur Frage »Was gibt deinem Leben Sinn?« oder »Was sind für Dich die wichtigsten Sachen der Welt?« anstellen sollten, Bilder, bei denen die Probanden eine Art »Hausaltar« mit besonders wichtigen und symbolträchtigen persönlichen Gegenständen in ihrem Zimmer zusammenstellen und fotografieren sollten, sowie »Werteuniversen, bei denen in einem Koordinatensystem mit den Achsen »Stabilität vs. Veränderung« und »Materialismus vs. Postmaterialismus« Dutzende konkreter Werte-Items präsentiert wurden – von »treu sein« bis »kreativ sein« und von »bescheiden sein« bis zu »berühmt werden«. Die Jugendlichen wurden dann aufgefordert, jeweils diejenigen Werte, die für sie besonders wichtig sind, zu unterstreichen und andererseits diejenigen Formulierungen, die ihren eigenen Haltungen besonders deutlich entgegenstehen, durchzustreichen.

Die narrativen Interviews und die weiteren qualitativen Materialien wurden inhaltsanalytisch ausgewertet, und ausgehend von den Aussagen der Jugendlichen zu Wertorientierungen, Lebensstilen, Alltagspraxen, Freizeitformen, Zukunftsplänen, ästhetischen Präferenzen etc. wurden dann sieben unterschiedliche »Lebenswelten« modelliert und in einem zweidimensionalen Raum verortet, bei dem die x-Achse von der normativen Grundorientierung (»traditionell«, »modern«, »postmodern«) und die y-Achse vom Bildungsgrad (»niedrig«, »mittel«, »hoch«) bestimmt wurde. Die Studie nimmt dabei für sich in Anspruch, »nicht im statistischen, wohl aber im psychologischen Sinne repräsentativ« zu sein (Calmbach u. a. 2016, S. 22). Und auch Klaus Hurrelmann, der als Vertreter des traditionsreichen »Konkurrenzunternehmens« der Shell-Jugendstudien, welche ja mit repräsentativen Stichproben und einem deutlich anderen methodischen Design arbeiten, zu einem Vorwort für die SINUS-Jugendstudie eingeladen war, lobt sie als eine »theoretisch und methodisch außerordentlich gut abgesicherte und fundierte Untersuchung«, die durch Genauigkeit und Originalität besticht und einen »tiefen Blick in die Gefühls- und Einstellungswelten der 14 bis 17 Jahre alten Jugendlichen in Deutschland« erlaubt (Hurrelmann, 2016, S. 9). Nur die Kombination statistisch-quantitativer und explorativ-qualitativer Studien ist nämlich in seinen Augen in der Lage, »eine umfassende und zugleich detaillierte, sensible und authentische Abbildung der Situation von Jugendlichen zu ermöglichen« (ebd., S. 8).

Folgende sieben jugendliche Lebenswelten werden dann mit entsprechenden Labeln versehen und in der Studie materialreich, d. h. vor allem mit vielen ausgewählten Zitaten, aber auch mit aussagekräftigen Einträgen in die »Hausaufgabenhefte« bzw. mit den typischen Verortungen im »Werte-Universum« präsentiert: »*Konservativ-Bürgerliche*«, »*Adaptiv-Pragmatische*«, »*Prekäre*«, »*Materialistische Hedonisten*«, »*Experimentalistische Hedonisten*«, »*Sozialökologische*« und »*Expeditive*«. Jeder der sieben jugendlichen Lebenswelten ist dann neben dem Label auch noch eine Art Slogan als »Kürzestcharakteristik« zugeordnet. In diesem Sinn werden die »*Konservativ-Bürgerlichen*« als die »familien- und heimatorientierten Bodenständigen mit Traditionsbewusstsein und Verantwortungsethik« beschrieben, die »*Adaptiv-Pragmatischen*« als der »leistungs- und familienorientierte moderne Mainstream mit hoher Anpassungsbereitschaft«, die »*Prekären*« als die »um Orientierung und Teilhabe bemühten Jugendlichen mit schwierigen Startvoraussetzungen und Durchbeißermentalität«, die »*Materialistischen Hedonisten*« als Vertreter der »freizeit- und familienorientierten Unterschicht mit ausgeprägten markenbewussten Konsumwünschen«, die »*Experimentalistischen Hedonisten*« als »spaß- und szeneorientierte Nonkonformisten mit Fokus auf Leben im Hier und Jetzt«, die »*Sozialökologischen*« als die »nachhaltigkeits- und gemeinwohlorientierten Jugendlichen mit sozialkritischer Grundhaltung und Offenheit für alternative Lebensentwürfe« und die »*Expeditiven*« schließlich als die »erfolgs- und lifestyle-orientierten Networker auf der Suche nach neuen Grenzen und unkonventionellen Erfahrungen«.

Natürlich gibt es hier manche Überschneidungen mit den »*Pragmatischen Idealisten*«, den »*Unauffällige Zögerlichen*«, den »*Aufstrebenden Machern*« und den »*Robusten Materialisten*« der Shell-Jugendstudie. Es macht wohl wenig Sinn, danach zu fragen, ob es nun »in Wahrheit« vier oder sieben oder zehn unterschiedliche jugendliche Wertetypen oder Lebensmuster gibt. Es handelt sich hier eben um Versuche der Forscher, durch solche Typenbildungen etwas Übersicht und Ordnung in die real existierende

25 Jugend als »Jugenden« (Typen, Milieus, Szenen ...)

Vielgestaltigkeit, Buntheit und Unübersichtlichkeit jugendlicher Lebensweisen und Lebenseinstellungen zu bringen. Aber es sind natürlich von außen herangetragene Konstrukte, die wenig mit den subjektiven Selbstverortungen und Benennungen der Jugendlichen zu tun haben. Kaum ein Jugendlicher und kaum eine Jugendliche würde sich wohl selbst als »robusten Materialisten« oder als »Experimentalistische Hedonistin« etc. beschreiben.

Dagegen gibt es andere Varianten der Gruppenbildung und der Selbstbeschreibung und Selbstverortung, die für einen beträchtlichen Teil der Jugendlichen durchaus von erheblicher alltagspraktischer und identitätsstiftender Bedeutung sind. Gemeint sind die Zugehörigekeiten zu bestimmten Jugendkulturen bzw. Jugendszenen. »Punks«, »Skinheads«, »Technos«, »HipHoper«, »Ökos«, »Gothics«, »Emos«, »Heavy Metal Fans«, »Reggae-Freaks«, »Hipster«, »Skateboarder« etc.. All dies sind Stile und Orientierungen, mit denen die meisten Jugendlichen durchaus etwas anfangen können und bei denen sie in der Regel auch benennen können, wo sie eher Nähe und Sympathie und wo eher ausgeprägte Distanz empfinden. Einer der besten Kenner der unübersichtlichen und immer komplexer werdenden Landschaft der Jugendkulturen schätzte 2010 die Zugehörigkeitssituation folgendermaßen ein:

»Etwa 20 Prozent der Jugendlichen in Deutschland gehören aktiv und engagiert Jugendkulturen an; sie sind also Punks, Gothics, Emos, Skinheads, Fußballfans, Skateboarder, Rollenspieler, Cosplayer, Jesus Freaks usw. und identifizieren sich mit ihrer Szene. Minderheiten, sicherlich, die allerdings – am deutlichsten sichtbar im Musik- und Modegeschmack – die große Mehrheit der Gleichaltrigen beeinflussen. Rund 70 Prozent der übrigen Jugendlichen orientieren sich an Jugendkulturen. Sie gehören zwar nicht persönlich einer Jugendkultur an, sympathisieren aber mit mindestens einer jugendkulturellen Szene, besuchen am Wochenende entsprechende Szeneparty, Konzerte oder andere Events, hören bevorzugt die Musik einer bestimmten Szene, wollen sich aber nicht verbindlich festlegen. Jeder Szene-Kern wird so von einem mehr oder weniger großen Mitläuferschwarm umkreist, der zum Beispiel im Falle von Techno bzw. elektronischer Musik und Hip-Hop mehrere Millionen Jugendliche umfassen kann. So sind die Aktiven der Jugendkulturen wichtige opinion leader oder role models ihrer Generation« (Farin 2010, S. 3f.).

Im Zentrum stehen dabei häufig bestimmte Musikstile, aber es geht beileibe nicht nur um Musikpräferenzen. Vielmehr sind mit den diversen Jugendkulturen meist komplette Orientierungsmuster verknüpft, wie man denken, handeln, sprechen, tanzen, konsumieren, sich stylen muss, um cool zu sein. Es geht um zusammengehörige Muster von Aktivitäten, Aufmachungen, Accessoires, die einen komplexen Code bilden, den es zu identifizieren, anzueignen und für sich selbst kreativ zu interpretieren gilt. In der Regel gehören auch bestimmte Weltanschauungen, Lebensphilosophien, politische Überzeugungen mit dazu, nicht selten auch das Bewusstsein, der »richtigen Szene« zuzugehören, den »richtigen Stil« zu pflegen und ein entsprechender Gestus von Überlegenheit und somit bisweilen eine eher herablassend-verächtliche Haltung gegenüber den Vertretern anderer, konträrer Orientierungen.

Krafeld hat das Phänomen der Bedeutungsaufwertung der Jugendkulturen mit der zunehmenden gesellschaftlichen Unübersichtlichkeit einerseits und dem Prägnanzbedürfnis der Jugendlichen andererseits in Verbindung gebracht:

> »Die in der aktuellen Phase gesellschaftlicher Erosionen und Umbrüche stattfindende immense Ausweitung und Ausdifferenzierung von Jugendkulturen und Jugendszenen ist ... als Versuch Jugendlicher zu sehen, sich selbst in dieser unübersichtlichen Welt zu definieren und zu orientieren. Jugendkulturen, Jugendszenen und jugendliche Cliquenbildungen sind dabei der wohl deutlichste, im Lebensalltag Jugendlicher praktisch werdende Versuch, sich subjektgeleitet gesellschaftliche und soziale Wirklichkeit handelnd anzueignen« (Krafeld 1996, S. 83f.).

Dabei bietet die Hinwendung zu einer bestimmten Jugendszene den Vorteil, dass dafür keine formalen Hürden zu überwinden sind, dass es keine »Aufnahmeanträge« und keine offiziellen »Mitgliedschaften« gibt. Mit seinem Interesse und seiner Faszination für eine bestimmte Szene lebt der Jugendliche sich gewissermaßen ganz selbstverständlich hinein in die entsprechenden Codes, erwirbt die maßgeblichen Informationen und die notwendigen Skills. Genauso einfach ist bei Bedarf auch der »Ausstieg«. Er muss sich nirgendwo abmelden und ist niemandem Rechenschaft schuldig.

»Jeder kann bleiben, solange er will und solange das Szeneleben zu seinem ganz persönlichen Lebensgefühl passt. Und wenn er sich weiterentwickelt und nach etwas Neuem sucht, das besser zu seinem veränderten ›Ich‹ passt, kann er einfach gehen und niemand ist böse« (Großegger & Heinzlmaier 2002, S. 16).

Die Jugendkulturen stellen somit eine Spielwiese der Exploration, des Ausprobierens und Experimentierens mit Selbstentwürfen dar. Es werden dort gewissermaßen »provisorische Identitätshülsen« (Göppel 2007) geboten, komplette »Sets« von Haltungen, Anschauungen, Aufmachungen, in die die Jugendlichen »hineinschlüpfen«, die sie aber auch kreativ gestalten und abwandeln können.

Weiterhin kommen die Jugendkulturen dem jugendtypischen Bedürfnis nach starken Gefühlen, nach Grenzerfahrungen, nach Steigerung und Veränderung von Selbstzuständen entgegen. Manche Jugendkulturen sind direkt um die Kultivierung bestimmter Gefühlszustände hin zentriert: Seien es Glück, Happiness, Ausgelassenheit, Lebenslust und Partylaune in der Technokultur, Weltschmerz, Trauer, Depression bei den Gothics oder seien es eher aggressiv-kämpferische Gefühle bei den Hooligans oder gar Wut und Hassgefühle bei bestimmten Skinheadgruppen. Hier wird man nicht mit erwachsenentypisch-vernünftigen Aufforderungen konfrontiert, sich nicht so gehen zu lassen und das Lustprinzip so provokativ zur Schau zu stellen (wie etwa bei der Love Parade), sich nicht so hängen zu lassen und sich in Melancholie und Nihilismus heimisch einzurichten (wie etwa bei den Gothics) oder sich nicht so hineinzusteigern in menschenfeindliche Verächtlichkeit, in Wut und rassischen Überlegenheitsdünkel (wie etwa bei den Skinheads). Vielmehr erfahren diese im Jugendalter aufbrechenden Gefühlsaspekte in den entsprechenden Jugendkulturen Anerkennung und treffen (z. T. unterstützt durch Musik, Alkohol und Drogen) auf einen gruppenpsychologischen Resonanz- und Verstärkungsraum. Das gemeinsame Eintauchen, Steigern, Auskosten der Gefühlsintensität ist es, was für viele die Jugendkulturen attraktiv macht. Dabei sind es in manchen Jugendkulturen eher die konkreten Aktivitäten, die den Kick, die Intensitätssteigerung des Gefühls ausmachen: Die Lautstärke und die direkt »auf den Bauch hin« angelegten Rhythmen und Bässe beim Heavy Metal Konzert, die Anspannung beim nächtlichen Graffiti-Sprühen oder beim S-Bahn-Surfen, die gewagten Sprünge und die verletzungsträchtigen Slides über Geländer, Betonrampen und Treppenstufen beim Skaten oder beim Parcour.

Die Jugendkulturen kommen dabei zugleich dem Bedürfnis nach Eigenständigkeit und Distanzierung von der traditionellen elterlichen Herkunftswelt als auch dem Bedürfnis nach Anerkennung und Gruppenkohäsion entgegen. Wenn es für die Jugendlichen ansteht, dass die bisherigen familiären Vorgaben, was Lebensorientierung, Wertmaßstäbe und ästhetische Vorstellungen anbelangt, kritisch in Frage gestellt werden müssen, dann ist es dabei durchaus nützlich, »Verbündete«, »Gleichgesinnte« zu haben, und zwar in einem engeren und weiteren Sinne: Einmal die realen Peers der lokalen Clique, die vielleicht auch die gleiche Faszination für bestimmte Musik, bestimmte Stylings und bestimmte Aktivitäten teilen. Darüber hinaus, in einem weiteren Sinn aber auch die markanten medialen Vorbilder und Idole, die für bestimmte jugendkulturelle Trends bedeutsam und stilprägend geworden sind und Auskunft darüber verkörpern, was als »in« und was als »out«, was als »cool« und was als »uncool« zu gelten hat. Indem er sich an den entsprechenden Vorgaben orientiert, sie vielleicht sogar in besonders kreativer, extravaganter Weise umsetzt, kann der Jugendliche Zugehörigkeit und Insidertum demonstrieren und Anerkennung und Bewunderung ernten. Gleichzeitig wird durch diese gemeinsame Orientierung an bestimmten Leitbildern und an einem bestimmten Habitus sowie durch die explizite Abgrenzung von anderen, inkompatiblen Gruppenstilen auch Gruppenzusammenhang gestiftet:

>»Jugend(sub)kulturen konstituieren auf merkwürdige Weise Sozialität. Menschen, die sich weder mit Namen kennen noch sich je vorher begegnet sind, können von einem Tag zum anderen durch den Anschluß an ein Zeichenensemble, eine Veränderung ihrer Haare, eine unter dem Gesäß hängende Hose eine Zugehörigkeit zu einer Gruppe erreichen. Das geschieht wortlos, bedarf keiner Zustimmung, findet täglich tausendfach statt und funktioniert« (Breyvogel 1999, S. 51).

Ein erziehungswissenschaftlicher Experte in Sachen Jugendkultur, nämlich Dieter Baacke, hat dem Phänomen Jugendkultur dagegen eher eine progressiv-pathetische Deutung gegeben, als er meinte, in den Jugendkulturen fänden

>»radikale Experimente des Daseins statt (von den Drogen bis zur Sexualität), die aus den Bezirken einer rational verwalteten Welt weitgehend ausgeschlossen sind. Jugendliche erfahren hier, dass sie in dem Sinne ›erwachsen‹ sind, als sie für sich selbst und ihre Beziehungen einstehen können, wollen und dürfen« (Baacke 1993, S. 248).

Dies mag für einige wenige Jugendliche, die sich mit Haut und Haar einer bestimmten Jugendkultur verschrieben haben, zutreffen. Für den Großteil der Jugendlichen hat das Ganze wohl weniger existentiellen, sondern eher spielerisch-tentativen und kreativ-expressiven Charakter. Und natürlich darf bei dem ganzen Thema nicht übersehen werden, welch große Bedeutung der kommerziellen Vereinnahmung, Verbreitung und Vermarktung der jugendkulturellen Trends zukommt. In diesem Sinne meint Farin deutlich nüchterner:

>»Jugendkulturen sind grundsätzlich vor allem Konsumkulturen. Sie wollen nicht die gleichen Produkte konsumieren wie der Rest der Welt, sondern sich gerade durch die Art und Weise ihres Konsums von dieser abgrenzen; der Konsum vor allem von Musik, Mode, Events ist ein zentrales Definitions- und Identifikationsmerkmal von Jugendkulturen« (Farin 2010, S. 5).

Es wäre sicherlich eine interessante Frage, in welchem Verhältnis die von der Shell-Studie bzw. der SINUS-Studie aus den erhobenen Daten entwickelten »Wertetypen« bzw. »Lebenswelten« nun zu dem Kosmos der unterschiedlichen jugendkulturellen Richtungen und Szenen stehen, welche im Horizont der Jugendlichen selbst eine Rolle spielen. Welche Trends der Nähe bzw. der Distanzierung mögen sich hier abzeichnen? In der SINUS-Studie lassen sich einige Andeutungen zu den unterschiedlichen Musikpräferenzen, Konsumansprüchen und Aktivitätsmustern der beschriebenen sieben Jugendtypen finden. Die AutorInnen kommen insgesamt aber zu der Auffassung, dass bei den heutigen Jugendlichen das Bemühen, die Distanzierung zur Erwachsenenwelt durch die explizite Identifikation mit einer Jugendsubkultur zum Ausdruck zu bringen, deutlich an Bedeutung verloren habe:

> »Es gibt immer weniger typisch jugendliche Abgrenzungsbemühungen gegenüber der Erwachsenenwelt. Es geht heute den wenigsten Jugendlichen darum, der Mainstream-Kultur der Erwachsenen eine eigene ›Subkultur‹ entgegen zu setzen. Der Wertekanon der Jugendlichen ist nahezu derselbe wie bei den Erwachsenen und reflektiert die Vielfalt der Orientierungen und Lebensstile in einer pluralisierten Gesellschaft ... Folgerichtig hat auch die Bedeutung der noch in den 1990er und vor allem 1980er Jahren identitätsstiftenden Jugendkulturen bzw. Jugendszenen weiter abgenommen« (Calmbach u. a. 2016, S. S. 475).

»Mainstream« sei heute für die Jugendlichen kein Schimpfwort mehr, sondern im Gegenteil »ein Schlüsselbegriff im Selbstverständnis und bei der Selbstbeschreibung« (ebd.).

26

Jugend als Risiko

Wenn Jugendforscher der jeweils aktuellen Jugendgeneration »auf den Puls fühlen«, sie nach den Regeln der Kunst empirischer Sozialforschung »vermessen«, »diagnostizieren«, »kategorisieren«, »typisieren«, dann nicht nur deshalb, weil sie wissen wollen, wie Jugendliche in unterschiedlichen Milieus »ticken«, welche neuen Trends die Jugend als gesellschaftliche Avantgarde »ausbrütet«, welche Wertemuster sich wie verschoben haben oder welchen Zulauf unterschiedliche Jugendszenen aktuell haben, sondern auch deshalb, weil jene »radikalen Experimente des Daseins«, welche die Jugendlichen gerade im Zusammenhang mit Cliquen und Jugendkulturen bisweilen unternehmen, nicht selten auch mit allerhand Risiken verbunden sind. Deshalb ist es ein wichtiges Anliegen der Jugendforschung, etwas darüber herauszufinden, »wie es den Heranwachsenden geht« und »worauf sie sich einlassen«, d. h., wie sie ihr eigenes Wohlbefinden und ihre Zukunftsperspektiven einschätzen, wo es aktuelle Gefährdungslagen, problematische Entwicklungstrends und entsprechende Hilfebedarfe gibt oder wo verstärkte Präventionsbemühungen notwendig erscheinen. Von der Methodik her sind diese Studien meist ähnlich angelegt wie die Survey-Studien, in dem Sinne, dass große repräsentative Stichproben von Jugendlichen in Interviews mit speziellen Fragen nach ihrem gesundheitsrelevanten Befinden und Verhalten, nach ihren Ernährungs- und Bewegungsgewohnheiten, nach ihrem Nikotin-, Alkohol- oder Drogenkonsum, nach ihren Formen der Mediennutzung, nach ihren sexuellen Praxen, nach ihrer Delinquenzneigungen und ihren Gewalterfahrungen etc. befragt werden.

Schon lange ist bekannt, dass die Prävalenzen für viele Risikoverhaltensweisen mit der Pubertät einen ziemlich steilen Anstieg nehmen, im mittleren Jugendalter in der Regel ein Maximum erreichen, um dann im frühen Erwachsenenalter allmählich wieder abzuflachen. Dies gilt etwa für das Rauchen, für das Rauschtrinken, für den Cannabiskonsum, für die Verwicklung in gewaltsame Auseinandersetzungen, für delinquente Verhaltensweisen und für ungeschützten Sexualverkehr. Aber auch die Rate der Unfälle beim Radfahren, Skaten, Schwimmen, Klettern, Snowboarden etc. steigt in jenem Alter an (vgl. Bühler 2011). Das Risiko, einen Verkehrsunfall zu verursachen, ist bei jungen Roller-, Motorad- oder Autofahrern sehr viel höher als bei älteren Verkehrsteilnehmern. Entsprechend hoch sind die Versicherungsprämien für diese Altersgruppe. Auch Suizide, Suizidversuche und direkt selbstverletzendes und selbstschädigendes Verhalten etwa durch Ritzen oder durch extreme Diäten nehmen im Jugendalter sprunghaft zu.

Die erhöhte Risikobereitschaft der Jugendlichen muss dabei auch in engem Zusammenhang mit ihrem verstärkten Autonomiestreben gesehen werden. Da Jugendliche in der Regel davon überzeugt sind, dass sie selbst am besten wissen, was für sie gut ist, und dass sie des Rates und erst recht der Ermahnungen und Einschränkungen durch Erwachsene nicht mehr bedürftig sind, versuchen sie sich ihrer Überlegenheit und Unabhängigkeit häufig dadurch zu versichern, dass sie diejenigen, die sich anmaßen, ihnen noch immer Vorhaltungen und Vorschriften machen zu wollen, entwerten oder gar der Lächerlichkeit preisgeben. Zinnecker hat auf das Dilemma hingewiesen, dass eine absichtsvoll zum Zweck der Erziehung betriebene warnende, kontrollierende, zur Vorsicht mahnende, Kommunikation seitens der Erwachsenen zunehmend mit der Tendenz einhergeht, »daß Motive der Ablehnung und des Eigensinns sich bei den Adressaten verdoppeln« (Zinnecker 2000, S. 285). All dies wäre weniger problematisch und könnte sehr viel leichter als entwicklungsnotwendiges Ablöseverhalten einfach so hingenommen werden, wenn es nicht gleichzeitig die ausgeprägte Lust der Jugendlichen am Risiko gäbe, die es Erwachsenen dringend geboten erscheinen lässt, Jugendliche aufzuklären, zu beraten, zu warnen, zu beeinflussen. Zu den in den Jugendszenen gängigen Sprüchen zählen unter anderem eben auch solche wie »No risk – no fun«, »Stop thinking – just do it« oder »If life gets boring – risk it!«. Es gibt eine Vielzahl von empirischen Belegen dafür, dass das Risikoverhalten in verschiedenen Lebensdimensionen im Jugendalter deutlich zunimmt. Zugleich tauchen viele potentielle Gefahrenquellen überhaupt erst mit der zunehmenden Unabhängigkeit und Mobilität des Freizeitverhaltens im Horizont der Jugendlichen und ihrer Peergroup-Aktivitäten auf. Diese Grundkonstellation: erweiterter Aktionsradius und »vermehrte Versuchungen« bei zugleich »verringerter Vernunft« und zunehmend zurückgewiesener »erzieherische Bevormundung« hat schon immer die Pädagogen beunruhigt und dazu geführt, das Jugendalter unter der Perspektive eines besonderen Risikos zu betrachten. In diesem Sinne spricht Pfaff von einem »Dauerbrenner Risikoforschung« und meint, »Fragen nach Abweichung, Risiko oder Gefährdung von Jugend bzw. durch jugendliches Handeln gehören zweifellos zu den ältesten Gegenstandsfeldern der Jugendforschung« (Pfaff 2014, S. 42)

Inzwischen gibt es einen eigenen Zweig der Jugendrisikoforschung (vgl. Engel/Hurrelmann 1993, Raithel, 1999, 2000, 2011, Limbourg/Reiter 2003). Die anthropologische Grundannahme, die dieser Forschungsrichtung zugrunde liegt, haben Limbourg und Reiter folgendermaßen zusammengefasst:

»Jugendliche haben ein im Vergleich zu Erwachsenen nur wenig ausgeprägtes Bewusstsein für Gesundheit, Krankheit, Sicherheit und Gefahr. ... Sie neigen zu einer risikoreichen Lebensweise und verunglücken häufiger als Erwachsene. Obwohl ihr Verhalten objektiv gesundheitsgefährdend ist, wird es von den Jugendlichen selbst aber nicht als die eigene Gesundheit beeinträchtigend wahrgenommen. Grund dafür ist der ›jugendliche Egozentrismus‹, d. h., die Jugendlichen sind phasenweise sehr stark auf sich selbst bezogen, sie orientieren sich nach innen. Diese alterstypische erhöhte Selbstwahrnehmung verstellt ihnen den Blick für die realistische Einschätzung der Außenwelt mit ihren Gefahren. ... Die Jugendlichen erleben sich als einzigartig und überschätzen ihre Fähigkeiten. Diese Selbstüberschätzung geht mit Größenideen einher. ... Jugendliche glauben außerdem, dass sie ›unverwundbar‹ sind und ihnen deshalb nichts passieren kann. ... Jugendliche lehnen sich gegen die Normen und Regeln einer von Erwachsenen dominierten Gesellschaft auf. Das Übertreten von Normen und Regeln kann als ›Protest‹ gegen die Welt der Erwachsenen verstanden werden und in diesem Zusammenhang kann auch das Risikoverhalten ein Ausdruck der Opposition gegenüber der Autorität der Erwachsenen sein.«

Hinzu kommt die starke Peergroup-Ausrichtung im Jugendalter und das Phänomen, dass Gruppeneinflüsse im Hinblick auf die Risikobereitschaft oftmals verstärkend und enthemmend wirken:

»Der Konformitätsdruck in der Gruppe führt zu verzerrten Denk- und Entscheidungsprozessen, die einzelne Gruppenmitglieder daran hindern, durchdachte Entscheidungen zu treffen. Für die Gruppenzugehörigkeit tun Jugendliche alles – auch/oder besonders Risiken in Kauf zu nehmen« (Limbourg/Reiter 2003, S. 16f.).

Einen etwas anderen Akzent bei der Erklärung solchen Risikoverhaltens setzt eine aktuelle Studie des Max-Plank-Instituts für Bildungsforschung. Demnach ist es der jugendtypische Erfahrungshunger, der die Jugendlichen häufig besonders wagemutig handeln lässt, kombiniert mit einer ausgeprägten Ambiguitätstoleranz bzw. einer offensiven Ignoranz gegenüber den verfügbaren Informationen bezüglich der Risiken, die mit den aufregenden Erfahrungen, verbunden sind: Jugendliche haben demnach

»im Vergleich zu Kindern und Erwachsenen weniger Interesse an Informationen..., die ihnen helfen würden, die Risiken ihres Verhaltens besser einzuschätzen. Sie haben eine geringere Motivation, sich zu informieren und geben sich mit weniger Wissen zufrieden. Das liegt nicht daran, dass sie kognitiv nicht in der Lage sind, sich mit der Thematik auseinanderzusetzen. Sie wollen schlicht neue Erfahrungen machen und probieren sich aus. ... Es zeigte sich, dass Jugendliche es eher akzeptieren, keine eindeutige Vorstellung über die Wahrscheinlichkeit möglicher Ereignisse zu haben und auch bei extremer Unsicherheit weniger nach Informationen suchen. Diese Toleranz des Ungewissen erreicht seinen Höhepunkt im Alter von 13 bis 15 Jahren« (MPIB 2017).

Welche sind die Hauptrisiken, die heutigen Eltern beim Eintritt ihrer Kinder in die Pubertät vor allem Sorgen bereiten? Würde man eine entsprechende Elternumfrage machen, dann kämen wohl vor allem folgende Punkte zur Sprache: psychische Erkrankungen wie Depressionen oder Essstörungen, übermäßiger Alkohol- oder Nikotinkonsum, Einstieg in den Konsum illegaler Drogen, problematische frühzeitige Sexualerfahrungen und ungewollte Schwangerschaften, Beteiligung an delinquenten Handlungen, Anschluss an radikale politische Gruppierungen, Versinken in einer generellen »Null-Bock-Mentalität« oder im exzessiven Medienkonsum und Vernachlässigung der Schule, riskantes Verhalten im Straßenverkehr oder im Freizeitbereich. Dabei handelt es sich bei den erstgenannten Risiken, den psychischen und psychosomatischen Erkrankungen, eher um Probleme, die den Jugendlichen *widerfahren*, um Krankheiten, die typischerweise erstmals im Jugendalter »ausbrechen«. Bei den anderen genannten Risiken handelt es sich dagegen eher um Phänomene, auf die sich die Jugendlichen *einlassen* bzw. die sie aufgrund ihrer Neigung zu riskanten Verhaltensweisen *aktiv suchen*.

Kinder haben normalerweise eine ausgeprägte Aversion gegen Alkohol und Zigaretten. Wenn sie einmal an einem Bier-, Wein-, oder gar Schnapsglas nippen, sagen sie in aller Regel, dass dies scheußlich schmecke. Angetrunkene Erwachsene finden sie höchst peinlich oder widerlich. Auch die ersten Züge, die Kinder mehr aus Entdeckungsgründen heimlich an einer erbeuteten Zigarette machen, haben ihnen wohl kaum jemals wirklich geschmeckt. Da sie wissen, dass Rauchen gesundheitsschädlich ist, können sie es kaum verstehen, warum Erwachsene das überhaupt machen, immer wieder diesen übelschmeckenden, stinkenden und dazu noch krankmachenden Rauch einzuatmen. Im Jugendalter ändert sich diese Einstellung. Alkoholische Getränke und Zigaretten werden für die Jugendlichen zunehmend attraktiver – sowohl als Erwachsenen-Statussymbole als auch als Mittel, eigenes Erleben, eigene Stimmung und Befindlichkeit gezielt zu manipulieren.

Die Fragen, in welchem Alter wie viele Jugendliche mit dem Rauchen beginnen, wie sich Mädchen und Jungen, Gymnasiasten und Hauptschüler hier unterscheiden, welchen Einfluss das Gesundheitsbewusstsein und die Akzeptanz des Freundeskreises hierbei haben und wie sich all diese Tendenzen im Laufe der Jahre verschoben haben, sind durch die seit 1973 von der Bundeszentrale für gesundheitliche Aufklärung wiederholt durchgeführten Repräsentativerhebungen zur Drogenaffinität Jugendlicher und junger Erwachsener im Alter von 12–25 Jahren relativ gut untersucht (vgl. Orth, 2016).

Man weiß heute einiges über die Faktoren, die mit frühem intensivem Nikotinkonsum in Zusammenhang stehen. So ist dieser selbst wiederum ein sehr sensibler Indikator für eine schwierige, stressreiche Lebenssituation und für ein geschwächtes Selbstwertgefühl. Man weiß auch – und dies unterstreicht wiederum den Risikocharakter des Jugendalters –, dass die Suchtentwicklung im Jugendalter besonders schnell erfolgt und dass das Risiko, lebenslang zur Gruppe der Raucher zu gehören, eng mit dem Einstiegsalter zusammenhängt. Je später jemand mit dem Rauchen beginnt, desto größer ist die Chance, dass es nur eine Episode bleibt. Je früher der Einstieg, desto größer das Risiko, nie mehr davon loszukommen. Wenn man weiterhin bedenkt, dass die meisten der befragten Raucher im Erwachsenenalter angeben, sie würden gerne vom Rauchen loskommen, und wünschten, sie hätten nie damit begonnen, dann sind dies schon starke Argumente dafür, nach Kräften darauf hinzuwirken, dass Jugendliche frühen Tabakkonsum meiden. Von daher muss der Trend, dass der Anteil der rauchenden Jugendlichen im Alter von 12 bis 17 Jahren in den letzten Jahren deutlich rückläufig ist, als besonders erfreuliche Entwicklung gewertet werden. Waren es im Jahr 2001 noch 27,5% der Jugendlichen, die sich als regelmäßige oder gelegentliche Raucher einstuften, so waren es 2015 nur noch 7,8% (Orth 2016, S. 12). Vier Fünftel der Jugendlichen dieses Alters gaben an, dass sie noch nie geraucht hätten. Hier hat offensichtlich die veränderte Raucherschutzgesetzgebung, die das Rauchen in vielen öffentlichen Bereichen deutlich einschränkt, eine deutliche Veränderung des Nimbus des Rauchens bewirkt. Raucher sind demnach in den Augen der meisten Jugendlichen heute nicht mehr die coolen Cowboys am Lagerfeuer, die sich eine Zigarette anzünden, und auch nicht mehr die eleganten Damen, die sich mit lässiger Geste Feuer geben lassen, welche die Werbung früher gern präsentierte, sondern eher die bedauernswerten »Nikotinjunkies«, die im Nieselregen vor der Kneipe stehen müssen, um ihre Sucht zu befriedigen.

Noch stärker als beim Rauchen spielt bei den ersten intensiveren Alkoholerfahrungen wohl der Reiz an der gezielten Veränderung des eigenen Bewusstseinszustandes eine wichtige Rolle. Barbara Sichtermann hat diesen Umschwung in der Haltung gegenüber den »Genussgiften«, dieses nun aufkommende Interesse an der »Berauschung« sogar zu einem sicheren Kennzeichen für das Ende der Kindheit erklärt:

> »Man könnte die Grenzlinie zwischen Kindheit und Pubertät ziemlich treffsicher entlang der aufkeimenden Bereitschaft eines Teenagers ziehen, sich in einen Rauschzustand zu versetzen. Wenn diese Bereitschaft mit einer gewissen minikriminellen Energie gepaart ist, wenn also die erste

Zigarette, der erste Brandy oder der erste Joint in aller Heimlichkeit und ziemlicher Aufregung konsumiert und die Veränderung des Körpergefühls und des Bewusstseins mit Neugier und einer Mischung aus Genuss und Ekel erfahren werden, dann ist das Kind kein Kind mehr« (Sichtermann 2002, S. 212).

Auch die Entwicklung des Alkoholkonsums der Jugendlichen über die Jahre ist in den Studien der Bundeszentrale für gesundheitliche Aufklärung differenziert dokumentiert. Hier gibt es insgesamt seit 1973 eine eher rückläufige Tendenz, was die Gesamtmenge des konsumierten Alkohols in Form von Bier, Wein, Spirituosen oder Mixgetränken bei den 12–25-Jährigen betrifft. Besonders deutlich ist der Rückgang des regelmäßigen Alkoholkonsums bei der Gruppe der 12- bis 17-jährigen Jugendlichen. Hier erreichte der Anteil derer, die angaben, regelmäßig Alkohol zu trinken, 2016 mit 10% nur noch etwa ein Drittel des Spitzenwertes von 28,5% aus dem Jahr 1986. Auch bei der 30-Tage-Prävalenz des »Rauschtrinkens«, bei dem die Jugendlichen danach gefragt wurden, ob sie im Verlauf des letzten Monats bei mindestens einer Gelegenheit mehr als fünf Gläser Alkohol zu sich genommen haben, gab es einen deutlichen Rückgang (vgl. Orth 2016). Dieses Thema hatte unter dem Stichwort »Koma-Saufen bei Jugendlichen« vor einigen Jahren noch hohe Wellen geschlagen. Bei der Erhebung von 2016 waren es jedoch nur mehr etwa halb so viele Jugendliche zwischen 12 und 17 Jahren, die angaben, sich in diesem Sinne im letzten Monat betrunken zu haben, wie 2007. Typischerweise fand dieser positive Trend sehr viel weniger Medienresonanz als die damalige Problementwicklung.

Auch in Bezug auf den frühen intensiven Alkoholkonsum gibt es Belege dafür, dass dieser mit einem erhöhten Risiko für eine lebenslange Suchtkarriere in Zusammenhang steht, vor allem dann, wenn er mit einer Häufung weiterer belastender Milieufaktoren einhergeht. Je früher Kinder bzw. Jugendliche beginnen, regelmäßig Alkohol zu trinken, desto größer ist offensichtlich die Gefahr, dass sie zu gewohnheitsmäßigen oder gar abhängigen Alkoholkonsumenten werden. Deshalb ist der Trend, der aus den jüngsten

Studien berichtet wird, grundsätzlich als sehr erfreulich zu bewerten. Allerdings belegt die Tatsache, dass bei der Gruppe der jungen Erwachsenen im Alter von 18–25 Jahren das »häufige Rauschtrinken« dann doch noch eine deutliche Steigerung erreicht und fast jeder Zehnte dieser Altersgruppe diesem Konsummuster zugeordnet wurde, dass hier nach wie vor eine beträchtliche Risikosituation besteht.

Obwohl der Konsum von Tabak und Alkohol unter »volksgesundheitlichen Aspekten« sicherlich das größte Problem darstellt, handelt es sich doch um »Genussgifte«, die Bestandteil unserer Kultur sind, die legal erhältlich sind und die die Erwachsenen selbst durchschnittlich in höherem Maße konsumieren als die Jugendlichen. Anders verhält es sich mit den illegalen Drogen wie z. B. Cannabis, Ecstasy, LSD oder Kokain. Zum einen ist mit ihrem Konsum immer das Risiko verknüpft, mit kriminellen Szenen in Kontakt und mit dem Gesetz in Konflikt zu geraten, zum anderen hat ihr Konsum insofern eine andere Qualität, als er eindeutiger und zielgenauer darauf ausgerichtet ist, die eigene psychische Befindlichkeit zu manipulieren. Während Alkohol kulturell und sozial in der Erwachsenengesellschaft verankert ist – Feiern sind hierzulande kaum ohne alkoholische Getränke denkbar und es gibt landauf, landab unzählige Bier- und Weinfeste, bei denen schon im Namen die Einnahme alkoholischer Getränke zum Hauptzweck der Veranstaltung erklärt wird –, unterliegt der Konsum illegaler Drogen doch sehr viel stärker der Geheimhaltung. Während ein »gekonnter« Umgang mit Alkohol damit gewissermaßen zum sozialisatorischen Normalprogramm in unserer Gesellschaft gehört, und die Eltern zu Silvester vielleicht auch schon dem 14-jährigen Sohn ein Gläschen Sekt zum Mitanstoßen einschenken, besteht im Hinblick auf die illegalen Drogen doch in der Regel das Ideal der Abstinenz. Die Situation, dass Eltern gemeinsam mit ihren Kindern einen Joint rauchen, dürfte wohl eher selten sein. Selbst wenn sie zu ihren eigenen »Jugendsünden« in dieser Hinsicht stehen und entsprechende Explorationsversuche ihres Nachwuchses deshalb nicht überdramatisieren, werden die meisten doch von solcher ausdrücklichen Billigung Abstand nehmen. Auch wenn der Konsum illegaler Drogen in manchen Jugendszenen inzwischen ziemlich verbreitet ist, entspricht es doch (entgegen manchen überzogenen medialen Einschätzungen) auch heute keineswegs der Norm, dass Jugendliche regelmäßig Drogen nehmen. In der jüngsten Studie der Bundeszentrale für gesundheitliche Aufklärung von 2016 ergab sich bei der Gesamtgruppe der 12–25-Jährigen eine Lebenszeitprävalenz, also eine zustimmende Antwort auf die Frage, ob man *jemals* illegale Drogen genommen hat, von 34,8%. Bei der Gruppe der 12–17-Jährigen lag sie bei 10,2%. Ganz überwiegend handelt es sich dabei um den Konsum von Cannabis. Je irgendeine andere illegale Droge außer Cannabis probiert zu haben, gaben 7,7% der jungen Erwachsenen zwischen 18 und 25 Jahren an und lediglich 1,8% der 12–17-Jährigen. Bei einem Großteil des Konsums illegaler Drogen handelt es sich dabei allerdings eher um einen Explorationskonsum, der nicht zu regelmäßigem Konsum führt. Die 12-Monats-Prävalenz, also die positive Antwort auf die Frage, ob man *während der letzten 12 Monate* illegale Drogen konsumiert hat, fällt entsprechend nur etwa halb so hoch aus wie die Lebenszeitprävalenz. Zu einem *regelmäßigen* Konsum illegaler Drogen bekennen sich unter 1% der 12–17-Jährigen und unter 4% der jungen Erwachsenen (vgl. Orth 2016).

Insgesamt kann man also sagen, dass heute relativ viele Jugendliche mit illegalen Drogen in Kontakt kommen und verhältnismäßig viele diese auch probieren oder kurze Zeit damit experimentieren. Der Anteil von Jugendlichen, die aktuell illegale Drogen konsumieren oder dies regelmäßig tun, ist dagegen gering und konzentriert sich sehr stark auf Cannabisprodukte. Es ist wichtig, den Unterschied von Explorationskonsum und Dauerkonsum zu betonen, weil beides doch sehr unterschiedliche Phänomene mit sehr unterschiedlicher sozialer und entwicklungsbezogener Relevanz sind.

Der Besitz und Konsum illegaler Drogen verstößt zwar gegen bestehende Gesetze, fällt somit unter den weiten Begriff der Delinquenz, ist in dem Sinne aber kein antisoziales Verhalten, bei dem die Eigentumsrechte, die körperliche Unversehrtheit oder die Freiheit und Würde anderer Menschen verletzt oder bei dem Dinge mutwillig weggenommen, zerstört oder beschädigt werden. Auch in diesem Bereich der Delinquenz und des Gewalthandelns gibt es jedoch mit dem Jugendalter eine typische Zunahme von entsprechenden Delikten und damit ein erhöhtes Risiko für Jugendliche, mit dem Gesetz in Konflikt zu geraten. In diesem Sinne bringt Wolfgang Heinz die allgemeine Erkenntnis auf die Formel: »Kriminalstatistiken zeigen, dass junge Menschen in jeder Gesellschaft und zu allen Zeiten (insgesamt gesehen) sehr viel häufiger kriminell werden als Erwachsene« (Heinz 2016, S. 2).

Das, was für das regelmäßige Monitoring des Sexualverhaltens und des Nikotin-, Alkohol- und Drogenkonsums Jugendlicher die Bundeszentrale für gesundheitliche Aufklärung ist, stellt für die entsprechende Beschreibung und Analyse der Entwicklungstrends im Hinblick auf die Kriminalitätsbelastung und speziell im Hinblick auf das Gewalthandeln Jugendlicher in gewissem Sinne das Kriminologische Forschungsinstitut Niedersachsen (KFN) dar. Hier werden einerseits die Hellfelddaten aus der Polizeilichen Kriminalstatistik (PKS) detaillierteren Analysen unterzogen und andererseits eigene aufwendige repräsentative Dunkelfeldstudien mit großen Stichproben durchgeführt. In ihrem Gutachten zur Entwicklung der Gewalt in Deutschland von 2018 kommen Pfeifer, Baier und Kliem zu dem Fazit, »dass die Entwicklung der Gewalt, gerade mit Blick auf die Jugendlichen, in Deutschland im letzten Jahrzehnt stark rückläufig gewesen ist« (Pfeiffer u. a. 2018, S. 5). Bei der Entwicklung der Gewaltkriminalität, unter die in der PKS die Delikte Mord/Totschlag, Vergewaltigung, Raub und gefährliche Körperverletzung gerechnet werden, gab es in Deutschland in den ersten Jahren des 21. Jahrhunderts einen markanten Anstieg mit einem Spitzenwert im Jahr 2007 und einem nachfolgenden deutlichen und kontinuierlichen Rückgang bis zum Jahr 2015.

Auch hier zeigt sich freilich bei den »Tatverdächtigenbelastungszahlen«, bei denen die Zahl der Tatverdächtigen pro 100000

Personen der jeweiligen Altersgruppe angegeben wird, dass die Jugendlichen (14–18 Jahre) und die Heranwachsenden (18–21 Jahre) im Verhältnis zu den anderen Altersgruppen deutlich überrepräsentiert sind. Ihre Quoten liegen etwa fünf Mal so hoch wie bei der Gruppe der Über-21-Jährigen. Freilich können Pfeiffer u. a. auch das erfreuliche Ergebnis vermelden, dass sich bei den Jugendlichen zwischen 2007 und 2015 die Tatverdächtigenbelastungszahl um mehr als die Hälfte reduziert hat (ebd., S.11). Differenziert man die entsprechenden Tatverdächtigenbelastungszahlen der Jugendlichen im Bereich der Gewaltkriminalität nach Geschlecht und Herkunft, so zeigt sich bei allen Teilgruppen ein ähnlicher Rückgang. Es zeigt sich aber auch, dass es sich hier einerseits um eine ausgesprochene »Jungmännerdomäne« handelt und dass die Werte durchgehend bei den nichtdeutschen Jugendlichen mehr als doppelt so hoch sind wie bei den deutschen Jugendlichen.

Bei den vom KFN seit 1998 wiederholt durchgeführten Dunkelfeldstudie wurden jeweils zahlreiche Schüler der neunten Jahrgangsstufe schriftlich und anonym befragt und sollten dabei u. a. Auskunft geben, ob sie im Lauf des letzten Jahres Raubtaten (z. B. »jemand mit Gewalt etwas abgenommen«) oder Körperverletzungen (»z. B. einen anderen Menschen verprügelt und verletzt«) hätten. Auch die Ergebnisse dieser Dunkelfeldstudien bestätigen den Trend aus den Hellfelderhebungen der PKS: »Während im Jahr 1998 noch durchschnittlich 18,4 % der Jugendlichen angegeben haben, mindestens eine Körperverletzung in den zurückliegenden zwölf Monaten ausgeführt zu haben, lag die Durchschnittsrate der Befragungen des Jahres 2015 nur noch bei 4,9 %, also um mehr als zwei Drittel niedriger« (ebd., S.14). Da die deutschlandweite Repräsentativbefragung des KFN von 2007/8 mit einer großen Stichprobe von 44610 Neuntklässlern durchgeführt wurde, konnten auch noch detaillierte Auswertungen zu einzelnen ethnischen Teilgruppen sowie zu den Zusammenhängen der Gewaltbelastung mit spezifischen kulturellen Variablen vorgenommen werden. So zeigte sich, dass von den Migrantengruppen die Jugendlichen, die aus dem ehemaligen Jugoslawien bzw. aus der Türkei stammten, die höchsten Werte aufwiesen und gerade bei den Mehrfachgewalttätern deutlich überrepräsentiert waren. Zugleich gaben die Jugendlichen aus diesen Herkunftsländern deutlich häufiger zu Protokoll, während ihrer Kindheit selbst zum Opfer schwerer elterlicher Gewalt geworden zu sein und sie zeigten weiterhin deutlich höhere Zustimmungswerte zu gewaltlegitimierenden Männlichkeitsnormen, also zu Aussagen wie etwa: »Ein Mann, der nicht bereit ist, sich gegen Beleidigungen mit Gewalt zur Wehr zu setzen, ist ein Schwächling« (ebd., S. 17).

Ein anderer guter Kenner der Forschungslandschaft in Sachen Jugendkriminalität bilanziert die Befunde folgendermaßen:

> »Welche der verschiedenen Messinstrumente auch immer gewählt werden – sie zeigen, dass Jugendkriminalität in ihren leichten Formen ubiquitär ist, dass sie bagatellhaft und vor allem episodenhaft ist. Einen empirischen Beleg gibt es weder für eine zunehmende Brutalisierung noch für eine Zunahme des Anteils der Mehrfachtäter. Vor allem zeigen die vorliegenden Zahlen, dass für eine Dramatisierung der Jugendkriminalität und für eine Verschärfung des Strafrechts kein Anlass besteht« (Heinz 2016, S.1).

Worin besteht im Hinblick auf die Delinquenz das spezifische Risiko im Jugendalter? Ist es eher so, dass die während der kindlichen Entwicklungsjahre angestauten sozialen und moralischen Defizite nun, angesichts der größeren Körperkraft und des erweiterten Handlungsspielraumes in echte »kriminelle Energie« umschlagen und somit deviante Entwicklungswege ihre logische Fortsetzung in delinquenten Handlungen finden, die nun erst mit dem entsprechenden Einschüchterungspotential und der nötigen Härte oder aber mit der entsprechenden Geschicklichkeit durchgeführt werden können? Oder ist es so, dass eher unbedarfte Jugendliche in jenen Jahren aufgrund ihres Explorationsdranges, ihrer »Kick-Suche«, ihrer »Risikoblindheit« in Geschichten »hineinschlittern«, sich zu Taten »hinreißen lassen«, die sie bei gründlicher Überlegung nicht tun würden, die somit gar nicht in ihrer eigentlichen Entwicklungstendenz liegen?

Es gibt wohl beide Muster. Einerseits gibt es weitgehenden Konsens darüber, dass es sich gerade bei aggressiv-antisozialen

VI Soziologische Positionen

Verhaltensstörungen um ein Phänomen mit ausgesprochen ungünstiger Prognose handelt, und es wurden in der Lebenslaufforschung an Risikogruppen recht klar die typischen Milieuhintergründe und Entwicklungswege beschrieben (vgl. Olweus 1979, Loeber 1990, Moffitt 1993). Wegen der hohen Stabilität antisozial-aggressiver Verhaltensmuster hat eine entsprechende Einschätzung durch Mitschüler und Lehrer in der Grundschule eine erstaunlich hohe prognostische Bedeutung im Hinblick auf die Kriminalitätsbelastung der späteren jungen Erwachsenen. Fend hat den typischen jugendlichen Delinquenten dieses dauerhaft stabilen Musters mit Rekurs auf Farrington folgendermaßen beschrieben: Es sei meist ein männlicher,

> »mit Eigentumsdelikten belasteter Jugendlicher, ... der in Familien hineingeboren wurde, die ein geringes Einkommen hatten und relativ groß waren. Seine Eltern waren selber schon mit dem Gesetz in Konflikt geraten. In seiner Kindheit wurde er unzureichend beaufsichtigt, harsch behandelt und häufig bestraft. Die Eltern selbst hatten viel Streit und/oder lebten getrennt. Er hat eine eher unterdurchschnittliche Intelligenz und schwache Schulleistungen, stört in der Schule viel, ist hyperaktiv und impulsiv und schwänzt häufig, bzw. macht keine Schulaufgaben. Er sucht sich Freunde aus, die selber delinquent sind. Sein delinquentes Verhalten ist eher vielseitig als spezialisiert. In der Frühadoleszenz fällt er durch frühen Kontakt mit Alkohol und Nikotin sowie durch ein frühes Interesse am anderen Geschlecht auf« (Fend 2000, S. 448f.).

Dies wäre die Sicht von früh identifizierbaren, typischen delinquenten Karrieren. Natürlich handelt es sich dabei um ein Klischee, aber doch eben um eines, in dem die Ergebnisse vielfältiger und aufwendiger Studien in der denkbar knappsten Form zusammengefasst und verdichtet sind. Andererseits ist es jedoch so, dass etwa die Hälfte derer, die im Jugendalter durch delinquente Handlungen auffallen, im Kindesalter unauffällig war und auch im späteren Erwachsenenalter unauffällig bleibt. Hier handelt es sich offensichtlich eher um jugendalterspezifische Eskapaden. Diese andere eher optimistische Sicht auf Jugenddelinquenz wird etwa in dem von Lothar Krappmann erstellten 10.

Kinder- und Jugendbericht der Bundesregierung vertreten. Dort heißt es:

»Sozialwissenschaftler haben der Vermutung, die Normenverstöße der Kinder und Jugendlichen seien ein Vorläufer der Erwachsenenkriminalität, wohlbegründet widersprochen. Fast alle Kinder und Jugendlichen begehen aus Experimentier- und Erlebnisdrang, zur Stärkung des Selbstwerts oder um Anerkennung anderer zu erlangen, aus Protest oder zur Abgrenzung von den Normen der Erwachsenenwelt Handlungen, die ihnen als ›kriminell‹ ausgelegt werden können. Immer noch kann man davon ausgehen, daß es sich bei diesen Verstößen um überwiegend alterstypisches, episodenhaftes Verhalten handelt, das keine kriminelle Karriere vorbereitet« (Krappmann 1998, S. 127).

Noch optimistischer formuliert Montada:

»Jugenddelinquenz ist so häufig, daß sie als normales Entwicklungsphänomen und nicht als Entwicklungspathologie zu interpretieren ist: Sie ist ein Anpassungsversuch einer ansonsten intellektuell und sozial normalen Teilpopulation an eine spezifische Situation« (Montada 1995, S. 1029).

Zweifellos spielt dabei auch die Art der delinquenten Handlung eine wichtige Rolle. Eltern, die unverhofft damit konfrontiert sind, dass ihr ansonsten unbescholtener 14-jähriger Sohn beim Schwarzfahren oder beim Ladendiebstahl erwischt oder die 16-jährige Tochter mit 2 Gramm Haschisch aufgegriffen wurde, haben wohl weniger Anlass zur tief greifenden Sorge, dass ihre Kinder in eine delinquente Karriere abgleiten könnten, als Eltern von Jugendlichen, die in Delikte wie Raub oder Köperverletzung verwickelt sind, bei denen andere Personen massiv bedroht oder verletzt wurden und die zudem schon während ihrer ganzen Entwicklung hindurch immer wieder durch antisoziale Tendenzen aufgefallen sind. Was freilich nicht heißt, dass Eltern die erstgenannten Vorkommnisse bagatellisieren sollten.

Natürlich gibt es auch zu den diversen gesundheitlichen Risiken bei jungen Menschen eine Vielzahl von Studien, die differenziert die Verbreitung der diversen Einschränkungen des physischen und psychischen Wohlbefindens, die im Jugendalter auftreten, dokumentieren und mit den jeweiligen Lebenslagen in Verbindung bringen. Als Referenzstudie in diesem Feld kann wohl der aufwendige Kinder- und Jugendgesundheitssurvey (KIGGS) des Robert Koch-Instituts gelten. Dieser kam zu dem Befund, dass 12,4% der Jugendlichen im Alter von 14–17 Jahren in Deutschland Merkmale psychischer Auffälligkeiten im Sinne von Verhaltensauffälligkeiten oder emotionalen Problemen aufweisen. Bei Jugendlichen, die aus Elternhäusern mit niedrigem sozioökonomischem Status kamen, war das Risiko dabei fast drei Mal so hoch wie bei Jugendlichen aus Elternhäusern mit hohem sozioökonomischem Status (Höllinger u. a. 2007).

Ein besonderes Augenmerk wurde im Rahmen dieser Studie auch dem Essverhalten der Jugendlichen gewidmet. Der verwendete SCOFF-Fragebogen, den die 11–17-Jährigen dort schriftlich beantworten mussten, enthielt Fragen wie »Übergibst Du Dich, wenn Du Dich unangenehm voll fühlst?«, »Machst Du Dir Sorgen, weil Du manchmal nicht mit dem Essen aufhören kannst?«, »Hast Du in letzter Zeit mehr als 6 kg in 3 Monaten abgenommen?«, »Findest Du Dich zu dick, während andere Dich zu dünn finden?« und »Würdest Du sagen, dass Essen Dein Leben sehr beeinflusst?«. Wenn mindestens zwei dieser Fragen von den Jugendlichen mit »ja« beantwortet wurden, galten sie als »Verdachtsfälle« für eine Essstörung. In diesem Sinne ergab sich dann bei 28,9% der Mädchen und bei 15,2% der Jungen der Verdacht auf eine Essstörung. Auch hierbei zeigte sich ein ähnlich hoher Einfluss des sozioökonomischen Status auf die Ausprägung der Essproblematik (Hölling/Schlack, 2007).

Besonders beunruhigende Befunde haben jüngst die Ergebnisse der Auswertung von anonymisierten Daten zu den knapp 9,3 Millionen Versicherten der Barmer-Krankenkasse erbracht (vgl. Grobe u. a. 2018). Diese Auswertung fand mit einem speziellen Focus auf die psychischen Störungen bei Heranwachsenden statt, weil sich hier offensichtlich in den letzten Jahren einen beträchtlichen Anstieg bei den Behandlungskosten gab. Dort heißt es u. a.:

»Im Jahr 2016 lebten schätzungsweise sieben Millionen junge Erwachsene im Alter von 18 bis 25 Jahren in Deutschland. Innerhalb des Jahres 2016 waren nach den vorliegenden Ergebnissen 26 Prozent der jungen Erwachsenen von mindestens einer Diagnose einer psychischen Störung betroffen, was etwa 1,9 Millionen Betroffenen in der genannten Altersspanne in Deutschland entspricht« (ebd., S. 19).

Dabei sind sowohl die Höhe der absoluten Werte für die einzelnen Diagnosekategorien erschreckend als auch die Zuwachsraten, die sich seit dem Jahr 2005, also im Zeitraum von 11 Jahren, ergeben haben. Diese liegen etwa für »Reaktionen auf schwere Belastungen und Anpassungsstörungen« bei 89%, für »Depressive Episoden« bei 72%, für »Angststörungen bei 48% und für »Psychische und Verhaltensstörungen durch Cannabinoide« bei 144%. Nun kann man sicherlich darüber diskutieren, ob jene Zahlen tatsächlich eine so dramatische Verschlechterung der psychischen Befindlichkeit der jungen Menschen hierzulande bedeuten oder ob sie zu beträchtlichen Teilen auch damit zu tun haben, dass es inzwischen deutlich mehr niedergelassene Psychotherapeuten gibt, dass die Inanspruchnahme von therapeutischen und pharmakologischen Hilfen bei seelischen Problemen bei jungen Menschen heute weniger tabuisiert ist als noch vor einigen Jahren, dass die generellen Ansprüche an das eigene Wohlbefinden heute höher sind und dass vielleicht »psychotherapeutisches Coaching« von jungen Menschen gar in zunehmendem Maße als probates Mittel der Lebensoptimierung verstanden wird. Dennoch verbirgt sich hinter diesen Zahlen in jedem Fall eine große Menge an seelischem Leid!

Als pädagogische Reaktion auf die verschiedenen Dimensionen jugendlichen Risikoverhaltens gibt es eine Vielzahl von spezifischen Aufklärungs- und Präventionsprogrammen: Programme zur Raucherprävention, zur Drogenprävention, zur Gewaltprävention, zur Unfallprävention, zur Prävention von Essstörungen, etc. Diese können hier nicht im Einzelnen vorgestellt werden. Sie zielen in erster Linie auf eine möglichst realistische Einschätzung der entsprechenden Risiken und auf die Förderung von Gesundheitsbewusstsein ab. Eine andere Richtung wäre die, das »Risikobedürfnis« der Jugendlichen ernst zu nehmen und ihm gewissermaßen »entschärfte« Betätigungsfelder, etwa im Rahmen der Erlebnispädagogik anzubieten. In diesem Sinne beendet Raithel seinen Aufsatz über das Mutprobenverhalten Jugendlicher mit dem paradox klingenden Fazit:

> »Die Jugend sucht das Risiko, sie benötigt Risikobewältigung, um erwachsen zu werden und wir müssen unseren Jugendlichen Möglichkeiten bieten, sich ohne zu großes Risiko ›riskant‹ verhalten zu können« (Raithel 2003, S. 672).

Niebaum hat aus der jugendspezifischen Neigung zum Risiko, die in der Summe doch einen hohen Tribut an Opfern, an Toten, Verletzten und lebenslang Behinderten nach sich zieht, gefordert, die Entwicklung von »Risikokompetenz« als der Fähigkeit, »Auswirkungen riskanten Verhaltens auf sich und auf die Umwelt angemessen einzuschätzen und daraus individuell und sozial verträgliche Handlungskonsequenzen zu ziehen« (Niebaum 2003, S. 26), bei Jugendlichen stärker und gezielter zu fördern. Eine solche »Risikokompetenz« stellt nämlich ihrer Meinung nach »eine durchaus wichtige und eigenständige Entwicklungsaufgabe der Jugend im 21. Jahrhundert dar«.

VII

Aktuelle integrative bio-psycho-soziale und pädagogische Positionen

27

Jugend als Verdichtung von Entwicklungsaufgaben – Robert Havighurst

Mit dem Stichwort »Entwicklungsaufgaben« ist ein weiteres wichtiges Deutungsmuster von Jugend angesprochen, welches das Jugendalter vor allem als eine Zeit der besonderen Häufung oder Verdichtung von »Entwicklungsaufgaben« betrachtet. Dieses Deutungsmuster ist derzeit wohl das prominenteste überhaupt im Feld der Jugendtheorie und findet sich als Referenzkonzept in nahezu sämtlichen neueren entwicklungspsychologischen Lehrbüchern über das Jugendalter (vgl. Kasten 1999, Fend 2000, Flammer/Alsaker 2002, Grob/Jaschinski 2003, Albisser/Bieri Buschor 2011, Quenzel 2015, Jungbauer 2017, Lohaus 2018).

Dabei ist das Konzept eigentlich eher pädagogischen Ursprungs. Es wurde von Robert J. Havighurst in seinem Buch »Developmental Tasks and Education« von 1948 eingeführt als ein Konzept zum Verständnis »gelingender« und »misslingender« menschlicher Lebensläufe und auch als Rahmen, um Eltern, Lehrer und Erzieher für die »teachable moments«, d. h. für die Perioden besonderer Empfänglichkeit für bestimmte Lernprozesse, zu sensibilisieren. Havighurst war von seiner Ausbildung her eigentlich promovierter Chemiker. Er hatte in Harvard im Bereich der Atomforschung gearbeitet und war erst später in das pädagogische Feld gewechselt. Zunächst beschäftigte er sich dort mit der Didaktik der Naturwissenschaft, später dann mit Fragen der vergleichenden Erziehungswissenschaft und der Andragogik. 1940 erhielt er eine Professur für »Education« an der Chicago University. Mit seinem Interesse für den gesamten menschlichen Lebenslauf und für die besondere Rolle, die dem Jugendalter darin zukommt, mit seiner Ausweitung des Blicks hin auf die gesellschaftlichen Erwartungen, welche als Entwicklungskontexte eine wichtige Rolle spielen, mit seiner Betonung der sensiblen Perioden für einzelne Entwicklungsaspekte und mit seinem »epigenetischen Entwicklungsverständnis«, das davon ausgeht, dass die Art der Lösung der vorausgehenden Aufgaben die der jeweils nachfolgenden beeinflusst, hat Havighurst dabei durchaus eine deutliche Nähe zu seinem Zeitgenossen Erik Erikson. Havighurst definiert das, was er unter einer »Entwicklungsaufgabe« versteht, folgendermaßen:

> »Eine ›Entwicklungsaufgabe‹ ist eine Aufgabe, die in oder zumindest ungefähr zu einem bestimmten Lebensabschnitt des Individuums entsteht, deren erfolgreiche Bewältigung zu dessen Glück und zum Erfolg bei späteren Aufgaben führt, während ein Misslingen zu Unglücklichsein, zu Missbilligung durch die Gesellschaft und zu Schwierigkeiten mit späteren Aufgaben führt« (Havighurst 1956, S. 215).

Wodurch entstehen solche Entwicklungsaufgaben? Wer gibt sie vor? Wer »stellt« sie? Havighurst nennt drei unterschiedliche Quellen, denen sie »entspringen«: Zunächst die körperlichen Reifungsprozesse, die als solche zwar unwillkürlich und endogen gesteuert ablaufen und somit natürlich keinen unmittelbaren Aufgabencharakter an sich tragen, die aber jeweils neue Erfahrungs- und Verhaltensmöglichkeiten eröffnen und die in ihren Folgen psychisch und sozial verarbeitet werden müssen. Weiterhin die gesellschaftlichen Erwartungen, die Vorstellungen davon, welche Verhaltensweisen und Kompetenzen in einer bestimmten Kultur als »normal«, »angemessen«, »gewöhnlich« für eine bestimmte Altersstufe gelten. Und schließlich die konkreten individuellen Wünsche und Werte, die Zielsetzungen, die sich das Individuum selbst für seinen weiteren Entwicklungsweg vornimmt und an denen es seine eigenen Entwicklungsfortschritte misst.

Seine große Verbreitung verdankt das Konzept der Entwicklungsaufgaben vermutlich vor allem seiner vielfältigen Anschlussmöglichkeit. Insgesamt ist es vor allem durch folgende sieben Aspekte gekennzeichnet:

- *Strukturiertheit:* D. h. es geht von einem geordneten und gestuften menschlichen Entwicklungsprozess aus, in dem die einzelnen Entwicklungsaufgaben ihren quasi natürlichen Ort haben. Sie treten erst dann in den Horizont, wenn die entsprechenden reifungsbedingten Voraussetzungen gegeben sind. Damit ist das Konzept anschlussfähig an die traditionellen Phasenlehren der Entwicklungspsychologie.
- *Kontextualität:* D. h. Entwicklungsaufgaben stellen gesellschaftliche Normalitätserwartungen dar und sind somit immer in einen historisch-kulturellen Kontext eingebettet. Sie spiegeln immer das wieder, was in einer bestimmten Epoche und in einer bestimmten Gesellschaft als besonders wichtig erachtet wird. Damit zielt das Konzept ab auf ökologische Validität und ist anschlussfähig an die Kulturtheorie und die Jugendsoziologie.
- *Subjektivität:* Entwicklungsaufgaben, die im Sinne gesellschaftlicher Erwartungen an die Jugendlichen »herangetragen« werden, müssen von diesen erkannt, realisiert, ernst genommen und akzeptiert werden. Damit ist das Konzept anschlussfähig

an Subjekttheorien und an Bildungstheorien, die solche Prozesse der »Autopoiesis«, der »Selbstbildung« beschreiben.

* *Aktivität:* Entwicklungsaufgaben müssen nicht nur erkannt und angenommen werden, zu ihrer »Lösung« ist auch Aktivität, Engagement, Anstrengung erforderlich; gerade dann, wenn das Subjekt sich mit besonderen Herausforderungen und Hindernissen konfrontiert sieht. Damit ist das Konzept anschlussfähig an das handlungstheoretische Paradigma der Entwicklungspsychologie (vgl. Fend 2000, S. 206f) und an die »Bewältigungsforschung«, die sich mit den unterschiedlichen Weisen der Problemverarbeitung und mit den diversen »Copingstrategien« befasst.
* *Normativität*: Die Lösung von Entwicklungsaufgaben steht immer im Spannungsverhältnis von »Gelingen und Misslingen«. Es spielen somit bei der Entscheidung der Frage, inwieweit bestimmte Entwicklungsaufgaben bei einem Individuum als »angemessen bewältigt« gelten können, unweigerlich Vorstellungen vom »richtigen Handeln« und vom »guten Leben« eine Rolle. Damit ist zwangsläufig auch der Anschluss an ethische Fragestellungen impliziert.
* *Prospektivität:* Gerade mit der von Havighurst benannten dritten, der individuellen Quelle von Entwicklungsaufgaben bekommen individuelle Wünsche, Strebungen, Zielsetzungen, Ich-Ideale einen wichtigen Stellenwert. Entwicklung wird damit nicht allein als Ergebnis vorangegangener Ereignisse erklärt, sondern mit Bezug auf die Antizipation künftiger Ereignisse und Zustände. Damit ist ein Anschluss an die Lebenslauf- und Biographieforschung gegeben, die versucht, der Bedeutung solcher Schlüsselmotive in menschlichen Lebensläufen nachzuspüren.
* *Pädagogizität*: Wenn es darum geht, dass Jugendliche »Aufgaben zu bewältigen« haben, dann stellt sich natürlich immer auch die Frage nach den förderlichen und erschwerenden Rahmenbedingungen, in denen dies stattfindet, sowie nach den notwendigen und hilfreichen Unterstützungsleistungen, welche

27 Jugend als Verdichtung von Entwicklungsaufgaben – Robert Havighurst

dann geboten sein müssen, wenn das Subjekt auf sich allein gestellt mit der Bewältigung dieser Aufgaben überfordert ist. Damit ist die pädagogische Dimension angesprochen. Gleichzeitig ist jedoch weiterhin das Primat der Eigenleistung und Eigenaktivität des Subjekts betont. Erziehung, zumal Erziehung im Jugendalter ist in diesem Sinne nicht als »Machen«, »Formen«, »Lenken«, »Beibringen« denkbar, sondern eben nur als »Anregen«, »Herausfordern«, »Erleichtern« und »Unterstützen«.

Angesichts der beschriebenen »Kontextualität« können Kataloge von zentralen Entwicklungsaufgaben für eine Lebensphase, insbesondere solche für das Jugendalter, nicht »sub specie aeternitatis« formuliert werden, sondern müssen immer wieder auf ihre Kultur- und Zeitgemäßheit überprüft werden. Mitte des vorigen Jahrhunderts hat Havighurst seinen Katalog mit zehn Entwicklungsaufgaben aufgestellt, die er damals als zentral für den 12–18-jährigen amerikanischen Nachwuchs ansah. Mitte der 1980er Jahre haben Dreher und Dreher versucht, in Gruppendiskussionen mit 15–18-jährigen deutschen Jugendlichen diesen Katalog anzupassen und zu aktualisieren. In seinem Lehrbuch der Entwicklungspsychologie des Jugendalters hat auch Fend auf das Konzept der Entwicklungsaufgaben als Gliederungsprinzip seiner Darstellung zurückgegriffen. Bei ihm steht die Diskussion der einzelnen Entwicklungsaufgaben des Jugendalters unter dem von Pestalozzi entlehnten Generalmotto: »Der Jugendliche als Werk seiner selbst«. In meinem Buch über das Jugendalter aus dem Jahr 2005 habe auch ich versucht, prägnante Formulierungen für jene Aufgaben, die mir im Jugendalter zentral scheinen, zu finden. Alle vier Kataloge sollen hier in einer Übersicht vergleichend gegenübergestellt werden. Dabei ist die ursprüngliche Reihenfolge z. T. etwas verändert, um in Form einer Synopse besser die sich entsprechenden Themen zuordnen zu können. Für alle vier Kataloge trifft zu, dass es sich bei den benannten Entwicklungsaufgaben um entwicklungspsychologisch-pädagogisch »geglättete«, »zurechtgestutzte« Kategorien handelt. Würde man Jugendliche

VII Aktuelle integrative bio-psycho-soziale und pädagogische Positionen

Katalog der Entwicklungsaufgaben nach Havighurst 1952	Katalog der Entwicklungsaufgaben nach Dreher/Dreher 1985	Katalog der Entwicklungsaufgaben nach Fend 2000	Katalog der Entwicklungsaufgaben nach Göppel 2005
Entwicklung neuer und reiferer Beziehungen mit den Gleichaltrigen beider Geschlechter	Aufbau eines Freundeskreises: Zu Altersgenossen beiderlei Geschlechts werden neue, tiefere Beziehungen hergestellt	Umbau sozialer Beziehungen	Sich in der Welt der Gruppen und Cliquen zurechtfinden und reife Freundschaftsbeziehungen aufbauen
Erwerb einer maskulinen oder femininen sozialen Rolle	Sich das Verhalten aneignen, das man in unserer Gesellschaft von einem Mann bzw. von einer Frau erwartet		
Erreichung emotionaler Unabhängigkeit von Eltern und anderen Erwachsenen	Von den Eltern unabhängig werden bzw. sich vom Elternhaus loslösen	Umbau sozialer Beziehungen	Sich von den Eltern »ablösen« und doch mit ihnen verbunden bleiben
Seinen eigenen Körper akzeptieren und wirksam einsetzen	Akzeptieren der eigenen körperlichen Erscheinung: Veränderungen des Körpers und des eigenen Aussehens annehmen	Den eigenen Körper bewohnen lernen	Mit den körperlichen Veränderungen der Pubertät zurechtkommen und zu einem positiven Verhältnis zu seinem eigenen Körper finden
Erwerb ökonomischer Unabhängigkeit			
Berufswahl und Berufsausbildung	Wissen, was man werden will und was man dafür können (lernen) muss	Umbau der Leistungsbereitschaft und des Verhältnisses zur Schule	Ein neues, selbstverantwortliches Verhältnis zum schulischen Lernen gewinnen

27 Jugend als Verdichtung von Entwicklungsaufgaben – Robert Havighurst

Katalog der Entwicklungsaufgaben nach Havighurst 1952	Katalog der Entwicklungsaufgaben nach Dreher/ Dreher 1985	Katalog der Entwicklungsaufgaben nach Fend 2000	Katalog der Entwicklungsaufgaben nach Göppel 2005
Vorbereitung auf Heirat und Familie	Aufnahme intimer Beziehungen zum Partner (Freund/ Freundin)	Umgang mit Sexualität lernen	Ein lustvolles, selbstbestimmtes und verantwortliches Verhältnis zur Sexualität entwickeln
	Vorstellungen entwickeln, wie der Ehepartner und die zukünftige Familie sein sollen		
	Über sich selbst im Bilde sein: Wissen, wer man ist und was man will	Identitätsarbeit als Entwicklungsaufgabe	»Identitätsarbeit« leisten
Erwerb von Begriffen und intellektuellen Fähigkeiten zur Ausübung der bürgerlichen Pflichten und Rechte			
Anstreben und Entfaltung sozialverantwortlichen Verhaltens			
Aneignung von Werten und einem ethischen System als Leitlinien eigenen Verhaltens	Entwicklung einer eigenen Weltanschauung: sich darüber klar werden, welche Werte man hoch hält und als Richtschnur für	Bildung als Entwicklungsaufgabe	Sich mit der Sinnfrage auseinandersetzen und eigenständige Standpunkte hinsichtlich moralischer, politischer

VII Aktuelle integrative bio-psycho-soziale und pädagogische Positionen

Katalog der Entwicklungsaufgaben nach Havighurst 1952	Katalog der Entwicklungsaufgaben nach Dreher/Dreher 1985	Katalog der Entwicklungsaufgaben nach Fend 2000	Katalog der Entwicklungsaufgaben nach Göppel 2005
	sein eigenes Verhalten akzeptiert		und religiöser Fragen entwickeln
	Entwicklung einer Zukunftsperspektive: Sein Leben planen und Ziele ansteuern, von denen man glaubt, daß man sie erreichen kann		

direkt fragen, was sie derzeit so umtreibt, welche Aufgaben und Ziele sie sich für ihre persönliche Entwicklung für die nächste Zeit so vorgenommen haben, so würden diese wohl kaum antworten, es ginge ihnen gerade vordringlich um den »Erwerb von Begriffen und intellektuellen Fähigkeiten zur Ausübung der bürgerlichen Pflichten und Rechte« oder darum, »ein neues, selbstverantwortliches Verhältnis zum schulischen Lernen zu gewinnen«, sondern es kämen wohl eher konkretere, alltagsnähere Dinge zur Sprache wie: »die Mittlere Reife schaffen«, »eine Lehrstelle als Arzthelferin finden«, »den schwarzen Gürtel im Judo machen«, »endlich abnehmen und das Wunschgewicht erreichen«, »Im 6. Grad Klettern«, »als Gitarrist mit der Band, in der man spielt, groß rauskommen«, »die Aufmerksamkeit des Jungen, für den man schon lange schwärmt, ergattern«, »im Kontakt mit Mädchen nicht mehr immer so schüchtern zu sein«, »bei Streitereien mit den Eltern nicht immer gleich auszurasten«, »Daheim durchsetzen, dass man mit der Clique in den Urlaub fahren darf« etc.

Bittner hat das Konzept der Entwicklungsaufgaben unter anderem wegen dieser Diskrepanz scharf kritisiert. Es würde sich zu weit entfernen vom subjektiven Bewusstsein derer, die entsprechende Entwicklungsprozesse durchlaufen, es sei zu kognitivistisch angelegt und würde die unbewussten Motive und Strebungen, die häufig stärker lebensleitend seien als die bewussten Vorsätze und Entscheidungen, nicht ausreichend berücksichtigen. Außerdem sei es in seinen engen Vorgaben bezüglich dessen, wie eine »gelingende Lösung« bestimmter Entwicklungsaufgaben auszusehen habe, zu stark normativ angelegt. Überhaupt würde dieses Konzept in unangemessener Weise den ganzen Lebenslauf didaktisieren, wenn es ihn als eine Abfolge von »Aufgaben« mit entsprechenden »Lernzielen« und »korrekten Lösungen« darstelle:

> »Wird Entwicklung als eine Abfolge von Aufgaben und ihrer Bewältigung verstanden, so resultiert daraus eine problematische Pädagogisierung des Entwicklungskonzepts. Die Schullaufbahn wird sozusagen zum Modell des Lebens: eine Aufgabe folgt der anderen; wenn ich das Pensum einer Klasse ›bewältigt‹ habe, kann ich in die nächste aufsteigen. Ob das Leben wirklich so läuft?« (Bittner 2001, S. 46).

Diese Kritik trifft einerseits zu, andererseits muss man das Konzept der Entwicklungsaufgaben keineswegs so eng normativ oder gar didaktisch verstehen. Natürlich ist es nicht so, dass die Jugendlichen sich gezielt ihren »Aufgabenkatalog« vornehmen und eine Entwicklungsaufgabe nach der anderen bewusst angehen und anschließend als »bewältigt« abhaken, um sich anschließend der nächsten zuzuwenden. Natürlich gibt es im Hinblick auf die »Entwicklungsaufgaben« keine offiziellen Pläne und keine formelle »Versetzung«. Aber andererseits kommt ein Jugendlicher, wenn die Berufswahlentscheidung mit dem Schulabschluss näher rückt, gar nicht umhin, sich Gedanken darüber zu machen, was er werden will und welche Schritte er zur Erreichung dieses Zieles machen muss. Ein Jugendlicher, dem es auch mit 20 Jahren noch nicht gelungen ist, eine enge, vertrauensvolle, intime Beziehung zu einem Freund oder einer Freundin aufzubauen, der wird sich, auch ohne dass er mit der vorgegebenen Normativität eines Katalogs von Entwicklungsaufgaben konfrontiert wird, fragen, warum er sich hier so schwer tut, entsprechende Nähe herzustellen, und ob mit ihm alles in Ordnung ist. Ein Jugendlicher, der mit 14 noch sagt, er möchte nicht mit ins Skilager, weil er da ja eine ganze Woche lang von seinen Eltern getrennt sei, macht sich in jedem Fall zum Gespött seiner Klassenkameraden.

Man kann die Entwicklungsaufgaben ganz einfach auch als mehr oder weniger parallel laufende bedeutsame Entwicklungsthemen des Jugendalters betrachten, als Themen, mit denen eine Auseinandersetzung im Jugendalter unausweichlich ansteht. Die ideale Zielperspektive, oder vielleicht auch nur die grobe Orientierung für diese Auseinandersetzung liegt dabei in dem, was in den einzelnen Punkten der obigen Kataloge formuliert wurde, die Summe ihrer »erfolgreichen Bewältigung« ergibt dann schließlich so etwas wie »Erwachsensein«.

28

Jugend als Selbstnarration und Selbstsozialisation – Jürgen Zinnecker

So wichtig das Konzept der Entwicklungsaufgaben des Jugendalters als Orientierung für die Beschreibung der unterschiedlichen Themen und Lebensbereiche, in denen die Jugendlichen besonders gefordert sind, ist, so ist es doch erkennbar aus einer sehr rationalen, ordnungsliebenden und leistungsorientierten »erwachsenlichen« pädagogisch-psychologischen Perspektive heraus formuliert. Gewissermaßen als der »offizielle Lehrplan« für das Jugendalter, als die Norm dessen, was »zu erledigen« ist, wenn Entwicklung im Jugendalter gelingen soll. Dabei ist durchaus damit zu rechnen, dass es aus der Subjektperspektive der Jugendlichen auch hier noch einen »heimlichen Lehrplan« geben könnte und dass im Rahmen der biografischen Prozesse, die in dieser Lebensphase stattfinden, sich manches komplexer, widersprüchlicher, widerständiger und verschlungener darstellt.

Das Stichwort »heimlicher Lehrplan« ist in der deutschen erziehungswissenschaftlichen Diskussion ebenso wie die Stichworte »Biografie«, »Kindheit« und »Jugend« eng mit dem Namen von Jürgen Zinnecker verbunden (vgl. Zinnecker 1975). Er kann sicherlich als einer der wichtigsten Impulsgeber für die qualitative und quantitative Jugendforschung hierzulande gelten. Als er 2011 überraschend starb, fassten seine Freunde und Kollegen in einer Traueranzeige das Besondere von Jürgen Zinneckers Forschungszugang in folgendem Satz zusammen: »Für Jürgen Zinnecker war wissenschaftliche Forschung immer mit großem Einfühlungsvermögen und Respekt für die konkreten Lebenserfahrungen, Lebensäußerungen und Kompetenzen junger Menschen verbunden. Er hat für die Kindheits- und Jugendforschung unschätzbare Beiträge erbracht.«

Dieser Respekt für die konkreten Lebenserfahrungen und Lebensäußerungen der jungen Menschen drückte sich u. a. auch dadurch aus, dass er gemeinsam mit Imke Behnken am Siegener Zentrum für Kindheits-, Jugend- und Biographieforschung ein im deutschsprachigen Raum einzigartiges »Archiv Kindheit und Jugend« aufbaute. Dieses Archiv »verfolgt das Ziel, vorhandene (Selbst-)Zeugnisse zu sammeln, die die Geschichte und Gegenwart von Kindheit und Jugend im deutschsprachigen Raum seit Ende des 19./Anfang des 20. Jahrhunderts beschreiben und diese einer interessierten Öffentlichkeit zugänglich machen« (Mikota 2006, S. 3). Die Sammlung umfasst neben mehreren Tausend veröffentlichter Autobiografien, in denen Kindheits- und Jugenderfahrungen im 20. Jahrhundert beschrieben werden, neben zahlreichen Jugendtagebüchern und Poesiealben vor allem eine große Vielzahl persönlicher Dokumente, Bilder, Briefe, Aufsätze, Gedichte, Collagen etc., die im Rahmen der diversen Forschungsprojekte oder aber durch Aufrufe und Wettbewerbe gesammelt wurden und die alle dem Ziel dienten, Kindheits- und Jugendleben in unterschiedlichen Zeiten, Orten und Umständen möglichst facettenreich zu dokumentieren und dabei die vielfältigen Varianten des spezifischen Lebensgefühls dieser Lebensabschnitte möglichst authentisch zu belegen. Dabei hat Jürgen Zinnecker immer wieder auf kreative Weise quantitative und qualitative Forschungszugänge verbunden. So hat er die Shell-Jugendstudien der Jahre 1981, 1985 und 1991 mitkonzipiert und -geleitet und 2001 mit der NRW Kids Studie »null zoff & voll busy« interessante Erkenntnisse über »Die erste Jugendgeneration des neuen Jahrhunderts« (Zinnecker u. a. 2001) zutage gefördert.

Gerade die Shell-Jugendstudie von 1985 war ein wichtiger Einschnitt in der Jugendforschung. Hier wurde nicht einfach ein Band mit den Tabellen und Statistiken der Auswertungen der Fragebogenerhebung publiziert, sondern es entstand ein fünfbändiger überaus materialreicher Schuber. Einerseits wurden hier bei den Auswertungen der Fragebogenerhebungen aufwendige generationsübergreifende Vergleichsstudien zwischen der Jugend von 1984 und der Jugend von 1954, zwischen der Jugend von 1984 und den Erwachsenen von 1984 und schließlich zwischen der Jugend von 1954 und den Erwachsenen von 1984 angestellt. Andererseits wurden aber auch im Bereich der qualitativen Forschung neue Wege beschritten. Der Band IV der Shell-Jugendstudie 1985 trägt den Titel »Jugend in Selbstbildern« und hier findet sich eine kommentierte Auswahl der etwa 15000 Einsendungen, die die Projektgruppe »Jugend 83« als Resonanz auf einen mit einem Preisausschreiben verbundenen Aufruf erhalten hatten. Darin wurden die Jugendlichen im Alter von 12–24 Jahren über breit gestreute Verteiler dazu aufgefordert, einzeln oder als Gruppen, Aufsätze, Zeichnungen, Collagen, Photos, Sammlungen von Wandsprüchen und Witzen, Tagebücher, Reportagen, Gedichte, Karikaturen, Kassetten, Erzählungen, Satiren, Interviews, Briefe, Videobänder, Phantasien, Träume, Science Fiction, Comics, Theaterszenen, Lieder ... einzusenden, die mit dem Thema »Jugend« zu tun hatten. Als nähere Themenvorschläge wurden genannt: »Eigene Erfahrungen mit dem Jungsein heute«, »Persönliche Ansichten über die Generation der Eltern« und »Welche Zukunft haben Jugendliche heute?« (vgl. Jugendwerk der Deutschen Shell 1985, Bd IV, S. 12f.).

Jugendliche haben vor aller theoretischen Deutung eine eigene Vorstellung davon, was es bedeutet, Jugendlicher zu sein. Sie erleben diese Phase in der Regel durchaus bewusst als eine Lebensphase besonderer Bedeutsamkeit und Intensität, in der innerhalb kurzer Zeit viele neue Erfahrungen auf sie einstürmen und sie sich mit vielen neuen Herausforderungen auseinandersetzen müssen, als eine Phase zugleich, in der vieles noch im Offenen, Nicht-Festgelegten liegt und in der auch aus der subjektiven Sicht noch viel Unklarheit und Unbestimmtheit bezüglich des eigenen Weges herrscht. Benjamin Lebert sprach in diesem Sinn von der Jugend als einem »großen Fadensuchen«. Was kommt heraus, wenn man Jugendliche nicht mit standardisierten Fragebögen konfrontiert, in deren Fragestellungen und Antwortvorgaben sich immer schon die theoretischen Vorannahmen der Verfasser widerspiegeln, sondern einfach einen ganz weiten und offenen Erzählimpuls vorgibt? Was rückt bei den Jugendlichen selbst ins Zentrum, wenn sie in komprimierter Form versuchen, Auskunft über das Charakteristische ihres Lebensgefühls zu geben? Es sollen im Folgenden nur einige wenige exemplarische Beispiele für die hier versammelten Dokumente präsentiert werden, in denen Jugendliche selbst dazu Stellung nehmen, was »Jugend« im Kern für sie ausmacht und wie sie selbst ihr »Jungsein« erleben.

> »Mir macht das Jungsein Spaß. Mir ist voll bewußt, daß ich jetzt und in den nächsten Jahren am meisten Kraft besitze, daß ich in der Jugend am schönsten bin, daß die Jugend die unbeschwerteste Zeit ist, daß ich noch unabhängig und frei bin. Das sind alles für mich schon genügend Gründe, warum ich froh bin, und warum ich versuche, diese Zeit total zu genießen und sie auszukosten.« (19-jährige Abiturientin)
>
> »Mir persönlich fiel kein Thema ein, in dem man die positiven Seiten der Jugend darstellen könnte. Vielleicht bin ich ein Schwarzseher, aber mir fällt nur Negatives ein, man denkt nur an Drogen, Schule, Krach im Elternhaus. Diese drei Dinge machen auf mich eigentlich den stärksten

Eindruck bezüglich der Jugend. Ich finde alles um mich herum düster und grau – ich bin einsam.« (15-jähriger Schüler)

Etliche Jugendliche haben das Entdecken von Neuem, das Explorieren von Situationen, Ideen und Gefühlen, die sie als Kind so nicht wahrnahmen und erlebten, als das zentrale Merkmal des Jugendalters benannt. Die Jugendzeit wird somit als eine einzige große Entdeckungsreise erlebt:

»Es gibt so viele schöne Sachen auf der Welt, soviele Gedanken und neue Ideen, soviele schöne Situationen, die man erleben kann, wenn man nur will ... Jungsein heißt für uns zu entdecken, Sachen aufzunehmen, Neues kennenzulernen und sich Gedanken zu machen. Das Leben ist (er)lebenswert!« (16-jähriger Gymnasiast)

Nicht immer jedoch wird dieses Feld von Neuem, von Chancen und Optionen, die sich auftun, so uneingeschränkt positiv erlebt. Häufiger ist eine gewisse Ambivalenz zu spüren: Einerseits die Möglichkeiten, die sich auftun, gleichzeitig aber auch eine gewisse Angst, diese Möglichkeiten nicht entsprechend nutzen zu können, hinter den eigenen Ansprüchen zurückzubleiben, die Angst, dass sich das, was jetzt noch als eine so große Offenheit voller Versprechungen erscheint, sich irgendwann als eine Illusion erweisen wird, das Bewusstsein der unvermeidlichen Begrenzung, die Einsicht, dass jede biographische Wahlentscheidung zugleich auch eine Festlegung und damit auch eine Beschränkung, den Ausschluss anderer Optionen bedeutet:

»...diese 5 Jahre in der Pubertät, in der Phase des Erwachsenwerdens, wiegen meines Erachtens doppelt, vielleicht sogar dreimal soviel wie andere Jahre. THE MOST IMPORTANT YEARS OF ANYBODY'S LIFE. Weil für die meisten Dinge im Leben hier Weichen gestellt, Fundamente gemauert, Verhaltensweisen und Ansichten geprägt werden.« (18-jährige Gymnasiastin)

Es sind also »riskante Chancen«, die sich da auftun, die immer auch die Möglichkeit des Versäumens, der Fehlentscheidung und des Scheiterns in sich bergen. Wieder andere wehren sich gegen die Festlegungen und Einengungen, erleben gerade den Widerspruch, die Konfusion, das beständige Fluktuieren von Gefühlen und Stimmungslagen als das eigentlich besondere jener Lebensphase, in der sie sich befinden:

> »Wie ich bin: Bin aggressiv, bin ruhig, bin lustig, aber ernsthaft, bin ich, bin manchmal schon so alt, bin dann doch jung, gerade jung genug, um nie alt zu sein, bin gesellig und bin so ein einsamer Hund ... bin so optimistisch, kenne so viel Pessimistisches, bin so schwierig und kann so leicht den Tag erleben ... bin so glücklich und kenne das Unzufriedensein so gut, bin so, bin geradeso, bin immer das, was ich bin und auch nichts, bin alles und nichts.« (20-jährige Studentin)

Und schließlich gibt es auch noch diejenigen, für die weder das Merkmal des offenen Horizonts noch das der Ambivalenz und der Widersprüchlichkeit zutrifft, weil sie kaum Chancen und Perspektiven für sich sehen und früh zu resignieren drohen:

> »Ich glaube, die Zeit zwischen fünfzehn und achtzehn ist das einsamste Alter des Lebens. Alles, was man tut, scheint falsch zu sein. Wie immer man sich gibt, es wirkt sich ungünstig für sich selber aus. Neue Freunde sind schwer zu finden, man fühlt sich von allen alleingelassen.« (16-jährige Hauptschülerin)

Bei diesen Statements handelt es sich um komprimierte individuelle Beschreibungen des eigenen aktuellen Lebensgrundgefühls im Jugendalter. Jedes Statement hat seine eigene Note, seine eigene Weise, die zentralen Dinge auf den Punkt zu bringen.

Jürgen Zinnecker hat das Grenzgängertum, die »*Liminalität* von Jugend« als ein zentrales Merkmal dieser Phase verstanden. Es handelt sich demnach um ein fundamentales »Dazwischen«, bei dem man nicht mehr in der vertrauten Welt der Kindheit geborgen ist und noch nicht wirklich in der teils verwirrenden, teils verlockenden Welt der Erwachsenen angekommen ist. Er hat für jenen Schwellen- bzw. Schwebezustand das folgende schöne Bild geprägt:

> »Die Verankerung der Jüngeren in der Welt, die sie vorfinden, ist vorläufig und nicht ausgeprägt – vielleicht eine Konstante des Jungseins und damit Kandidat für eine historische Anthropologie der Jugend. Die

wesentlichen Investitionen, die einen Erwachsenen in dieser Welt festhalten und bodenständig werden lassen, sind noch nicht und wenn, dann auf Probe getätigt. Das Bild eines aufsteigenden Fesselballons drängt sich auf. Der Ballast kindlicher Abhängigkeiten wird abgeworfen, der Ballon gewinnt an Höhe und Abstand, Zeitpunkt und Ort der Landung sind ungewiß« (Zinnecker 1997, S. 464).

Das Bild darf jedoch nicht missverstanden oder überzogen werden. Denn die Jugendlichen sind ja nicht freischwebend und völlig losgelöst von ihren bisherigen lebensgeschichtlichen Erfahrungen und von ihren Wünschen, Hoffnungen, Ambitionen bezüglich der eigenen Zukunft. Sie sind zudem umgeben von einer Vielfalt von mehr oder weniger konkreten Erwartungen und Angeboten, von Optionen und Alternativen, und damit mit entsprechenden Entscheidungsnotwendigkeiten konfrontiert, die sich nicht beliebig aufschieben oder revidieren lassen und die irgendwie auf ihre Passung mit der eigenen Herkunft und der angestrebten Zukunft abgeglichen werden müssen. Auch dieser Aspekt kommt ja in den zitierten Statements der Jugendlichen über ihr aktuelles Lebensgrundgefühl recht schön zum Ausdruck, wenn etwa davon die Rede ist, dass es so viele Gedanken, neue Ideen und schöne Situationen zu entdecken und zu verstehen gibt, oder wenn die Tatsache ins subjektive Bewusstsein rückt, dass »für die meisten Dinge im Leben hier Weichen gestellt, Fundamente gemauert, Verhaltensweisen und Ansichten geprägt werden«.

Entsprechend stellt in Zinneckers Denken über die Prozesse des Aufwachsens in der heutigen Gesellschaft auch das Stichwort *»Biographisierung«* ein wichtiges Schlüsselkonzept dar. Damit ist die im Zeitalter der Individualisierung zwangsläufig erhöhte Tendenz zur Selbstthematisierung, zum Sondieren, In-sich-Spüren, Reflektieren, Abwägen, Bewerten, Entscheiden, Umentscheiden... im Hinblick auf die eigene Lebensplanung gemeint. Diese erhöhte Reflexivität darauf, wer man ist, was man will, was zu einem passt, ist mit einem permanenten Fort- und Umschreiben des eigenen Selbstentwurfs und damit auch bisweilen mit einer Neubewertung und Neuakzentuierung von Aspekten der eigenen Vergangenheit und von bisherigen Zielen des eigenen Zukunftshorizonts verknüpft.

»Biographische Deutungsmuster tragen demzufolge die Hauptlast, wenn es darum geht, dass Menschen in Zeiten starker Individualisierung und Auflösung traditioneller Milieus und Lebensformen eine ausweisbare persönliche und soziale Identität entwickeln und behaupten wollen. Die individuelle Lebensgeschichte soll eine gewisse Kontinuität und Einmaligkeit einer Person absichern helfen« (Behnken/Zinnecker 2001, S. 16).

Wenn die Jugendlichen sich einerseits in einem besonderen Schwellen- und Schwebezustand befinden, wenn andererseits unter dem Vorzeichen der Individualisierung und Biographisierung die Arbeit am eigenen Selbst- und Lebensentwurf an Intensität und Dringlichkeit gewinnt, dann stellt sich die Frage, welche Rolle den traditionellen »Sozialisationsinstanzen« und Erziehungsmächten dabei zukommt. In dieser Hinsicht hat Jürgen Zinnecker eine eher skeptische Position eingenommen und mit seinem Konzept der »*Selbstsozialisation*« eine ziemlich intensive Debatte losgetreten.

Traditionell waren mit dem Begriff der Sozialisation ja eher die prägenden Einflüsse der Umwelt gemeint. So ist etwa in Böhms Wörterbuch der Pädagogik zu lesen:

> »Sozialisation, allg. Begriff für die soziale Prägung des Menschen durch Umwelt und → Milieu in Abgrenzung sowohl zu → Enkulturation als kultureller Bildung und → Personalisation als selbstschöpferischer Entfaltung der eigenen Personalität als auch zur → Erziehung als geplanter Lernhilfe. In übergreifendem Sinn faßt S. die komplexen, vielfältig differenzierten Prozesse der Vergesellschaftung des (heranwachsenden) Menschen zusammen« (Böhm 1982[12], S. 491).

Der Begriff der »Selbstsozialisation« wäre nach diesem traditionellen Begriffsverständnis ein Widerspruch in sich selbst. Denn nach diesem traditionellen Begriffsverständnis ist Sozialisation per se »Fremdsozialisation«. Hurrelmann hat dann zwar 1983 mit seinem Begriff des »produktiv realitätsverarbeitenden Subjekts« eine Formel geprägt, die die interpretierenden, stellungnehmenden, aktiv auswählenden und zurückweisenden Eigenleistungen des Subjekts irgendwie in das Sozialisationskonzept mit zu integrieren versuchte und die für die jüngere Sozialisationsforschung höchst bedeutsam wurde. Dennoch blieb die angemessene Berücksichtigung der Subjektseite stets der prekäre Punkt in der Sozialisationsforschung (vgl. Bittner 1996, Vogel 1996).

Wenn sich unter dem Druck gesellschaftlicher Individualisierung traditionelle Milieus mit relativ geschlossenen Weltbildern und verbindlichen Lebensmustern zunehmend auflösen, wenn die Lebensmodelle und Wertorientierungen vielfältiger und diese Pluralität durch die Medien (die ja in der Regel gerade an den Kuriositäten und Extremitäten, die vom Mainstream möglichst weit abweichen, ein besonderes Interesse haben), zudem omnipräsenter wird, dann ist es offensichtlich, dass auch der Sozialisationsprozess immer weniger als bloßer »Weitergabe-« und »Prägungsprozess« gedacht werden kann. Denn dann kommt den subjektiven Weisen der Auswahl, der Bedeutungszuschreibung, der Exploration, der Hinwendung zu bestimmten Facetten dieses Kosmos der Möglichkeiten und der Ablehnung anderer Facetten eine immer größere Bedeutung zu. Die Vorgaben der Eltern und Lehrer sind dann nicht mehr die verlässlichen Richtlinien dafür, was im Leben in dieser Gesellschaft wichtig und richtig ist, sondern sie sind nur mehr eine Ansicht unter vielen, eben eine »erwachsenenmäßige« und damit in den Augen der Jugendlichen häufig eine eher altmodische, langweilige und lustfeindliche. Schon Kinder, aber mehr noch Jugendliche gestalten durch ihre Entscheidungen ihre eigene Entwicklung maßgeblich mit. Sie wählen aus zwischen Freunden und Cliquen, zwischen Orten und Institutionen, mit/in denen sie ihre Zeit verbringen, zwischen jugendkulturellen Stilen und Aktivitäten, zwischen Bildungs-, Freizeit- und Konsumangeboten, zwischen Musikrichtungen und Fernsehsendern, zwischen Kinofilmen und Computerspielen, zwischen Werten und Vorbildern, die sie »toll«, »nice«, »krass« oder »cool« finden. Und sie bestimmen durch diese Wahlen, durch das damit entstehende individuelle Profil von Erfahrungsräumen, in denen sie sich bewegen, und von

Beziehungen, in die sie verstrickt sind, die »prägenden Einflüsse«, die »Milieus«, denen sie ausgesetzt sind, selbst maßgeblich mit. Jedoch vollzieht sich dieser Prozess heute wohl kaum noch in der Form einsamer selbstreflexiver Idealbildung oder als Vollzug eines bewussten Vorsatzes der »Selbstvervollkommnung«, der gezielten Inthronisation des »Königs-Ichs« und der zielstrebigen systematischen Arbeit an der Überwindung all jener persönlicher Schwächen und Unzulänglichkeiten, die hinter dieser Idealsetzung zurückbleiben (wie man dies etwa in den Tagebuchaufzeichnungen von idealistisch gesonnenen jugendbewegten Jugendlichen zu Beginn des 20. Jahrhunderts durchaus vorfinden kann). Die Regel ist wohl eher die Entscheidung für bestimmte Richtungen und Trends innerhalb der Vielfalt des gleichzeitig Vorhandenen und damit letztlich doch ein Mitschwimmen in bestimmten jugendkulturellen Teilströmungen, die als besonders attraktiv erscheinen. Von daher bedeuten diese Entscheidungen für bestimmte Trends, Moden, Stile, Aktivitäten meist eben auch die Entscheidung für bestimmte Gruppierungen Gleichaltriger (und umgekehrt).

Wenn es einen Konsens in der jüngeren Jugend- und Sozialisationsforschung gibt, dann darüber, dass die Bedeutung solcher Peergroup-Einflüsse in den letzten Jahrzehnten deutlich zugenommen hat.

> »Als Aktivität einer Gruppe oder einer ganzen Generation verstanden, bezeichnet Selbstsozialisation die Sozialisation der Peers, also den Tatbestand, daß Kinder und Jugendliche sich gegenseitig selbst sozialisieren, auch ohne Beihilfe der älteren Generation« (Zinnecker 2000, S. 282).

Dies entspricht dem Muster des »konfigurativen« Transfers von Kultur, also der Weitergabe durch die Gruppe der Altersgleichen, welches Margaret Mead schon 1968 dem »postfigurativen« Muster gegenübergestellt hatte, bei dem die Überlieferung durch Ältere im Vordergrund steht. Entsprechend kommt Zinnecker beim Blick auf die aktuelle Forschungslandschaft der Kindheits- und Jugendforschung zu dem Fazit:

»In vielen aktuellen Untersuchungen spiegelt sich die Überzeugung wider, dass die entscheidenden Impulse zur Sozialisation heute von den Peers und nicht mehr von den Sozialisationsinstanzen der älteren Generation herrühren« (ebd., S. 283).

Unter anderem wegen dieses Trends zur Selbstsozialisation und zum stärkeren sozialisatorischen Einfluss der Peers und der Medien hat Giesecke schon 1985 das »Ende der Erziehung« proklamiert, und auch Zinnecker stellt die Frage danach, »wie ... es um Erziehung und Pädagogik in einer Epoche der Selbstsozialisation« steht (ebd., S. 285). Auch seine Einschätzung ist ziemlich skeptisch:

»Die planmäßige und professionell betriebene Veränderung von Personen der nachwachsenden Generation will vielfach nicht mehr gelingen. Das Misslingen geht deutlich über das hinaus, was in den siebziger Jahren als ›Technologiedefizit der Pädagogik‹ beschworen wurde (Luhmann/Schorr 1979). Eher lassen sich die Haupt- und Nebeneffekte der Pädagogik als ›Irritationen‹ beschreiben, die unvorhersehbare Prozesse der Selbstsozialisation bei Kindern und Jugendlichen auslösen. Voraussagbar ist jedenfalls, dass eine absichtsvoll zum Zweck der Erziehung betriebene Kommunikation zwingend damit einhergeht, daß Motive der Ablehnung und des Eigensinns sich bei den Adressaten verdoppeln« (ebd.).

Keine besonders rosigen Aussichten für die Pädagogik!

275

29

Jugend als Spannung zwischen Individuation und Integration – Klaus Hurrelmann

Zur Riege derjenigen Forscher, die die Diskussion um die Jugend hierzulande in den letzten Jahrzehnten maßgeblich mitgeprägt haben, gehört sicherlich auch Klaus Hurrelmann. Entsprechend ist auf ihn und seine Beiträge im Laufe dieses Buches auch schon mehrfach Bezug genommen worden. Er hat die letzten vier Shell-Jugendstudien von 2002–2015 federführend mitkonzipiert, er hat zahlreiche empirische Untersuchungen zu diversen Aspekten der Lebens- und Bildungssituation Jugendlicher sowie zu den gesundheitlichen Risiken und psychosozialen Befindlichkeiten von Kinder und Jugendlichen geleitet, er hat wichtige theoretische Beiträge zur Sozialisationstheorie und Gesundheitswissenschaft geliefert und er hat sich immer wieder in bildungs-, kindheits- und jugendpolitische Debatten eingemischt. Sein Buch »Lebensphase Jugend« von 1985, welches 2012 in einer (gemeinsam mit Gudrun Quenzel) vollständig überarbeiteten neuen, 11. Auflage erschienen ist, gehört sicherlich zu den erfolgreichsten und meistgelesenen deutschen Standardwerken über das Jugendalter der letzten 30 Jahre. Da es sich dabei, wie es im Untertitel heißt, um eine »Einführung in die sozialwissenschaftliche Jugendforschung« handelt, wird dort auf engem Raum eine Fülle bedeutsamer Ansätze der Jugendtheorie aufbereitet und zusammenfassend präsentiert, so dass es nicht ganz einfach ist, den zentralen, originären Kern der dort vertretenen Sicht auf Jugend zu benennen. Dieser kann jedoch am ehesten in dem besonderen Spannungsverhältnis gesehen werden, welches nach Hurrelmann zwischen den Polen der Individuation einerseits und der Integration andererseits im Jugendalter besteht. In diesem Sinne heißt es gleich auf der ersten Seite des Buches »Lebensphase Jugend«:

> »Im Jugendalter stellt sich die grundsätzliche Aufgabe der Verbindung von persönlicher Individuation und sozialer Integration, deren Lösung die Voraussetzung für die Ausbildung einer Ich-Identität ist« (Hurrelmann/ Quenzel 2011, S. 5).

Der weite integrative, soziologische, biologische und psychologische Aspekte umgreifende Ansatz führt freilich auch dazu, dass bisweilen deutliche Kontraste zwischen eher soziologisch-kulturrelativistischen Thesen einerseits und bio- bzw. psychologisch-anthropologischen Aussagen andererseits spürbar werden. So heißt es unter ersterer Perspektive: »Noch um 1900 war Jugend als eine eigene Phase im menschlichen Lebenslauf nicht zu identifizieren und spielte in der öffentlichen Wahrnehmung keine Rolle« (ebd., S. 19). Wenn dann aber wenig später zu lesen ist: »Die Pubertät markiert insofern einen tief greifenden Einschnitt in die Lebensgestaltung und Persönlichkeitsgestaltung eines Menschen. Nach dem Eintreten der Pubertät beginnt ein neuer Lebensabschnitt, der durch eine völlig neue, qualitativ gegenüber der Kindheit andersartig gestaltete Form der Verarbeitung von körperlichen, psychischen und Umweltanforderungen gekennzeichnet ist« (ebd., S. 27), dann mag man kaum glauben, dass es Zeiten gab, in denen die soziale Umwelt diesen tiefgreifenden Wandel und diese völlig neuen psychischen Qualitäten der Heranwachsenden gänzlich ignorieren konnte. Und man kann zumindest darauf verweisen, dass Rousseau schon im Jahr 1762 im Blick auf jenen bedeutsamen Einschnitt die Metapher von der »zweiten Geburt« geprägt hatte. Aber natürlich ist es zutreffend, dass die Heranwachsenden zu Rousseaus Zeiten und auch um 1900 in der Regel bei weitem noch nicht jene Spielräume zur Erkundung und Erprobung der nunmehr anders gearteten Formen der Verarbeitung von körperlichen, psychischen und Umweltanforderungen zur Verfügung hatten wie heute.

Auch Hurrelmann und Quenzel gehen grundsätzlich vom Konzept der Entwicklungsaufgaben aus. Sie haben allerdings einen ungewöhnlich knappen und zudem von den Formulierungen her eher erläuterungsbedürftigen Katalog von zentralen Entwicklungsaufgaben vorgelegt. Denn dieser besteht lediglich aus vier Schlüsselbegriffen: »Qualifizieren«, »Binden«, »Konsumieren« und »Partizipieren« und steht somit zunächst in deutlichem Kontrast zu den bei Havighurst, Dreher/Dreher, Fend und Göppel vorgelegten detaillierteren Katalogen. Bei allen vier Begriffen werden dabei jeweils eine »psychobiologische Dimension« und eine »soziokulturelle Dimension« unterschieden und die Erläuterungen dieser Dimensionen machen etwas deutlicher, was mit den Schlüsselbegriffen jeweils gemeint sein soll. So geht es im Hinblick auf die Entwicklungsaufgabe des »*Qualifizierens*« in psychobiologischer Hinsicht um die Entwicklung intellektueller und sozialer Kompetenzen, die die Jugendlichen sozial handlungsfähig und bildungsmäßig erfolgreich machen. In soziokultureller Hinsicht geht es dabei eher um die Schaffung der Voraussetzungen für berufliche Tüchtigkeit, gesellschaftliche Nützlichkeit und ökonomischer Selbständigkeit. Die Entwicklungsaufgabe des »*Bindens*« bezieht sich in psychobiologischer Hinsicht auf die Akzeptanz der veränderten Körperlichkeit, auf den Umbau der Beziehungen zu den Eltern und auf den Aufbau von intimen Partnerbeziehungen. Unter soziokulturellen Perspektiven wird diese Aufgabe dann noch einmal in ihrer Bedeutsamkeit für die Übernahme der »gesellschaftlichen Mitgliedsrolle eines Familiengründers« diskutiert (ebd., S. 37). Warum im Hinblick auf die dritte Entwicklungsaufgabe die unter psychobiologischen Aspekten sich stellende Herausforderung, »enge Freundschafts- und Gleichaltrigenkontakte zu knüpfen«, unter der Rubrik »*Konsumieren*« gefasst wird, überrascht zunächst etwas und wird erst etwas plausibler, wenn man bedenkt, dass auch das ganze Thema des Umgangs mit Medien, Genussmitteln und Drogen eines ist, das typischerweise in Peergroup-Kontexten auftaucht. Unter der soziokulturellen Dimension geht es dabei um den Erwerb der gesellschaftlichen Mitgliedsrolle eines möglichst mündigen, kontrollierten und kompetenten Konsumenten. Im Hinblick auf die Entwicklungsaufgabe des »*Partizipierens*« ist im Blick auf die biopsychologische Dimension wiederum nicht ganz klar, warum »die Entfaltung eines persönlichen Systems von Werten und ethischen Prinzipien der Lebensführung« hier unter dem Begriff »Partizipieren« gefasst wird, da die Entfaltung eines solchen individuellen Wertekompass noch nicht zwangsläufig die Partizipation in diesem oder jenem gesellschaftlichen Feld impliziert. Die soziokulturelle Dimension dieser Entwicklungsaufgabe zielt schon eher auf das, was üblicherweise mit »Partizipation« gemeint ist, wenn hier gefordert wird, der Jugendliche solle die Kompetenz erwerben, »die eigenen Bedürfnisse und Interessen in der Öffentlichkeit zu artikulieren und durch seine bürgerliche Beteiligung zur Stärkung und Selbststeuerungsfähigkeit der Gesellschaft ebenso wie zu ihrem sozialen Zusammenhalt« beitragen (ebd., S. 37).

Zunächst erscheint es bei Hurrelmann/Quenzel so, als ließe sich der Übergang vom Jugendlichen zum Erwachsenen ganz schlicht und eindeutig mit dem »Abhaken« der zentralen Entwicklungsaufgaben beschreiben. In diesem Sinne heißt es auf S. 39 ganz lapidar:

> »ein Jugendlicher ist dann ›erwachsen‹, wenn er die folgenden vier Mitgliedsrollen übernommen hat: 1. die Berufsrolle als ökonomisch selbständig Handelnder, 2. die Partner- und Elternrolle als verantwortlicher Familiengründer, 3. Die Konsumentenrolle einschließlich der Nutzung der Medien, und 4. Die Rolle als politischer Bürger mit eigener Wertorientierung« (ebd., S. 39).

Dann aber kommen die Autoren noch einmal auf das Konzept der »Egotaktik« als Orientierungslinie heutiger Jugendlicher zu sprechen, das schon bei Hurrelmanns Interpretation der Ergebnisse der Shell-Jugendstudie von 2002 eine zentrale Rolle gespielt hat, und dabei wird deutlich, dass dieses Konzept eher quer steht zu der Vorstellung eines schlichten »Hinaufsteigens in den Erwachsenenstatus« durch das verbindlichen »Hineinschlüpfen« in bestimmte gesellschaftliche »Mitgliedsrollen«. Denn dieses Konzept verweist gerade auf die selbstbezüglichen, flexiblen, opportunistischen und damit klare Festlegungen und verbindliche »Mitgliedschaften« eher scheuenden Tendenzen in der Lebensorientierung heutiger Jugendlicher. In dem egotaktischen Konzept der Lebensführung geht es nämlich vor allem um »ein Abwägen von eigenem Engagement und dem erwarteten Nutzen sowie ein pragmatisches und sondierendes Suchen nach Möglichkeiten der Umsetzung eigener Bedürfnisse« (ebd., S. 49f.). Entsprechend kommen demnach

> »ein starker Selbstbezug und eine Kosten und Nutzen abwägende Haltung zusammen ... Eine festgelegte und vorab geplante Abfolge von Handlungen ist in der für die Jugendlichen heute typischen Lebenslage oft nicht adäquat, weil sie unbefangen reagieren und auf schnell wechselnde Situationskonstellationen offen und flexibel eingehen müssen. Improvisierende Elemente der Lebensführung sind unter diesen Umständen genauso wichtig wie routinierte Verhaltensmuster« (ebd., S. 53).

Zugleich wird die These aufgestellt, dass »Jugendlichkeit« – und damit eben gerade auch jene eher tastend sondierende, flexible

Haltung im Umgang mit den Angeboten und Herausforderungen, welche einem vom Leben zugespielt bzw. zugemutet werden – inzwischen auch für andere Lebensphasen zum Paradigma der Lebensführung geworden sei. In diesem Sinne ist dann sogar von einer »Juvenilisierung« der Erwachsenenphase die Rede, was das schlichte »Aufstiegs- und Rollenübernahmemodell des Erwachsenwerdens« natürlich noch mehr in Frage stellt. Als »wichtiges Merkmal des Erwachsenseins« wird an anderer Stelle des Buches die Tatsache postuliert, »dass die unruhige Such- und Tastphase, die für alle Bereiche der körperlichen, psychischen und sozialen Entwicklung im Jugendalter charakteristisch ist, zumindest zu einem vorläufigen Ende gekommen ist« (ebd., S. 31). Dass nun tatsächlich angesichts der behaupteten »Juvenilisierung der Erwachsenenphase« ein solcher relativer Beruhigungszustand heute auch in späteren Lebensabschnitten gar nicht mehr erreicht wird, wird zumindest empirisch nicht näher belegt.

Den Kern und das eigentliche Markenzeichen von Hurrelmanns Theorie des Jugendalters stellt die Betrachtung der maßgeblichen Entwicklungsprozesse dieser Lebensphase unter der Perspektive einer elaborierten Sozialisationstheorie dar, welche Sozialisation nicht als bloße Prägung des Individuums durch die materiellen, sozialen und kulturellen Umstände des Aufwachsens auffasst, sondern als komplexen und produktiven Aneignungs- und Auseinandersetzungsprozess. Die Sozialisationstheorie ist in diesem Verständnis eine Art integrative interdisziplinäre »Supertheorie«: Sie »stellt ein Rahmenkonzept bereit, das alle Theorien und Konzepte verbindet, die individuelle Entwicklung in wechselseitiger Beziehung mit der sozialen und materiellen Umwelt thematisieren« (ebd., S. 88).

Mit seinem Text über das »Modell des produktiv realitätsverarbeitenden Subjekts in der Sozialisationsforschung« hatte Hurrelmann schon 1983 einen wichtigen Markstein zur Weiterentwicklung der Sozialisationstheorie gesetzt. In der jüngsten Fassung des Buchs »Lebensphase Jugend« wird Sozialisation definiert als der

»Prozess, in dessen Verlauf sich der mit einer biologischen Ausstattung versehene menschliche Organismus zu einer sozial handlungsfähigen Persönlichkeit bildet, die sich über den Lebensverlauf hinweg in Auseinandersetzung mit den Lebensbedingungen weiterentwickelt. Sozialisation ist die Aneignung von und Auseinandersetzung mit den natürlichen Anlagen, insbesondere den körperlichen und psychischen Grundlagen, die für den Menschen die ›innere‹ Realität bilden, und der sozialen und physikalischen Umwelt, die für den Menschen die ›äußere‹ Realität bilden« (ebd., S. 89).

In zehn »Maximen« wird dann näher ausgelegt, was dieses Sozialisationskonzept im Einzelnen für das Verständnis des Jugendalters bedeutet: Zunächst wird dabei eher traditionell auf das Wechselspiel von Anlage und Umwelt und auf den besonders intensiven, prägenden, musterbildenden Charakter dieser Phase abgehoben. Dann wird besonders der konstruktive, selbstschöpferische, aktive Charakter der Persönlichkeitsbildung hervorgehoben und noch einmal die spannungsreiche Kernaufgabe des »Austarierens von persönlicher Individuation und sozialer Integration« (ebd., S. 93) betont, die bei Gelingen zur Bildung einer Ich-Identität führt. Andererseits kann es hier natürlich auch zu krisenhaften Entwicklungen kommen, wenn jenes »Austarieren« nicht gelingt und auch die weiteren Entwicklungsaufgaben nur unzulänglich gelöst werden können. Entsprechend wird die hochbedeutsame Funktion sozialer Unterstützungsleistungen für eine gelingende Entwicklung betont, welche durch die Herkunftsfamilie, aber auch durch Schulen, Ausbildungsstätten, Gleichaltrige und weitere Akteure zu erbringen sind. Hierbei wird unter dem Stichwort »Spaltung jugendlicher Lebenswelten« wiederum auf die sehr unterschiedlichen Lebenslagen Jugendlicher und auf die damit verbundenen großen Unterschiede in den verfügbaren sozialen und materiellen Ressourcen verwiesen. Zuletzt wird schließlich noch klargestellt, dass Sozialisation im Jugendalter immer auch »geschlechtsspezifische Sozialisation« bedeutet und dass somit auch die Entwicklungsaufgaben und die damit verbundenen Chancen, Herausforderungen und Risiken eine geschlechtsspezifische Prägung aufweisen (ebd., S. 90f.).

Angesichts der starken Betonung des produktiven, selbstschöpferischen Charakters der Entwicklungsprozesse im Jugendalter hätte man vermuten können, dass Zinnecker, als er 2000 mit seinem Essay über das Konzept der »Selbstsozialisation« einen begrifflichen »Reformvorschlag« in die Diskussion einbrachte, bei Hurrelmann offene Türen einrennen würde. Dem war aber keineswegs so. Als sich Hurrelmann in die damalige Diskussion zu diesem Konzept der »Selbstsozialisation« einschaltete, erkannte er zwar Zinneckers Anliegen an, dass die gewachsenen biographischen Freiheits- und Entscheidungsspielräume heutiger Kinder und Jugendlicher irgendwie auch in den theoretischen Konzeptionen der Sozialisationstheorie berücksichtigt werden sollten. Er schlug vor, die Fähigkeit zur sinnvollen Bewältigung der »Vielfältigkeiten von Handlungsanforderungen und Aktionsalternativen« mittels eines »inneren Kompasses« mit dem Begriff der »Selbstorganisation« zu bezeichnen. Das Konzept der Sozialisation in der von ihm maßgeblich mitgeprägten neueren Form wollte er jedoch unbedingt beibehalten, und er sah keinerlei Anlass dafür, den Begriff der Sozialisation durch den der »Selbstsozialisation« zu ersetzen, da er der Überzeugung war, dass der traditionelle Begriff der Sozialisation »das Spannungsverhältnis zwischen den Polen der Fremdbestimmung und der Selbstbestimmung in der Persönlichkeitsentwicklung ... voll aufzunehmen in der Lage« sei (Hurrelmann 2002, S. 165). Obwohl er seinen Beitrag als einen »sympathisierenden aber kritischen Kommentar« verstanden wissen wollte, formulierte er dann zum Schluss doch den Tadel der überflüssigen »Begriffsstürmerei« (ebd.) an Zinneckers Adresse.

30

Jugend als Selbstschöpfung und Schicksalsprägung – Helmut Fend

Wenn man nach den bedeutendsten Jugendforschern des deutschsprachigen Raumes in den letzten 30 bis 40 Jahren fragt, dann ist als dritter Name neben Jürgen Zinnecker und Klaus Hurrelmann sicherlich auch Helmut Fend zu nennen. Er kann wohl überhaupt als einer der produktivsten und einflussreichsten Erziehungswissenschaftler jener jüngeren Epoche betrachtet werden, denn nicht nur als Jugendforscher, sondern auch als Sozialisationstheoretiker, Schultheoretiker, Schulqualitätsforscher und Lebenslaufforscher hat er maßgebliche Beiträge geleistet. Dabei hat er in beeindruckender Weise immer wieder erziehungswissenschaftliche, entwicklungspsychologische, soziologische und sozialhistorische Perspektiven integriert. In diesem Sinne hat Rudolf Tippelt bei seiner Laudatio anlässlich der Ehrenpromotion Fends an der LMU München Fends »ungewöhnliche und im deutschen Sprachraum einmalige Fähigkeit« hervorgehoben,

»die von ihm untersuchten Problemstellungen auf höchstem empirischen Niveau zu bearbeiten, die empirischen Befunde immer in übergreifende Theoriesysteme zu integrieren und dabei Theorien weiterzuentwickeln und insbesondere in den zusammenfassenden und das Wissen bündelnden Schriften die sozial- und geistesgeschichtlichen Wurzeln von Problemfeldern auf höchstem Niveau und gleichzeitig hervorragend verständlich einzubeziehen« (Tippelt 2008, S. 3).

Zentraler Ausgangspunkt für Fends differenzierte jugendpsychologische und jugendpädagogische Betrachtungen ist die »Konstanzer Längsschnittstudie«, die 1979 gestartet wurde und bei der 2054 Mädchen und Jungen in jährlichen Erhebungswellen von der 6. Jahrgangsstufe bis zur 10. Jahrgangsstufe bei ihrem Durchgang durch die entscheidenden Entwicklungsjahre des Jugendalters forschend begleitet wurden. Bei den Befragungen wurden umfassende Daten zu den individuellen Sozialisationsbedingungen, Problemwahrnehmungen, Befindlichkeiten, Persönlichkeitsressourcen und Entwicklungsverläufen erhoben. Hinzu kamen Eltern- und Lehrerbefragungen sowie Soziogramme, die Auskunft über das Maß der sozialen Anerkennung bzw. Ablehnung innerhalb der Gleichaltrigengruppe gaben. Aus der umfangreichen und detaillierten Datenanalyse sind insgesamt dann fünf Monografien hervorgegangen, diese beziehen sich auf den Übergang »Vom Kind zum Jugendlichen« und die damit verbundenen Risiken (Fend 1990), auf die »Identitätsentwicklung in der Adoleszenz« (Fend 1991), auf die »Entdeckung des Selbst« (Fend 1994), auf den »Umgang mit der Schule in der Adoleszenz« (Fend 1997) und auf den Umbau der sozialen Beziehungen im Jugendalter im Hinblick auf »Eltern und Freunde« (Fend 1998).

Die sozial- und geistesgeschichtlichen Wurzeln des Problemfelds »Aufwachsen im Jugendalter« hatte Fend schon 1988 in seinem Buch »Sozialgeschichte des Aufwachsens« differenziert und übersichtlich aufgearbeitet, in dem er vor dem Hintergrund einer an Max Weber orientierten Modernisierungstheorie die für das Aufwachsen bedeutsamen kulturellen Trends analysiert und die wichtigsten »Generationsgestalten« des 20. Jahrhunderts beschreibt.

Schließlich hat Fend all diese speziellen Erkenntnisse aus seinen eigenen empirischen Untersuchungen und seinen historischen Recherchen unter Einbeziehung des aktuellen internationalen Diskussionstandes in dem mehr als 500seitigen Lehrbuch »Entwicklungspsychologie des Jugendalters« (Fend 2000) noch einmal gebündelt und systematisiert. Dabei orientiert sich Fend bei seiner Systematik an der alten, aus Pestalozzis »Nachforschungen« von 1797 stammenden Trias von drei grundsätzlich verschiedenen Betrachtungsweisen des Menschen: als »Werk der Natur«, als »Werk der Gesellschaft« und »als Werk seiner selbst«.

Jürgen Zinnecker hat in seinem launigen Text »Jugendforschung als soziales Feld und als Erfahrung von Biografie und Generation«, den er ausdrücklich Helmut Fend gewidmet hat (Zinnecker 2006), versucht, den »Sitz im Leben« von Fends vielfältigen wissenschaftlichen Leistungen als Jugendforscher herauszuarbeiten. Darin nennt er Fends »Entwicklungspsychologie des Jugendalters« ein »titanisches Werk« und »ein wissenschaftliches Vermächtnis versteckt in einem Lehrbuch«, es sei »ein schwer erkämpfter Brückenbau zwischen Psychologie, Pädagogik und Soziologie; zwischen nationalen Wissenschaftskulturen; zwischen Wissenschaftsgenerationen; zwischen differierenden Theorien der Moderne; zwischen Empirie und philosophischer Theorie; zwischen qualitativer Textinterpretation und messenden, statistischen Verfahren; zwischen Alltagswissen und Wissenschaftswissen« (Zinnecker 2006, S. 193f.). Fend selbst hatte im Vorwort des Buches sein zentrales Anliegen auf folgende Formel gebracht: »dem Leser ein umfassendes Verständnis der Entwicklungsprozesse in einer kritischen Lebensphase zu geben« (Fend 2000, S. 17). Entsprechend meint auch Zinnecker in seiner Würdigung von Fends holistischem Ansatz, »die Zauberworte heißen Ganzheit, Gestalt, Entwicklung und Persönlichkeit« (Zinnecker 2006, S. 193f.).

Im ersten Teil »Jugend als Werk der Natur« rekapituliert Fend zunächst noch einmal ausführlich die Klassiker der Jugendtheorie: Bühler, Spranger, Stern, Freud, Bernfeld u. a. und geht auf einige Aspekte der aktuellen Forschung zur Biologie der Pubertät und zur allgemeinen Prozessen der kognitiven Entwicklung in der Adoleszenz ein. Der zweite Teil, »Jugend als Werk der Gesellschaft«, ist eher soziologisch orientiert und hier werden entsprechend die zeitgeschichtlichen Kontexte des Aufwachsens im 20. Jahrhundert dar- und unterschiedliche »Generationsgestalten« vorgestellt. Den Kern des Buches und den mit Abstand umfangreichsten Teil stellt aber der dritte Teil »Der Jugendliche als Werk seiner selbst« dar. Hier entfaltet Fend sein handlungstheoretisch-konstruktives Paradigma und damit seine Sicht menschlicher Entwicklung im Jugendalter. In immer wieder neuen Wendungen wird darin der zentrale Gedanke entfaltet, »daß die Person weder passiv von inneren Entwicklungskräften bestimmt, noch untätig externen Einflüssen ausgesetzt ist. Personen setzen sich handelnd mit den systemisch ›verwobenen‹ Bedingungen ihrer Umwelt auseinander« (ebd., S. 206f.). Fend geht es jedoch keineswegs darum, die Bedeutung innerer, reifungsbedingter Entwicklungskräfte oder äußerer Kontextfaktoren zu leugnen und eine völlig losgelöste, autonome psychische Selbsthervorbringung zu postulieren, vielmehr geht er davon aus, dass jene inneren und äußeren Faktoren stets von einer »dritten Kraft, der aktiven Selbstgestaltung, überformt« werden. In diesem Sinn bringt er seine integrative Position abschließend auf die Formel: »Ohne innere Bereitschaft (endogene Voraussetzung), ohne kulturelle Ansprüche (exogene Angebote) und ohne aktive Eigenbeteiligung ist keine Entwicklung im Jugendalter möglich« (ebd., S. 209f.).

Eine spezielle Thematik, bei der die Verschränktheit jener drei Aspekte, der endogenen Reifungsprozesse einerseits, der kulturellen Ansprüche, Normalitätsvorstellungen und Leitbilder andererseits und der aktiven Auseinandersetzungsprozesse, Entscheidungen und Bewältigungsstrategien des Subjekts dritterseits besonders deutlich wird, und die in Fends Buch einen recht breiten Raum einnimmt, stellt das relative Entwicklungstempo und dessen psychische Verarbeitung dar. Also der Umgang mit der Frage, ob man hinsichtlich der körperlichen Reifungsprozesse eher im Mainstream mitschwimmt oder eher zu den Frühentwicklern oder zu den Spätentwicklern zählt. Hier gibt es ja, was den pubertären Wachstumsschub, den Eintritt der Menarche, das Brustwachstum, den Stimmbruch und die typische Veränderung der Körperproportionen anbelangt, eine beträchtliche Schwankungsbreite. Und hier gibt es bisweilen deutliche Diskrepanzen zwischen dem physischen und dem psychischen Entwicklungsstand.

Da das Einsetzten der Pubertät um bis zu sechs Jahre differieren kann, befindet sich jemand, bei dem die körperliche Reifung sehr früh einsetzt und rasch voranschreitet, hinsichtlich der Entwicklungsaufgabe, mit diesen körperlichen Veränderungen klar zu kommen, in einer deutlich anderen Situation als jemand, der hier eher im Durchschnitt liegt, oder gar als jemand, der eher spät dran ist. Maßgeblicher Bezugspunkt bei der Frage, ob das, was da mit dem eigenen Körper passiert, »normal« ist, sind die Gleichaltrigen. Wer hier durch eine besonders akzelerierte Entwicklung vorauseilt, steht, solange die Mehrheit der Altersgenossinnen und -genossen noch eher der kindlichen Sphäre verhaftet ist, in der Gefahr, sich von diesen zu entfremden, in eine Außenseiterposition zu geraten. Da die Themen und Probleme, die nun bedeutungsvoll werden, bei der Mehrheit der Gleichaltrigen noch nicht so recht »angesagt« sind, fehlen auch die Gesprächspartner für den entsprechenden Erfahrungsaustausch. Zudem ist bei einer solchen frühen körperlichen Reifung wohl auch die Gefahr einer Disharmonie zwischen körperlicher und seelischer Entwicklung größer. Hier mag sich bisweilen das Gefühl einstellen, von einer körperlichen Entwicklung »überrumpelt« zu werden, für die man innerlich eigentlich noch gar nicht recht bereit ist. Zugleich müssen die Betroffenen als »exogenen Faktor« früh mit sexuell getönten Blicken und Reaktionen durch Vertreter des anderen Geschlechts rechnen, die für sie meist noch eher verwirrend oder verstörend als schmeichelhaft sind. Diejenigen dagegen, die mit ihrer körperlichen Entwicklung sehr spät dran sind, mögen sich bisweilen fragen, ob bei ihnen alles »normal« ist, sie mögen auch einige Zeit lang mit der Situation leben müssen, von den Gleichaltrigen nicht so ganz für voll genommen oder gar als die »Kleinen«, als die »Zurückgebliebenen« oder als die »Schwächlinge« gehänselt zu werden. An der Kinokasse oder beim Eintritt in die Disco können sie leicht blamiert werden und auf dem beginnenden Feld der erotischen gegengeschlechtlichen Annäherung, des »Miteinander-Gehens«, haben sie keine besonders günstigen Karten. Dafür haben sie viele Modelle, an denen sie sich orientieren können, und klarere Vorstellungen, was auf sie zukommt. Die Veränderungen, die sie dann an ihrem Körper erleben, werden dann in der Regel freudig begrüßt, weil sie schon lange sehnsüchtig erwartet wurden.

Nach Fends Ergebnissen ist es für beide Geschlechter insgesamt am günstigsten, »on-time« zu sein. Während für die Mädchen eher eine akzelerierte körperliche Reifung mit erhöhten Entwicklungsrisiken und größerer subjektiver Belastung verbunden ist, ist es bei den Jungen eher eine retardierte, verspätete körperliche Reifung. Das mag auch mit der geschlechtsspezifisch unterschiedlichen Art der Gewichtszunahme in der Pubertät und ihrer Bewertung durch die Betroffenen – und damit natürlich auch mit den medial vorherrschenden Schönheitsidealen – zusammenhängen. Während frühentwickelte Mädchen häufig mit ihrer körperlichen Entwicklung unzufrieden sind, weil sie rasch an Gewicht zunehmen und weil sie die entwicklungstypische Vermehrung des Unterhautfettgewebes als unvorteilhaft erleben, haben die früh entwickelten Jungen damit, dass sie in die Höhe schießen, breitere Schultern bekommen und muskulöser werden, kaum Probleme. Groß, stark und muskulös zu sein, entspricht in der Regel dem Männlichkeitsideal, das sie seit ihrer Kindheit internalisiert haben. Das vorherrschende Weiblichkeitsideal der Mädchen rankt dagegen eher um Vorstellungen, die sich mit »anmutig«, »schlank«, »grazil«, »zierlich« umschreiben lassen, und da kann es dann leicht als bedrohlich erlebt werden, wenn man sich schon mit 12 bis 13 Jahren jenseits dieses Ideals befindet. Die Jungen wachsen also mehr oder weniger schnell auf dieses Ideal zu, die Mädchen wachsen oft früh schon darüber hinaus. Fend kommt mit Bezug auf die Daten seiner Untersuchung zu dem zusammenfassenden Fazit: »Früh entwickelte Mädchen sind eher depressiv, haben ein beeinträchtigtes Selbstkonzept des Aussehens und eine beeinträchtigte Selbstakzeptanz« (Fend 2000, S. 249).

Gleichzeitig zeigt sich hier besonders deutlich, wie die Heranwachsenden durch ihre eigenen Entscheidungen ihre Umwelten und damit jene Personen, die sie beeinflussen, beeinflussen: Frühentwickelte Jugendliche bewegen sich häufig in älteren Peergroups, also unter Personen, die ihnen vom Entwicklungsstand her eher entsprechen als die Gleichaltrigen. Gerade früh entwickelte Mädchen werden aufgrund ihrer körperlichen Erscheinung häufig von deutlich älteren Jungen umworben. Daher sind sie natürlich auch früher als ihre Altersgenossinnen mit Risikoverhaltensweisen wie Rauchen, Alkohol und Drogen konfrontiert und haben früher sexuelle Kontakte. Bei spätentwickelnden Jungen, also bei solchen, die von ihrer Statur her lange relativ klein und kindlich wirken und häufig darunter leiden, dass sie die geschätzten äußerlichen Attribute von Männlichkeit und Kraft nicht vorweisen können, gibt es indes eine gewissen Tendenz, das damit verbundene Minderwertigkeitsgefühl durch forcierte Übernahme von Verhaltensweisen, die Erwachsenheit symbolisieren wie Rauchen und Alkoholkonsum, zu kompensieren.

Schon im Vorwort seines Lehrbuchs »Entwicklungspsychologie des Jugendalters« hatte Fend darauf verwiesen, dass diese kritische Lebensphase Jugend stets in ihrer Einbindung in den menschlichen Lebenslauf zu betrachten sei: Es gelte »zu sehen, daß der menschliche Lebenslauf keine zufällige Abfolge von Handlungs- und Erlebnisschwerpunkten ist, sondern eine sowohl intern als auch extern mitbestimmte Systematik erkennbar wird« (Fend

2000, S. 17). Den biografischen Zusammenhängen zwischen den Kindheitserfahrungen und der Entwicklung im Jugendalter konnte Fend dabei schon im Rahmen der Konstanzer Längsschnittstudie nachgehen. Hier konnte Fend einen aussagekräftigen Prädiktor dafür ausmachen, ob sich das Eltern-Kind-Verhältnis im Jugendalter eher positiv oder negativ entwickelt, nämlich die Qualität der Eltern-Kind-Beziehung in der Kindheit. Dort wird demnach das positive Fundament gelegt, das dann in der Regel auch die möglichen Turbulenzen der Pubertät übersteht. Da Fend ein großes Sample über die jugendlichen Entwicklungsjahre von 12–16 hinweg begleitet hat, da er im Zusammenhang dieser Studie zudem auch die Eltern nach ihren Wahrnehmungen der Eltern-Kind-Beziehung und ihren erzieherischen Haltungen befragt hat, war es ihm möglich, nach typischen Mustern zu suchen, die eher mit einer günstigen bzw. mit einer ungünstigen Entwicklungstendenz in jenen turbulenten Jugendjahren in Zusammenhang stehen. Dabei zeigte sich, dass sich die Gruppe derjenigen Familien, bei der es in jener Zeit zu einer »Verbesserung« des Eltern-Kind-Verhältnisses kam, sich vor allem durch eine »flexible, Freiheit gewährende und weniger zwangsorientierte Erziehungshaltung der Eltern« auszeichnete. »Die Jugendlichen fühlten sich in solchen Familien zunehmend freier, wohler und besser angenommen. Es entsteht der Eindruck, dass sich diese Familien dem größer werdenden Selbständigkeitsbedürfnis der Jugendlichen angepasst haben« (ebd., S. 299). Bei denjenigen Familien, die im Verlauf der pubertären Entwicklung der Kinder eher in ausgeprägte Probleme hineingerieten, war es dagegen oftmals ein überzogener Anspruch der Eltern an die familieninterne Bindung, der die Verselbständigungstendenzen der Kinder erschwerte und mit Schuldgefühlen befrachtete und der die Eltern auf die Ablösungstendenzen ihrer Kinder eher mit Enttäuschung reagieren ließ. Hinzu kamen oftmals Probleme im Leistungsbereich, die dazu führten, die Enttäuschungsgefühle der Eltern noch zu verstärken.

Für die Familien, die sowohl zu Beginn als auch zum Ende der Längsschnittuntersuchung in hohem Maße problembelastet waren, ergab sich ein relativ klares Resultat. Es zeigte sich,»daß es sich eher um unflexible Eltern handelt, die glauben, mit Druck, Strenge und Unterordnungsforderung reagieren zu müssen« (ebd., S. 300). Sie wollen mit autoritären Mitteln, mit Drohungen, Verboten und Strafen, das Wohlverhalten und die Unterordnung ihrer heranwachsenden Kinder erzwingen und erreichen damit das Gegenteil, weil sie eher Rebellion oder emotionale Entfremdung auf Seiten der Kinder hervorrufen.

Die glücklichen Familien, die sich die ganze Entwicklungsphase hindurch gewissermaßen auf der »Sonnenseite« hielten, waren entsprechend von einer ganz anderen erzieherischen Haltung geprägt. Die Eltern zeigten sich hier am Wohlergehen und an der Entwicklung ihrer Kinder besonders interessiert, ohne sie jedoch übermäßig zu binden oder zu kontrollieren. Sie kamen weitgehend ohne Drohungen und Kränkungen aus und sie hatten es auch insofern leichter, als die Leistungsbereitschaft ihrer Kinder über all die Jahre konstant hoch blieb, ihr Nachwuchs also auch in dieser Hinsicht eher Anlass zu Stolz und Freude bot.

In der Zeit nach seiner Pensionierung ist Fend dieser Frage nach den biografischen Zusammenhängen noch einmal in eine andere Richtung und über einen längeren Zeitraum hinweg nachgegangen: Es ging ihm dabei um die Frage, inwieweit die spezifischen Erfahrungen während der Jugendzeit ihrerseits schicksalsprägend sind. Im Rahmen der LiFE Studie wurden 2002, also knapp 20 Jahre nach Abschluss der damaligen Erhebungswellen der Konstanzer Längsschnittstudie, die ehemaligen Jugendlichen dieser Studie, die inzwischen im Durchschnitt das Alter von 35 Jahren erreicht hatten, noch einmal kontaktiert und ausführlich zu ihren weiteren Lebensschicksalen und zu ihren aktuellen psychosozialen Befindlichkeiten befragt. Immerhin 1527 der ehemaligen Probanden konnten für eine Teilnahme an der Follow-Up-Untersuchung gewonnen werden. Es handelt sich somit um eine weitgehend repräsentative Stichprobe für die in den Jahren 1966–1968 geborenen und in Deutschland aufgewachsenen Männer und Frauen. Für diese Nachuntersuchung hatte Fends Forschergruppe ein komplexes Modell von Indikatoren für die »Lebensbewältigung im frühen Erwachsenenalter« entworfen, das Aspekte des sozialen Lebens, des beruflichen Erfolgs, der kulturellen Teilhabe sowie der physischen und psychischen Gesundheit umfasste. In dem Buch »Lebensverläufe, Lebensbewältigung, Lebensglück« wurden 2009 die Ergebnisse der LiFE Studie in zahlreichen subtilen Detailauswertungen präsentiert (Fend/Berger/Grob 2009).

Unter dem Titel »Wie das Leben gelingt und wie es so spielt – Lebensbewältigung im frühen Erwachsenenalter« gibt der Leiter der Studie darin am Ende einen instruktiven Gesamtüberblick über die Ergebnisse. Der Titel verweist dabei schon auf den doppelten Gesamttrend, der sich bei der Datenauswertung ergab: dass es nämlich einerseits durchaus eine Reihe von Lebensumständen und Lebenserfahrungen im Jugendalter gab, die deutlich mit einer positiven Lebenssituation der Erwachsenen im Zusammenhang standen, dass sich andererseits aber auch zeigte, dass es viel »Aleatorik« gab, dass sich viel Unvorhergesehenes und Unvorhersagbares in den Lebensläufen ereignete und dass einige jener Zusammenhänge zwischen Erfahrung und Befindlichkeit, die man intuitiv erwarten würde, sich empirisch nicht bestätigen ließen. Eine weitere übergreifende Besonderheit ist die, dass sich in vielen Hinsichten auffällige Geschlechterdifferenzen in den Entwicklungseinflüssen und Entwicklungstrends zeigten.

Im Fokus standen einerseits unterschiedliche »Formen der Bewältigung des Lebens« und andererseits aber auch unterschiedliche Ausprägungen »individueller Glücksfähigkeit« (Fend 2009, S. 454). Dabei waren die »äußeren«, »soziologischen« »Kriterien des Gelingens« wie etwa »ökonomische Selbständigkeit«, »Bindung an einen Partner«, »Elternschaft« relativ leicht zu erfassen. Natürlich mag man hier auch die Frage stellen, ob man gerade die beiden letzteren Punkte so ohne weiteres zum normativen Kriterium »gelingenden Lebens« erklären darf. Aber immerhin tauchen »Intimität« und »Generativität« ja auch in den klassischen Katalogen der Entwicklungsaufgaben des menschlichen Lebenslaufs auf. Und immerhin ergab der empirische Vergleich zwischen den Lebensmodellen auch signifikante Unterschiede in der Befindlichkeit. Die Singles wiesen im Durchschnitt deutlich weniger Selbstakzeptanz auf, litten häufiger unter depressiven Verstimmungen und waren sozial und beruflich unzufriedener. Paare mit und ohne Kinder erwiesen sich bei der Befragung als psychisch wesentlich stabiler und zufriedener. Dabei war dieser Zusammenhang bei Männern etwa doppelt so stark ausgeprägt wie bei den Frauen.

Dabei fragt sich natürlich, wie diese Merkmale der Lebenszufriedenheit und der Ich-Stärke als Aspekte der psychologischen Innensicht halbwegs präzise und zuverlässig zu erfassen sind. Die psychischen Voraussetzungen gelingenden Lebens sind nach Fend »dann günstig, wenn eine positive Einstellung zu sich selber und zum eigenen Leben entstanden ist, die widerstandsfähig (resilient) bei Belastungen macht und wenn jene psychische Dispositionen eingeübt sind, die einen aktiven Zugriff auf die Bewältigung von Aufgaben befördern« (ebd., S. 456). Hierzu zählt Fend vor allem Kerndispositionen wie »Selbstakzeptanz«, »Selbstwirksamkeit«, »Erfolgsorientierung«, »Depressionsresistenz« und »positive Lebensbilanzen im Sinne von Zufriedenheit mit den Kernbereichen des Lebens«. Entsprechend wurde versucht, vor allem diese Dimensionen in entsprechend konkrete Items des Fragebogens zu übersetzen, und diese wurden dann in der Auswertung wiederum in einem eindimensionalen Faktor der »Psychischen Stärke und Zufriedenheit« zusammengefasst.

In einem Modell der »Prädiktion von Lebensbewältigung« wurde anschließend geprüft, welche Erfahrungsmuster und welche Dimensionen aus den im Jugendalter erfassten Persönlichkeitsressourcen (kognitive Fähigkeiten, Selbstsicherheit, Leistungsbereitschaft, Kontaktfähigkeit und prosoziale Haltungen) sowie aus den damals beschriebenen sozialen Ressourcen (unterstützende Beziehungen im Rahmen der Familie, der Altersgruppe und der Schule) in welchem Maße geeignet waren, die Lebensbewältigung und die Lebenszufriedenheit im Erwachsenenalter vorherzusagen.

Von besonderem Interesse ist dabei die Frage danach, inwiefern die mittels verschiedener Indikatoren erfasste psychische Stärke und Zufriedenheit der Erwachsenen mit den 20 Jahren zuvor im Jugendalter gemachten Erfahrungen und gezeigten Persönlichkeitsmerkmalen in Zusammenhang steht. Hier zeigte sich eine gewisse Kontinuität über die Zeit, in dem Sinne, dass Ich-stärkere Jugendliche sich auch im Erwachsenenalter als Ich-stärker und selbstbewusster erwiesen. Bei Frauen war dieser Zusammenhang wiederum ausgeprägter als bei Männern. Nur bei ihnen ließ sich auch ein Zusammenhang zwischen der prosozialen Orientierung im Jugendalter und der psychischen Stärke und Zufriedenheit im Erwachsenenalter nachweisen. Die gemessene Intelligenz im Jugendalter standen bei ihnen jedoch erstaunlicherweise in einem negativen Verhältnis zur späteren Ich-Stärke und Lebenszufriedenheit. Hier standen höhere Intelligenzwerte sogar mit einer höheren Depressionsneigung im Zusammenhang. Fend führt dies auf stärkere Frustrationserfahrungen zurück, welche insbesondere die intelligenten und ambitionierten Mädchen aufgrund von Benachteiligungen in der Berufswelt in ihrem Leben zu verarbeiten hatten. Die höhere Ausprägung der Kontaktfreudigkeit und Geselligkeit im Jugendalter zeigte dagegen wiederum für beide Geschlechter positive Auswirkungen im Erwachsenenalter. Die Ausprägung von schulischem Fleiß und Ambitioniertheit im Jugendalter hatte dagegen weder bei Frauen noch bei Männern einen Einfluss auf die spätere Befindlichkeit.

Fend und seine Mitarbeiter gingen von der klaren Erwartung aus, dass insbesondere die sozialen Ressourcen des Jugendalters, also die Einbettung in eine harmonische, unterstützende Familiensituation, die Erfahrung der Wertschätzung und Anerkennung in der Schule sowie die Beliebtheit und Achtung im Freundeskreis sich als wichtige prognostische Faktoren für die spätere Befindlichkeit im Erwachsenenalter erweisen sollten. Die Ergebnisse der entsprechenden Datenauswertung fielen für sie jedoch enttäuschend aus:

> »Weder das Elternhaus, noch die damalige Wahrnehmung einer positiven Zuwendung durch die Schule bestimmen die psychische Stärke im jungen Erwachsenenalter. Alle Tendenzen liegen im Zufallsbereich« (ebd., S. 473).

Als wichtiger Prognosefaktor spielte einzig die Wahrnehmung, im Jugendalter bei den Peers beliebt und gut integriert zu sein, eine wichtige Rolle. Immerhin kann man vermuten, dass jene »soziale Kompetenz«, die zu dieser Beliebtheit im Freundeskreis beiträgt, ihrerseits auch mit den in der Kindheit und Jugend gemachten familiären Erfahrungen zusammenhängt und dass somit die sozialen Ressourcen des familiären Hintergrunds indirekt also doch in die Lebenszufriedenheit bei den jungen Erwachsenen eingehen.

Bei der Frage danach, welche Rolle den schulischen und beruflichen Erfolgen im Hinblick auf das spätere Lebensglück zukommt, ergab sich wiederum Erstaunliches: »Weder die Höhe von Schulabschlüssen und der erreichten Berufsposition noch die Höhe des Einkommens schlagen sich in innerer Stärke, Gelassenheit und Zufriedenheit nieder. Dies ist eine große Überraschung.« Fend deutet dies einerseits als Enttäuschung für die Pädagogik, da sich das in der pädagogischen Motivationsrhetorik immer wieder vorfindbare Versprechen, dass sich erhöhte Bildungsanstrengungen später auch in größerem Lebenserfolg und größerer Lebenszufriedenheit »auszahlen« würden, so nicht bestätigen ließ. Er sieht aber auch etwas Tröstliches darin, »dass die schulischen und beruflichen Lebenslinien nicht nur im oberen Bereich des schulischen Erfolgs Glück und Zufriedenheit ermöglichen« (ebd., S. 475).

Insgesamt zeigte sich, dass der Vorhersagbarkeit menschlicher Lebensläufe auch aus den mit noch so großer Sorgfalt erhobenen Daten aus der Jugendzeit relativ enge Grenzen gesetzt sind. Aspekte der gegenwärtigen Lebenswelt, also die Qualität der gegenwärtigen emotionalen Beziehung zu den Eltern, die Qualität der aktuellen Partnerbeziehung, das Engagement und die Zufriedenheit im Beruf, das Interesse an den Fragen des Gemeinwesens und die soziale Einbindung in die aktuelle Lebenswelt hatten einen deutlich stärkeren Einfluss auf die psychische Stärke und Zufriedenheit der jungen Erwachsenen als die distalen Merkmale und Erfahrungen der 20 Jahre zurückliegenden Jugendzeit. Psychische Stärke und Zufriedenheit im jungen Erwachsenenalter sind somit durch günstige Entwicklungsbedingungen und positive Persönlichkeitsmerkmale im Jugendalter nicht per se schon garantiert, und sie sind andererseits durch eher problematische Entwicklungsbedingungen und krisenhafte Entwicklungsverläufe im Jugendalter auch nicht von vorn herein gänzlich unmöglich gemacht.»Psychische Stärke und Zufriedenheit«, so Fends Schlusssatz in dem eindrucksvollen Werk,»resultieren somit nicht aus dem Rückzug auf sich selbst, sondern aus dem sich Einlassen auf die Welt. Stärke und Zufriedenheit und schließlich – als oft flüchtiges Nebenprodukt – ›Glück‹ entstehen danach aus Bindungen und Engagement und wirken auf diese zurück« (ebd., S. 477).

VIII

Schluss: Jugenderfahrungen im autobiografischen Rückblick: Wie das Leben so spielt und wie das Gelingen bzw. Misslingen von den Betroffenen gedeutet wird

Die aufwendige LiFE Studie von Fend hat sich offensichtlich schwer damit getan, aus den im Jugendalter erhobenen Daten klare prognostische Faktoren für den Lebenserfolg und die Lebenszufriedenheit im jungen Erwachsenenalter abzuleiten. Dies mag auch damit zusammenhängen, dass menschliches Leben immer im Modus der Selbstdeutung stattfindet und nicht im Modus strenger kausaler Gesetzeszusammenhänge, wo sich aus dem Vorliegen bestimmter Antezedensdaten deduktiv-nomologisch bestimmte spätere Lebenskonstellationen und Persönlichkeitsformationen zielsicher ableiten ließen.

Ganz zu Beginn dieses Buches wurden einige Passagen aus autobiografischen Texten und aus der Coming-of-Age Literatur zitiert, um möglichst authentische Beispiele für die Besonderheiten des Lebensgefühls des Jugendalters zu präsentieren. Ganz zum Schluss dieses Buches soll noch einmal auf diese Quelle zurückgegriffen werden, um an zwei ganz gegensätzlichen Werken unterschiedliche Deutungen davon, wie die Erfahrungen des Jugendalters nach den subjektiven Überzeugungen der Betroffenen ihr späteres Leben beeinflusst haben, vor Augen zu führen. Dabei zeigt sich, auf welch unterschiedliche, ja paradoxe Weise die Verbindungslinien zwischen den Entwicklungsbedingungen des Jugendalters und den späteren Folgen geknüpft werden können und dass es keineswegs immer von Anfang an ausgemacht ist, was Chance und was Verhängnis, was Bedrohung und was Herausforderung ist.

Der unter dem Pseudonym Fritz Zorn erschienene autobiographische Bericht »Mars« (1979) kann als ein verzweifelter Versuch, sich im jungen Erwachsenenalter angesichts einer fortschreitenden Krebserkrankung mit dem Scheitern des eigenen Lebens auseinanderzusetzen, verstanden werden. Einem Scheitern trotz sehr privilegierter, behüteter, harmonischer Entwicklungsbedingungen und musterhafter formaler Bildungskarriere. Das Buch beginnt mit dem Satz: »Ich bin jung und reich und gebildet; und ich bin unglücklich, neurotisch und allein. Ich stamme aus einer der allerbesten Familien des rechten Zürichseeufers, das man allgemein die

Goldküste nennt. Ich bin bürgerlich erzogen worden und mein Leben lang brav gewesen« (Zorn 1979, S. 25), und es endet mit dem Satz: »Ich erkläre mich als im Zustand des totalen Krieges« (ebd., S. 225). Gleich zu Beginn wird hier also auf den krassen Gegensatz verwiesen, der zwischen der äußeren bürgerlichen »Normalität«, ja der materiellen und sozialen Privilegiertheit, und dem inneren seelischen Elend besteht. Dabei macht der Autor sehr klar, dass es nicht irgendwelche verborgenen Abgründe, Grausamkeiten, Misshandlungs- oder Missbrauchsgeschichten waren, die sich da hinter der wohlanständigen bürgerlichen Fassade abspielten, sondern er macht gerade den Mangel an Herausforderung, an Zumutungen, an Schwierigkeiten in seinem Leben verantwortlich dafür, dass er keine rechten Kräfte zur Problembewältigung entwickeln konnte:

>»Nein, es ging eigentlich immer alles gut und sogar zu gut. Ich glaube, das war gerade das Schlimme: daß immer alles allzu gut ging. Ich bin in meiner Jugend von fast allen Unglücken verschont geblieben, und vor allem von allen Problemen. Ich muß das noch genauer ausdrücken: ich hatte nie Probleme, ich hatte überhaupt keine Probleme. Was mir in meiner Jugend erspart wurde, war nicht das Leid oder das Unglück, sondern es waren die Probleme und somit auch die Fähigkeit, sich mit Problemen auseinanderzusetzen. Man könnte es paradoxerweise so sagen: Eben daß ich mich innerhalb der besten aller Welten befand, das war das Schlechte; eben daß in dieser besten aller Welten immer alles eitel Wonne und Harmonie und Glück war, das war das Unglück. Eine ausschließlich glückliche und harmonische Welt kann es doch gar nicht geben; und wenn meine Jugendwelt eine solche nur glückliche und harmonische Welt gewesen sein will, so muß sie in ihren Grundfesten falsch und verlogen gewesen sein. Ich will es also einmal so zu formulieren versuchen: nicht in einer unglücklichen Welt bin ich aufgewachsen, sondern in einer verlogenen« (ebd., 1979, S. 26 f.).

Eine Jugend ganz anderer Art hat Andreas Altmann erlebt und in seinem Buch »Das Scheißleben meines Vaters, das Scheißleben meiner Mutter und meine eigene Scheißjugend« (Altmann 2012) schonungslos mit ihr abgerechnet. Diese Jugend war in der Tat geprägt von permanentem Streit, Disharmonie und Unglück. Sie stand vor allem im Schatten einer sadistischen, rücksichtslosen und gewalttätigen Vaterfigur. Der Hass auf den Vater zieht sich denn auch das ganze Buch hindurch, und die Gründe für diesen Hass werden in der sehr detaillierten Schilderung von zahllosen konkreten Episoden der genüsslichen Beschämung, der gnadenlosen Erniedrigung, der moralischen Verdammung, der systematischen Ausbeutung von Frau und Kindern durch diesen Vater deutlich gemacht. Immer stärker entfaltet der Vater ein totalitäres häusliches Regiment, bei dem er gezielt auch die Arbeitskraft seiner Kinder für die Firmenzwecke seines Altöttinger Devotionaliengroßhandels einspannt. Es kommt zu subversiven Aktionen des Sohnes, die bei ihrer Aufdeckung zu drakonischen Strafmaßnahmen des Vaters und im Zusammenhang damit dann wiederum zu immer heftigeren Gewalt- und Rachephantasien auf Seiten des Heranwachsenden führen. Und es kommt immer wieder zu spontanen aberwitzigen Konflikteskalationen, in denen die Situation von einem Moment auf den anderen kippt und plötzlich beleidigendes Gebrüll und körperliche Gewalt die Szene beherrschen.

An einer Stelle gibt der Autor unter dem Titel »Hauptwörter meines bisherigen Lebens« in extremer Verdichtung einen plastischen Eindruck davon, was die zentralen Zuschreibungen und Zumutungen waren, mit denen sich Andreas Altmann als Kind und Jugendlicher im Bannkreis dieses Vaters konfrontiert sah:

> »Vergeltung. Exemplarisch. Lüge. Versager. Bettnässer. Durchfaller. Brillenschlange. Sohn einer kranken Mutter. Dieb. Notorischer Lügner. Versager. Schlechtes Gewissen. Schlechte Noten. Schlechter Schüler. Spüldienst. Arbeitsdienst. Schlüsseldienst. Sofortiger verschärfter Arbeitsdienst. Versager. Paketdienst. Drakonisch. Dumm. Talentlos. Eine Enttäuschung. Tückisch. Raufbold. Bahnhofs-Paketdienst. Bohnenstange. Vom Satan besessen. Böse. Mutwillig böse. Unteroffizier vom Dienst. Versager. Antreten. Meldung machen. Klapprig. Durchschnittlich. Rachitische Hühnerbrust. Verklemmt. Widerspenstig. Hoffnungslos. Angsthase. Versager« (ebd., S. 161).

Obwohl Altmann als Kind und Jugendlicher unter diesem diktatorischen Vater und der desaströsen Familienatmosphäre sehr leidet und alle möglichen »kinderneurotischen Symptome« und im Jugendalter auch gewisse »dissoziale Tendenzen« zeigt, entwickelt er doch zugleich eine erstaunliche Widerstandskraft und einen leidenschaftlichen Eigensinn. Während Fritz Zorn gleich im ersten Satz als die zentrale Crux seines gescheiterten Lebens den Umstand benennt, dass er »sein Leben lang brav gewesen« sei, und dann weiterhin bekennt, dass es ihm in seiner blasierten Wohlerzogenheit nie gelungen sei, für irgendetwas, weder für einen anderen Menschen noch für eine Sache, so etwas wie wirkliche Leidenschaft oder Hingabe zu empfinden, hält Altmann entschieden am Willen zum Widerstand und an der Sehnsucht nach einem anderen, besseren, erfüllteren Leben fest: »... ich hatte mir in den letzten Jahren die sieben Todsünden aufgeschrieben, die ich nie wieder begehen wollte. Eine, die schlimmste, rangierte ganz oben: Gehorchen! Ein gehorsames Leben kam nicht in Frage« (ebd., S. 209). Was ihn zu dieser Maxime befähigte, war eine Hoffnung, die durch immer wieder aufblitzende konkrete Erfahrungen zur Gewissheit geworden war. Diese magischen »Krafterfahrungen« beschreibt er folgendermaßen:

> »Und ich fühlte wieder, für Momente nur, diese Kraft in mir, noch immer diffus, noch immer nicht zielgerichtet, aber vorhanden und tatsächlich unzerstörbar. Am Kampf mit meinem Vater würde mein Lebenswillen nicht zugrunde gehen, so versicherte ich mir. Im Gegenteil, unser Krieg sollte der Amboss sein, auf dem ich diesen Willen schmiedete« (ebd., S. 171).

Nach langen Irrungen und Wirrungen, nach diversen abgebrochenen Studienversuchen und einer abgeschlossenen Schauspielschule, nach einer Odyssee durch diverse Psychotherapiepraxen, nach ausgedehnten Reisen durch die Welt und intensiven Meditationserfahrungen findet er erst gegen Ende des vierten Lebensjahrzehnts »sein Ding«, seine eigentliche Bestimmung als Reporter und Reiseschriftsteller. In dem Band »Dies beschissen schöne Leben« mit den Untertitel »Geschichten eines Davongekommenen« (Altmann 2013) sind diverse Reiseberichte mit persönlichen Reflexionen über das Leben im Allgemeinen und über seine individuelle Lebensgeschichte im Besonderen verwoben. Ein »Davongekommener« ist Altmann dabei in einem doppelten Sinne: Einer, der aus der verhassten provinziellen Enge geflohen ist und sich mit Leidenschaft »auf die Welt einlässt« (vgl. Fend 2009, S. 477), d. h. einer, der mit großer Neugierde die unterschiedlichen Länder und Kulturen erkundet und mit Hingabe und Geschick die Menschen, die er auf seinen Reisen trifft, zum Erzählen bringt. Zugleich ist er einer, der im psychologischen Sinne davongekommen ist, der eine höchst unheilvolle und destruktive Familiensituation, eben eine »Scheißjugend«, irgendwie überstanden und sich in langwierigen und mühevollen Kämpfen von deren Folgen zu befreien versucht hat. In diesem Sinne stellt er selbst im Vorwort des Buches einen Zusammenhang her, wenn er meint, dass er die intensiven Erlebnisse der Welterkundung, von denen er in seinen Reisestorys erzählt, wohl seiner Jugend verdanke:

> »... über die ich in ›das Scheißleben meines Vaters, ...‹ berichtet habe. Anders gesagt: Meine Lebenswut hat Wurzeln. Wie Trotz, wie Aufmüpfigkeit, wie den unwiderruflichen Schwur, alles anders zu machen, als es mir eingebläut wurde. Meine Geschichten, meine Sprache erzählen ganz nebenbei auch davon, wie Verwundungen und Schmähungen – erfahren an Leib und Seele – zu einem umtriebigen Leben anstacheln können« (Altmann 2013, S. 11 f.).

Seinen persönlichen Lernweg bezeichnet er mit einem Begriff aus der amerikanischen Pädagogik als »negative learning«, der dort verwendet werde,

> »um die Welterfahrungen derjenigen zu bezeichnen, die länger brauchen als andere. Statt geradewegs auf ein Ziel zuzugehen, machen sie Umwege. Sie lernen ›negativ‹, sie lernen das, was sie nicht wollen. Erst dann – haben sie Glück – finden sie, was sie bejahen. Die Intelligentesten unter den Langsamen werden gar late bloomers: jene, die spät blühen« (ebd., S. 152).

2012 hat Altmann ein Buch mit dem leicht megalomanen Titel »Gebrauchsanweisung für die Welt« veröffentlicht, dem 2017 noch eines mit dem Titel »Gebrauchsanleitung für das Leben«

folgte. Dabei handelt es sich freilich keineswegs um konventionelle psychologische Ratgeberliteratur, sondern um spannende Reiseberichte durchsetzt mit persönlichen Erfahrungen, in denen immer wieder die Begeisterung für die Vielfalt und den Reichtum dessen, was die Welt und das Leben zu bieten haben, gefeiert werden. Darin findet sich auch noch ein hübsches Bild für die Stellung des Jugendalters im menschlichen Lebenszyklus, welches gewisse Ähnlichkeiten mit Zinneckers aeronautischer Metapher hat. Das Bild wurde bei Altmann offensichtlich im Rahmen der Beobachtung eines Raketenstarts in Cape Canaveral im Gespräch mit einem anderen Zaungast entwickelt. Das beobachtete imposante technische Geschehen des Raketenstarts wurde dabei als »Metapher im Zeitraffer für das Leben« genommen:

> »Die Urkraft, mit der die Fähre sich losriss. Das ist das Bild für die Jugend. Sie will davon, sie will ein eigenes Leben. Doch bald, noch vor der Überwindung der Erdanziehung tritt das Haupttriebwerk in Kraft. Das ist die Zeit, in der der Mensch seinen Beruf findet, sich ausbildet, studiert, heiratet, eine Existenz gründet. Zuletzt wird der Tank abgeworfen, und das Raumschiff befindet sich in seiner Umlaufbahn. Und da bleibt es und dreht sich im Kreis. Bis es verglüht. ... (Die) Idee klang einleuchtend: wie wir als Jugendliche träumen, wie wir erobern wollen, ja, bersten vor Drang. Dann – zweite Phase – erwachsen werden, lernen, Arbeit finden, doch gleichzeitig unser Leben verbarrikadieren mit Verpflichtungen, mit Hypotheken, mit Entscheidungen, die lebenslängliche Pflichten, schlimmer, Zwänge nach sich ziehen. Und wir viel zu früh – dritte und letzte Runde – im Kreisverkehr der Routine landen. ... Das Rauschmittel Leben muss man sich gut einteilen. Es soll für achtzig Jahre reichen. Denn eine gräulichere Aussicht gibt es nicht: als sterben zu müssen mit einem längst erkalteten Herzen« (Altmann 2017, S. 18f.).

Literatur

Albert, M./Hurrelmann, K./Quenzel, G. (2015): Jugend 2015: Eine neue Generationengestalt? In: Shell Deutschland Holding (Hrsg): Jugend 2015. Eine pragmatische Generation im Aufbruch. Frankfurt/M.: Fischer, S. 33–46

Albisser, St./Bieri Buschor, Chr. (Hrsg.) (2011): Sozialisation und Entwicklungsaufgaben Heranwachsender (Professionswissen für Lehrerinnen und Lehrer): Hohengehren: Schneider

Althaus, M. (2017): Try hard! – Generation youtube – Warum dein Glück kein Zufall ist. Berlin: Plötz & Betzholz

Altmann, A. (2012): Das Scheißleben meines Vaters, das Scheißleben meiner Mutter und meine eigene Scheißjugend. München: Piper

Altmann, A. (2013): Dies beschissen schöne Leben. Geschichten eines Davongekommenen. München: Piper

Altmann, A. (2012): Gebrauchsanweisung für die Welt. München: Piper

Altmann, A. (2017): Gebrauchsanweisung für das Leben. München: Piper

Arlt, M. (2000): Pubertät ist, wenn die Eltern schwierig werden. Freiburg: Herder

Ayres, J.: (1984): Bausteine der kindlichen Entwicklung. Die Bedeutung der Integration der Sinne in der Entwicklung des Kindes. Berlin, Heidelberg, New York, Tokio: Springer

Baacke, D. (1979): Die 13- bis 18jährigen. Eine Einführung in die Probleme des Jugendalters. 2. Aufl., München, Wien, Baltimore: Urban & Schwarzenberg

Baacke, D. (1993): Jugend und Jugendkulturen. Darstellung und Deutung. Weinheim und München: Juventa

Baacke, D./Heitmeyer, W. (Hrsg.) (1985): Neue Widersprüche. Jugendliche in den achtziger Jahren. Weinheim, München: Juventa

Bahnsen, U. (2002): Tumult auf der Baustelle. In: DIE ZEIT, 33/2002

Baier, Th. (2003): Puberterror. Ratgeber für alle, die mit Jugendlichen zu tun haben. Neuried: Care-Line-Verlag

Barlow, S./Skidmore, S. (1998): Die härtesten Jahre. Wien: Carl Ueberreuther

Beck, U./Vossekuhl, W./Ziegler, U. E. (1995): Eigenes Leben – Ausflüge in die unbekannte Gesellschaft, in der wir leben. München: Beck

Beck, U./Beck-Gernsheim, E. (Hrsg.) (1994): Riskante Freiheiten – Individualisierung in modernen Gesellschaften. Frankfurt/M.: Suhrkamp

Literatur

Behnken, I./Zinnecker, J. (2001): Die Lebensgeschichte der Kinder und die Kindheit in der Lebensgeschichte. In: dies. (Hrsg.): Kinder. Kindheit. Lebensgeschichte. Ein Handbuch. Seelze-Velber: Kallmeyersche Verlagsbuchhandlung, S. 16–32

Bernfeld, S. (1913a): Ein Sprechsaal für Mittelschüler. In: ders.: Werke Bd. II, hrsg. v. U. Herrmann. Gießen: Psychosozial Verlag 2011, S. 33–34

Bernfeld, S. (1913b): Das Akademische Comité für Schulreform. In: ders.: Werke Bd. II, hrsg. v. U. Herrmann. Gießen: Psychosozial Verlag 2011, S. 36–39

Bernfeld, S. (1915): Über den Begriff der Jugend. In: ders.: Werke Bd. I, hrsg. v. U. Herrmann. Gießen: Psychosozial Verlag 2010, S. 43–138

Bernfeld, S. (1917): Ein Institut für Psychologie und Soziologie der Jugend – Archiv für Jugendkultur – Entwurf zu einem Programm. In: ders.: Werke Bd. II, hrsg. v. U. Herrmann. Gießen: Psychosozial Verlag 2011, S. 222–260

Bernfeld, S. (1927): Die heutige Psychologie der Pubertät – Zur Kritik ihrer Wissenschaftlichkeit. Ein Sammelreferat. In: ders.: Werke Bd. I, hrsg. v. U. Herrmann. Gießen: Psychosozial Verlag 2010, S. 161–230

Bittner, G. (1984): Das Jugendalter und die Geburt des Selbst. In: Neue Sammlung, 24. Jg., 4, S. 331–344

Bittner, G. (1996): Kinder in die Welt, die Welt in die Kinder setzen. Eine Einführung in die pädagogische Aufgabe. Stuttgart u. a.: Kohlhammer

Bittner, G. (2001): Der Erwachsene. Multiples Ich in multipler Welt. Stuttgart u. a.: Kohlhammer

Blakemore, S.-J./Choudhury, S. (2006): Brain Development During Puberty: The State of the Science. In: Developmental Science, Volume 9, Issue 1, pages 11–14, January 2006

Bleuel, H.S. (2007): Generation Handy – Grenzenlos im Netz verführt. St. Ingbert: Röhrig Universitätsverlag

Bloch, E. (1959): Das Prinzip Hoffnung. Erster Band, Frankfurt/M.: Suhrkamp

Böck, I. (2001): Zwischen Unschuld und Unzucht. In: Focus 28/2001, S. 123–124

Bode, H./Heßling, A. (2015): Jugendsexualität 2015. Die Perspektive der 14- bis 25-Jährigen. Ergebnisse einer aktuellen repräsentativen Wiederholungsbefragung. Bundeszentrale für gesundheitliche Aufklärung, Köln

Böhm, W. (1982[12]): Wörterbuch der Pädagogik. Stuttgart: Alfred Kröner Verlag,

Bonner, S./Weiss, A. (2008): Generation doof. – Wie blöd sind wir eigentlich? Köln: Bastei-Lübbe

Breyvogel, W. (1999): Jugendkultur – Sozialität und magischer Kosmos. In: Vögele, W. (Hrsg.): »Die Gegensätze schließen einander nicht aus, sondern verweisen aufeinander.« Ernst Cassirers Symboltheorie und die Frage nach Pluralismus und Differenz, Loccumer Protokolle 30/98, Rehburg-Loccum, S. 49–62

Brosch, H./Luchs, A. (2003): Nervenprobe Pubertät. Wie Eltern sie bestehen können. Zürich: Pro Juventute

Brown, L./Gilligan, C. (1997): Die verlorene Stimme. Wendepunkte in der Entwicklung von Mädchen. München: dtv

Bühler, A. (2011): Risikoverhalten in der Jugend. In: P. J. Uhlhaas & K. Konrad (Hrsg.): Das adoleszente Gehirn. Stuttgart: Kohlhammer, S. 189–205

Bühler, Ch. (1921): Das Seelenleben des Jugendlichen. 7. Auflage, Stuttgart: Gustav Fischer Verlag, 1967

Bundeskriminalamt (Hrsg.) (2017): Polizeiliche Kriminalstatistik. Bundesrepublik Deutschland. Berichtsjahr 2017. Wiesbaden, BKA-Statistik

Bundesministerium für Familie, Senioren, Frauen und Jugend (Hrsg.) (1998): Zehnter Kinder- und Jugendbericht. Bericht über die Lebenssituation von Kindern und die Leistungen der Kinderhilfen in Deutschland. Bonn 1998

Bundeszentrale für gesundheitliche Aufklärung (BZgA) (Hrsg.): Ergebnisse der Wiederholungsbefragung »Drogenaffinität Jugendlicher in der Bundesrepublik Deutschland 2001«. Köln 2002

Bundeszentrale für gesundheitliche Aufklärung (BZgA)(Hrsg.): Jugendsexualität. Wiederholungsbefragung von 14–17-Jährigen und ihren Eltern. Ergebnisse der Repräsentativbefragung 2001. Köln 2002

Calmbach, M./Borgstedt, S./Borchard, I./Thomas, P.M./Flaig, B.B. (2016): Wie ticken Jugendliche 2016? Lebenswelten von Jugendlichen im Alter von 14 bis 17 Jahren in Deutschland. Heidelberg: Springer

Cohrs, Chr./Oer, E. (2016): Generation Selfie. München: Riva

Colby, A./Kohlberg, L. (1984): Das moralische Urteil. Der kognitionszentrierte Entwicklungspsychologische Ansatz. In: Steiner, G. (Hrsg.): Psychologie des 20. Jahrhunderts, Entwicklungspsychologie, Bd. I, Weinheim und Basel: Beltz, S. 348–366

Crone, E. (2011): Das pubertierende Gehirn. Wie Kinder erwachsen werden. München

Damon, W./Hart, D. (1982): The Development of Self-Understanding from Infancy through Adulthood. Child Development, 53. Jg., S. 831–857

DER SPIEGEL 22/2001 vom 28.5.2001: Süßer Horror Pubertät: Die Entmachtung der Eltern.

DER SPIEGEL 21/2004 vom 17.5. 2004: Schlaue Mädchen, Dumme Jungen. Sieger und Verlierer in der Schule.

Literatur

Deutsche Shell (2002) (Hrsg.): Jugend 2002, 14. Shell-Jugendstudie. Frankfurt: Fischer

Döbert, R.: (1991): Männliche Moral – Weibliche Moral. In: Nunner-Winkler, G. (Hrsg.): Weibliche Moral. Die Kontroverse um eine geschlechtsspezifische Ethik. Frankfurt/M.: Campus, S. 121–146

Dolto, F./Dolto-Tolitch, C./Perchemnier, C. (1991): Von der Schwierigkeit, erwachsen zu werden. Stuttgart: Klett-Cotta

Dreher, E./Dreher, M. (1985): Wahrnehmung und Bewältigung von Entwicklungsaufgaben im Jugendalter: Fragen, Ergebnisse und Hypothesen zum Konzept einer Entwicklungs- und Pädagogischen Psychologie des Jugendalters. In R. Oerter (Hrsg.), Lebensbewältigung im Jugendalter. Weinheim: Edition Psychologie, VCH, S. 30–61

Emig, H./Steinhard, Ch./Wurthmann, K. (2000): Pubertät, Adoleszenz oder die Schwierigkeit, einen Kaktus zu umarmen. Landesinstitut für Schule, Bremen

Engel, U./Hurrelmann, K. (1991): Was Jugendliche wagen. Eine Längsschnittstudie über Drogenkonsum, Streßreaktionen und Delinquenz im Jugendalter. Weinheim/München: Juventa

Epstein, R. (2007): The Myth of the Teen Brain. In: Scientific American Mind, April/May 2007, S. 57–63

Erdheim, M. (1982): Die gesellschaftliche Produktion von Unbewusstheit. Eine Einführung in den enthnopsychoanalytischen Prozeß. Frankfurt/M.: Suhrkamp

Erhardt, U. (1994): Gute Mädchen kommen in den Himmel, böse überall hin. Warum Bravsein uns nicht weiterbringt. Frankfurt/M.: Fischer

Erikson, E.H. (1950): Kindheit und Gesellschaft. Stuttgart: Klett Verlag, 1968³

Erikson, E.H. (1966): Identität und Lebenszyklus. Frankfurt/M.: Suhrkamp

Erikson, E.H. (1981): Jugend und Krise. Die Psychodynamik im sozialen Wandel. Frankfurt, Berlin, Wien: Ullstein

Erikson, E.H. (1982): Identitätskrise in autobiographischer Sicht. In: ders.: Lebensgeschichte und historischer Augenblick. Frankfurt/M.: Suhrkamp

Esser, R. (2005): Ihr versteht mich einfach nicht – Kinder durch die Pubertät begleiten. München: Knaur

Faix, W./Rühle, A. (2004): Baustelle Pubertät – Betreten verboten?! Teenager verstehen und in Krisen begleiten. Ein Infobuch für Eltern, Erzieher und Mitarbeiter. Holzgerlingen: Hänssler

Fallend, K. (1992): Siegfried Bernfeld – Von der Jugendbewegung zur Psychoanalyse, in: Fallend, K./Reichmayr, J. (Hrsg.): Siegfried Bernfeld oder die Grenzen der Psychoanalyse. Materialien zu Leben und Werk, Frankfurt/M.: Stroemfeld

Farin, K. (2002): generation kick.de – Jugendsubkulturen heute. München: Beck

Farin, K. (2010): Jugendkulturen heute. In: Aus Politik und Zeitgeschichte, 27/2010, S. 3–7

Fend, H. (1988): Sozialgeschichte des Aufwachsens. Bedingungen des Aufwachsens und Jugendgestalten im zwanzigsten Jahrhundert. Frankfurt/M.: Suhrkamp

Fend, H. (1990): Vom Kind zum Jugendlichen: Der Übergang und seine Risiken. Entwicklungspsychologie der Adoleszenz in der Moderne, Bd. I. Bern/Stuttgart: Huber

Fend, H. (1991): Identitätsentwicklung in der Adoleszenz: Lebensentwürfe, Selbstfindung und Weltaneignung in beruflichen, familiären und politisch-weltanschaulichen Bereichen. Entwicklungspsychologie der Adoleszenz in der Moderne, Bd. II. Bern/Stuttgart: Huber

Fend, H. (1994): Die Entdeckung des Selbst und die Verarbeitung der Pubertät. Entwicklungspsychologie der Adoleszenz in der Moderne, Bd. III. Bern/Stuttgart: Huber

Fend, H. (1997): Der Umgang mit Schule in der Adoleszenz: Aufbau und Verlust von Lernmotivation, Selbstachtung und Empathie. Entwicklungspsychologie der Adoleszenz in der Moderne, Bd. IV. Bern/Stuttgart: Huber

Fend, H. (1998): Eltern und Freunde: Soziale Entwicklung im Jugendalter, Entwicklungspsychologie der Adoleszenz in der Moderne, Bd. V. Bern/Stuttgart: Huber

Fend, H. (2000): Entwicklungspsychologie des Jugendalters. Opladen, Leske + Budrich

Fend, H. (2009): Wie das Leben gelingt und wie es so spielt – Lebensbewältigung im frühen Erwachsenenalter. In: Fend, H./Berger, F./Grob, U. (Hrsg.): Lebensverläufe, Lebensbewältigung, Lebensglück. Ergebnisse der LiFE-Studie. Wiesbaden: VS-Verlag, S. 449–480

Fischer, A./Münchmeier, R. (1997): Die gesellschaftliche Krise hat die Jugend erreicht. Zusammenfassung der zentralen Ergebnisse der 12. Shell-Jugendstudie. In: Jugendwerk der Deutschen Shell (Hrsg.): Jugend'97. Zukunftsperspektiven, Gesellschaftliches Engagement, Politische Orientierungen. Opladen: Leske + Budrich, S. 11–24

Flaake, K. (1990): Geschlechterverhältnisse, geschlechtsspezifische Identität und Adoleszenz. In: Zeitschrift für Sozialisationsforschung und Erziehungssoziologie 1/1990, S. 2–13

Flaake, K. (1992): Weibliche Adoleszenz und Einschreibung in den Körper. Zur Bedeutung kultureller Definitionen von Weiblichkeit für die Entwick-

lungsmöglichkeiten von Mädchen. In: Jahrbuch für Psychoanalytische Pädagogik 4, S. 137–149
Flammer, A./Alsaker, F.D. (2002): Entwicklungspsychologie der Adoleszenz. Die Erschließung innerer und äußerer Welten im Jugendalter. Bern: Huber
Flavell, J.H. (1975): Rollenübernahme und Kommunikation bei Kindern. Weinheim: Beltz
Flitner, A. (1999): Das Kind am Ende »seines« Jahrhunderts. In: Neue Sammlung, 39. Jg., S. 163–177
FOCUS, 30/2003 vom 21.7.2003: Abenteuer Pubertät. Wenn Teenager plötzlich anders ticken. Forscher entschlüsseln, wie das Gehirn erwachsen wird, S. 68–78
Frank, A. (1955): Das Tagebuch der Anne Frank. Frankfurt/M.: Fischer
Freud, A. (1936): Das Ich und die Abwehrmechanismen. Frankfurt/M.: Fischer, 1984
Freud, S. (1905): Drei Abhandlungen zur Sexualtheorie. In: Studienausgabe, Bd. V Sexualleben. Frankfurt/M.: Fischer, 1970, S. 37–146
Freud, S. (1909): Über Psychoanalyse. Fünf Vorlesungen, gehalten zur zwanzigjährigen Gründungsfeier der Clark University in Worcester, Mass., September 1909. GW, Bd. VIII, S. 1–60, Frankfurt/M.: Fischer, 1973
Freud, S. (1933): Neue Vorlesungen zur Einführung in die Psychoanalyse. In: Studienausgabe Bd. I. Frankfurt/M.: Fischer 1969
Freud, S.: (1914): Zur Psychologie des Gymnasiasten. In: Studienausgabe, Bd. IV Psychologische Schriften. Frankfurt/M.: Fischer, 1970, S. 235–240
Friedrich, M. H. (1999): Irrgarten Pubertät. München: Deutsche Verlags-Anstalt
Gehirn und Geist Heft 5/2006: Pubertät – der große Umbruch
Gensicke, Th. (2015): Die Wertorientierungen der Jugend. In: Shell Deutschland Holding (Hrsg.): Jugend 2015. Eine pragmatische Generation im Aufbruch. Frankfurt/M.: Fischer, S. 237–272
GEOkompakt Heft 45/2015 Pubertät – Chaos! Krisen! Chancen!
GEOWissen Heft 41/2008 Pubertät – Auf der Suche nach dem neuen Ich
Gerner, J. (2010): Generation Porno – Jugend, Sex und Internet. Köln: Fackelträger-Verlag
Gesat, M. (2016): Testosteron macht aggressiv, aber auch großzügig. In: Deutschlandfunk, Forschung Aktuell, http://www.deutschlandfunk.de/paradoxes-hormon-testosteron-macht-aggressiv-aber-auch.676.de.html?dram:article_id=370489
Giedd J.N./Blumenthal, J./Jeffries, N.O., et al. (1999): Brain Development During Childhood and Adolescence: A Longitudinal MRI Study. In: Nature Neuroscience, 2 (10), S. 861–863

Giedd, J./Rapoport, J./Raznahan, A./Lee, A./Lalonde, F./Alexander-Bloch, A (2012): The Teen Brain: New Views from Neuroimaging. New York
Giedd, J.N./Clasen, L.S/Lenroot, R./Greenstein, D./Wallace, G.L./Ordaz, S./ Molloy, E.A./ Blumenthal, J.D./Tossell, J.W./Stayer, C./Samango-Sprouse, C.A./Shen, D./Davatzikos, C./Merke, D./Chrousos, G.P. (2006): Puberty-related influences on brain development. In: Molecular and Cellular Endocrinology, S. 254–255
Giesecke, H. (1985): Das Ende der Erziehung. Neue Chancen für Familie und Schule. Stuttgart: Klett-Cotta
Gilligan, C. (1984): Die andere Stimme. Lebenskonflikte und Moral der Frau. München: Piper
Gilligan, C. (1991): Moralische Orientierung und moralische Entwicklung. In: Nunner-Winkler, G. (Hrsg.): Weibliche Moral. Die Kontroverse um eine geschlechtsspezifische Ethik. Frankfurt/M.: Campus, S. 79–100
Göppel, R. (1991): Die Burlingham-Rosenfeld-Schule in Wien (1927–1933) – Schule und Unterricht für die Kinder des Psychoanalytischen Clans. In: Zeitschrift für Pädagogik, 37. Jg., S. 413–430
Göppel, R. (2005): Das Jugendalter. Entwicklungsaufgaben – Entwicklungskrisen – Bewältigungsformen. Stuttgart u. a.: Kohlhammer
Göppel, R. (2007): »Provisorische Identitätshülsen« – der anthropologische Sinn der vielfältigen Jugendlichen Phänomene. In: ders.: Aufwachsen heute. Veränderungen der Kindheit, Probleme des Jugendalters. Stuttgart u. a.: Kohlhammer
Grob, A./Jaschinski, U. (2003): Erwachsen werden. Entwicklungspsychologie des Jugendalters. Weinheim/Basel/Berlin: Beltz PVU
Grobe, G./Steinmann, S./Szecsenyi, J. (2018): Barmer Arztreport 2018, Schriftenreihe zur Gesundheitsanalyse, Bd. 7, Siegburg: Müller
Großegger, B./Heinzlmaier, B. (2002): Jugendkultur Guide. Wien: öpv & hpt
Guggenbühl, A. (2000): Pubertät – echt ätzend. Freiburg: Herder Verlag
Hacking, I. (1999): Was heißt »soziale Konstruktion«? Zur Konjunktur einer Kampfvokabel in den Wissenschaften. Frankfurt/M.: Fischer
Häsing, H./Stubenrauch, H./Ziehe, T. (Hrsg.) (1981): Narziß ein neuer Sozialisationstypus? Bensheim: Beltz
Havighurst, R.J. (1948): Developmental tasks and education. New York: David McKay
Havighurst, R.J. (1956): Research on the developmental-task concept. In: The School Review, 64. Jg., S. 215–223
Heinrich, Chr./Rehermann, V. (2013): Die Dirigenten unseres Lebens. Hormone sind weit mehr als nur Botenstoffe. Sie steuern unseren Körper – und formen unsere Persönlichkeit. In: ZEIT Wissen Nr. 4/2013, S. 34–38

Heinz, W. (2016): Jugendkriminalität – Zahlen und Fakten. In: BPB-Dossier »Gangsterläufer«. http://www.bpb.de/politik/innenpolitik/gangsterlaeufer/203562/zahlen-und-fakten?

Helsper, W. (Hrsg.) (1991): Jugend zwischen Moderne und Postmoderne. Opladen: Leske + Budrich

Herkenrath, L. (2012): Böse Mädchen kommen in die Chefetage: Strategien für mehr Durchsetzungsvermögen. München: Ariston

Herrndorf, W. (2010): Tschick. Berlin: Rowohlt.Berlin

Hölling, H./Erhart, M./Ravens-Sieberer, U./Schlack, R. (2007): Verhaltensauffälligkeiten bei Kindern und Jugendlichen. Erste Ergebnisse aus dem Kinder- und Jugendgesundheitssurvey (KIGGS). In: Bundesgesundheitsblatt Gesundheitsforschung/Gesundheitsschutz, Bd. 50, Heft 5/6 2007, S. 784–793

Hölling, H./Schlack, R. (2007): Essstörungen im Kindes- und Jugendalter. Erste Ergebnisse aus dem Kinder- und Jugendgesundheitssurvey (KIGGS). In: Bundesgesundheitsblatt Gesundheitsforschung/Gesundheitsschutz, Bd. 50, Heft 5/6, S. 794–799

Hoffmann, M.L. (2000): Empathy and Moral Development. Cambridge: Cambridge University Press

Hollersen, W. (2015): Den »testosterongesteuerten Mann« gibt es nicht. https://www.welt.de/gesundheit/article147330051/Den-testosterongesteuerten-Mann-gibt-es-nicht.html

Hornstein, W. (1990): Aufwachsen mit Widersprüchen – Jugendsituation und Schule heute. Stuttgart: Klett

Hülshoff, Th. (1999): Emotionen. Eine Einführung für beratende, therapeutische, pädagogische und soziale Berufe. München, Basel: Ernst Reinhardt Verlag

Hurrelmann, K. (1983): Das Modell des produktiv realitätsverarbeitenden Subjekts in der Sozialisationsforschung. In: Zeitschrift für Sozialisationsforschung und Erziehungssoziologie, 3. Jg., S. 91–103

Hurrelmann, K. (2003): Der entstrukturierte Lebenslauf. Die Auswirkungen der Expansion der Jugendphase. In: Zeitschrift für Soziologie der Erziehung und Sozialisation 23, 2, S. 115–126

Hurrelmann, K. (2016): Vorwort. In: Calmbach, M./Borgstedt, S./Borchard, I./Thomas, P.M./Flaig, B.B. (2016): Wie ticken Jugendliche 2016? Lebenswelten von Jugendlichen im Alter von 14 bis 17 Jahren in Deutschland. Heidelberg: Springer

Hurrelmann, K./Klocke, A./Melzer, W./Ravens-Sieberer, U. (Hrsg.) (2003): Jugend-Gesundheitssurvey. Internationale Vergleichsstudie im Auftrag der Weltgesundheitsorganisation WHO. Weinheim: Juventa

Hurrelmann, K./Linssen, R./Albert, M./Quellenberg, H. (2002): Eine Generation von Ego-Taktikern? Ergebnisse der bisherigen Jugendforschung. In: Deutsche Shell (2002) (Hrsg.): Jugend 2002, 14. Shell-Jugendstudie. Frankfurt/M.: Fischer, S. 31–52

Hurrelmann, K./Quenzel, G. (2012): Lebensphase Jugend. Eine Einführung in die sozialwissenschaftliche Jugendforschung. 11. vollständig überarbeitete Auflage. Weinheim und Basel: Juventa

Jacobi, J. (1990): Wer ist Sophie? In: Pädagogische Rundschau 44. Jg., S. 303–319

Jegges, O. (2014): Generation Maybe – die Signatur einer Epoche. Berlin: Haffmans & Tolkemitt

Jugendwerk der Deutschen Shell (Hrsg.) (1985): Jugendliche und Erwachsene ›85, Generationen im Vergleich. Band 4: Jugend in Selbstbildern. Leverkusen: Leske + Budrich

Jungbauer, J. (2017): Entwicklungspsychologie des Kindes- und Jugendalters: Ein Lehrbuch für Studium und Praxis sozialer Berufe. Weinheim: Beltz-Juventa

Juul, J. (2010): Pubertät – Wenn Erziehen nicht mehr geht – Gelassen durch stürmische Zeiten. München: Kösel

Kaiser, A. (2000): Pickel, Sex und immer Krach. München: Südwest Verlag

Kasten, H. (1999): Pubertät und Adoleszenz. Wie Kinder heute erwachsen werden. München, Basel: Ernst Reinhard Verlag

Kohlberg, L. (1986): Der »Just Community«-Ansatz der Moralerziehung in Theorie und Praxis. In: Oser, F./Fatke, R. (Hrsg.): Transformation und Entwicklung. Grundlagen der Moralerziehung. Frankfurt/M.: Suhrkamp, S. 21–55

Kohlberg, L. (2001): Moralstufen und Moralerwerb. Der kognitiv-entwicklungstheoretische Ansatz. In: Edelstein, W./Oser, F./Schuster, P. (Hrsg.): Moralische Erziehung in der Schule. Entwicklungspsychologie und pädagogische Praxis. Weinheim und Basel: Beltz, S. 35–62

Konrad, K. (2011): Strukturelle Hirnentwicklung in der Adoleszenz. In: Uhlhaas, P.J./Konrad, K. (Hrsg.): Das adoleszente Gehirn. Stuttgart u. a.: Kohlhammer, S. 124–138

Krafeld, F.-J. (1996): Cliquen und Pädagogik. In: Brenner, G./Hafeneger, B. (Hrsg.): Pädagogik mit Jugendlichen. Bildungsansprüche, Wertevermittlung und Individualisierung. Weinheim und München: Juventa

Krappmann, L. (Hrsg) (1998). Zehnter Kinder- und Jugendbericht: Bericht über die Lebenssituation von Kindern und die Leistungen der Kinderhilfen in Deutschland.

Lebert, B. (1999): Crazy. Köln: Kiepenheuer & Witsch, 2000[25]

Lette, K. (1996): Das große Böse-Mädchen-Lesebuch. München: Heine
Leven, I./Quenzel, G./Hurrelmann, K. (2015): Familie, Bildung, Beruf, Zukunft: Am liebsten alles. In: Shell Deutschland Holding (Hrsg.): Jugend 2015. Eine pragmatische Generation im Aufbruch. Frankfurt/M.: Fischer, S. 47–110
Leven, I./Utzmann, H. (2015): Jugend im Aufbruch – vieles soll stabil bleiben. In: Shell Deutschland Holding (Hrsg.): Jugend 2015. Eine pragmatische Generation im Aufbruch. Frankfurt/M.: Fischer, S. 273–374
Limbourg, M./Reiter, K. (2003): Denn sie wissen nicht, was sie tun. Jugendliches Risikoverhalten im Verkehr. In: Unsere Jugend, 1/2003, S. 12–21
Linssen, R./Leven, I./Hurrelmann, K.: Wachsende Ungleichheit der Zukunftschancen? Familie, Schule und Freizeit als jugendliche Lebenswelten. In: Deutsche Shell (Hrsg.): Jugend 2002, 14. Shell-Jugendstudie. Frankfurt: Fischer, 2002, S. 53–90
Loeber, R. (1990): Development and Risk Factors of Juvenile Antisocial Behavior and Delinquency: A Review. In: Psychological Bulletin, 94. Jg., S. 68–99
Lohaus, A. (Hrsg.) (2018): Entwicklungspsychologie des Jugendalters. Heidelberg: Springer
Luhmann, N/Schorr, K.-E. (1979): Das Technologiedefizit der Erziehung und die Pädagogik. In: Zeitschrift für Pädagogik, 24. Jg., S. 345–365
Lutz, Chr. (2000): Ich krieg die Krise. Pubertät trifft Wechseljahre. Freiburg: Herder
Mannheim, K. (1928): Das Problem der Generationen, in: Kölner Vierteljahrshefte für Soziologie 7, S. 157–185, 309–330
Max-Planck-Institut für Bildungsforschung (MPIB) (2017): Ab ins Ungewisse: Über das Risikoverhalten von Jugendlichen. https://www.mpib-berlin.mpg.de/de/presse/2017/01/ab-ins-ungewisse-ueber-das-risikoverhalten-von-jugendlichen
McGivern, R.F./Andersen, J./Bird, D./Mutter, K.L./Reilly, J. (2002): Cognitive Efficiency on a Match to Sample Task Decreases at the Onset of Puberty in Children. In: Brain and Cognition, 50, 1, S. 73–89
Mead, M. (1928): Coming of Age in Samoa. A Psychological Study of Primitive Youth for Western Civilization. New York
Merian, N. (2018): Das Wörterbuch für böse Mädchen. München/Wien: Sanssouci Verlag
Mikota, J. (2006): 25 Jahre SiZe, Siegener Zentrum für Kindheits-, Jugend- und Biographieforschung. Siegen http://www.ub.uni-siegen.de/expo/size/
Moffitt, T.E. (1993): Adolescence-limited and Life-course-persistent Antisocial Behavior: a Developmental Taxonomy. In: Psychological Review, 100. Jg., S. 674–701

Mohr, H. (2011): Adoleszente Entwicklung kognitiver Funktionen. Erkenntnisse aus fMRT-Studien. In: Uhlhaas, P.J./Konrad, K. (Hrsg.): Das adoleszente Gehirn. Stuttgart u. a.: Kohlhammer, S. 139–157

Montada, L. (1995): Delinquenz. In: Oerter, R./Montada, L. (Hrsg.): Entwicklungspsychologie. Ein Lehrbuch. 3., vollständig überarbeitete und erweiterte Auflage. Weinheim: Beltz, S. 1024–1036

Montada, L. (1995): Moralische Entwicklung und moralische Sozialisation. In: Oerter, R./ Montada, L.: Entwicklungspsychologie. Ein Lehrbuch. 3. vollständig überarbeitete und erweiterte Auflage. Weinheim: Psychologie Verlags Union, S. 862–894

Münchmeier R. (1997): Jung – und ansonsten ganz verschieden. In: Jugendwerk der Deutschen Shell (Hrsg.): Jugend '97. Wiesbaden: VS Verlag für Sozialwissenschaften

Münchmeier, R. (1998): Jugend als Konstrukt. Zum Verschwimmen des Jugendkonzepts in der »Entstrukturierung« der Jugendphase – Anmerkungen zur 12. Shell-Jugendstudie. In: Zeitschrift für Erziehungswissenschaft, 1. Jg., Heft 1, S. 103–118

Musgrove, F. (1966): The Family, Education and Society. London: Routledge & Kegan

Nast, M. (2017): Generation Beziehungsunfähig. Hamburg: Edel Verlag

Nienbaum, I. (2003): Substanzspezifische Risikoverhaltensweisen im Jugendalter. In: Unsere Jugend, Heft 1, S. 22–29

Nuber, U. (1992): Mädchen: Immer noch zu viel Anpassung. In: Psychologie heute, April 1992, S. 66–70

Nunner-Winkler, G. (2001): Weibliche Moralentwicklung? In: Edelstein, W./ Oser, F./Schuster, P. (Hrsg.): Moralische Erziehung in der Schule. Entwicklungspsychologie und pädagogische Praxis. Weinheim und Basel: Beltz, S. 141–153

Nunner-Winkler, G. (2010): Weibliche Moral. In: Becker R., Kortendiek B. (Hrsg.): Handbuch Frauen- und Geschlechterforschung. Wiesbaden: VS Verlag für Sozialwissenschaften

Nunner-Winkler, G. (1991): Gibt es eine weibliche Moral? In: dies. (Hrsg.): Weibliche Moral: die Kontroverse um eine geschlechtsspezifische Ethik. Frankfurt/M.: Campus, S. 147–161

Oerter, R./Dreher, E. (1995): Jugendalter. In: Oerter, R./Montada, L. (Hrsg.): Entwicklungspsychologie. 3. Vollständig überarbeitete Auflage. Weinheim: Psychologie Verlags Union, S. 310–395

Olweus, D. (1979): Stability of Aggressive Reaction Patterns in Males: A Review. In: Psychological Bulletin, 86, S. 852–875

Opaschowski, H. (1999): Generation@. Die Medienrevolution entlässt ihre Kinder: Leben im Informationszeitalter. Hamburg: British American Tobacco.

Orth, B. (2016). Die Drogenaffinität Jugendlicher in der Bundesrepublik Deutschland 2015. Rauchen, Alkoholkonsum und Konsum illegaler Drogen: aktuelle Verbreitung und Trends. BZgA-Forschungsbericht. Köln: Bundeszentrale für gesundheitliche Aufklärung

Oswald, H. (1992): Beziehungen zu Gleichaltrigen. In: Jugendwerk der Deutschen Shell (Hrsg.): Jugend ›92, Bd. 2: Jugend im Spiegel der Wissenschaften. Opladen: Leske + Budrich, S. 319–332

Oswald, H. (1995): Der Jugendliche. In: Lenzen, D. (Hrsg.): Erziehungswissenschaft. Ein Grundkurs. Reinbek bei Hamburg: Rowohlt, S. 383–405

Parker, K.T. (2017): Wilde Mädchen: Am schönsten sind wir, wenn wir niemandem gefallen wollen. München: mvg Verlag

Pfaff, N. (2015): Erziehungswissenschaftliche Jugendforschung am Neubeginn? Aktuelle Gegenstandsfelder und Perspektiven in der Forschung zu Jugend. In: Sandring, S./Helsper, W./Krüger, H.-H. (Hrsg.): Jugend: Theoriediskurse und Forschungsfelder. Wiesbaden: Springer, S. 35–55

Pfeiffer, Chr. (2001): Gewalt entsteht durch Gewalt: Wie kann der Teufelskreis durchbrochen werden? In: Deutsch, W./Wenglorz, M. (Hrsg.): Zentrale Entwicklungsstörungen bei Kindern und Jugendlichen. Aktuelle Erkenntnisse über Entstehung, Therapie und Prävention. Stuttgart: Klett-Cotta, S. 164–188

Pfeiffer, Chr./Baier, D./Kliem, S. (2018): Zur Entwicklung der Gewalt in Deutschland. Schwerpunkte: Jugendliche und Flüchtlinge als Täter und Opfer. https://www.bmfsfjde/blob/121226/0509c2c7fc392aa88766bdfaeaf9d39b/gutachten-zur-entwicklung-der-gewalt-in-deutschland-data.pdf.

Piaget, J. (1974): Theorien und Methoden der modernen Erziehung. Frankfurt/M.: Fischer,

Poethko-Müller, Chr./ Kuntz, B./Lampert, Th./Neuhauser, H. (2018): Die allgemeine Gesundheit von Kindern und Jugendlichen in Deutschland – Querschnittergebnisse aus KiGGS Welle 2 und Trends. In: Journal of Health Monitoring 3 (1), S. 8–14

Postman, N. (1983): Das Verschwinden der Kindheit. Frankfurt: Fischer

Quenzel, G. (2015): Entwicklungsaufgaben und Gesundheit im Jugendalter. Weinheim: Beltz

Raffauf, E. (2000): Das können doch nicht meine sein. Gelassen durch die Pubertät ihres Kindes. Weinheim: Beltz

Raithel, J. (1999): Unfallursache: Jugendliches Risikoverhalten. Verkehrsgefährdung Jugendlicher, psychosoziale Belastungen und Prävention. Weinheim/München: Juventa

Raithel, J. (2003): Mutproben im Übergang vom Kindes- ins Jugendalter. Befunde zu Verbreitung, Formen und Motiven. In: Zeitschrift für Pädagogik 49, 5, S. 657–674

Raithel, J. (2011): Jugendliches Risikoverhalten. Eine Einführung. Wiesbaden: VS-Verlag

Raithel, J. (Hrsg.) (2001): Risikoverhaltensweisen Jugendlicher. Formen, Erklärungen und Prävention. Opladen: Leske + Budrich

Reble, A. (1975): Geschichte der Pädagogik. Frankfurt u. a.: Klett-Cotta/Ullstein

Remplein, H. (1963): Die seelische Entwicklung des Menschen im Kindes- und Jugendalter. München/Basel: Ernst Reinhardt Verlag

Rommelspacher, B. (2003): Böse Mädchen – ziemlich brav. In: taz – die tageszeitung, 8.3.2003

Rousseau, J.J. (1762) : Emil oder über die Erziehung. 12. unveränderte Auflage. Paderborn, München, Wien, Zürich: Schöningh, 1995

Scherr, A. (2009): Jugendsoziologie. Einführung in Grundlagen und Theorien. 9., erweiterte und umfassend überarbeitete Auflage, Wiesbaden: VS Verlag für Sozialwissenschaften

Schleiermacher, F.D. (1826): Vorlesungen aus dem Jahr 1826, Friedrich Schleiermacher: Texte zur Pädagogik. Kommentierte Studienausgabe. Hrsg. von Michael Winkler und Jens Brachmann. Frankfurt/M.: Suhrkamp, 2000

Schmid, P. (1992): Rousseau Revisited. Geschlecht als Kategorie in der Geschichte der Erziehung. In: Zeitschrift für Pädagogik 38. Jg., Heft 6, S. 839–854

Schneekloth, U. (2015): Jugend und Politik: Zwischen positivem Gesellschaftsbild und anhaltender Politikverdrossenheit. In: Shell Deutschland Holding (Hrsg.): Jugend 2015. Eine pragmatische Generation im Aufbruch. Frankfurt/M.: Fischer, S. 153–200

Schneider-Taylor, B. (2006): Jean-Jacques Rousseaus Konzeption der »Sophie« – Ein hermeneutisches Projekt: Hamburg/EUB

Scholz, Chr. (2014): Generation Z – Wie sie tickt, was sie verändert und warum sie uns alle ansteckt. Weinheim: Wiley-VCH Verlag

Schunk, D. (2004): Einführung in die Generation Counterstrike.

Schwägerl, Chr. (2018): Die Macht des Gewissens. In: Die ZEIT, Nr.1 /2018

Schwenkenbecher, St./Leitlein, H. (2017): Generation Y – wie wir glauben, lieben, hoffen. Neukirchen: Neukirchner Aussaat

Seiffge-Krenke, I. (2002): Emotionale Kompetenz im Jugendalter: Ressourcen und Gefährdungen. In: von Salisch, M. (Hrsg.): Emotionale Kompetenz

entwickeln. Grundlagen in Kindheit und Jugend. Stuttgart u. a.: Kohlhammer, S. 51–72
Selman, R.L. (1984): Die Entwicklung des sozialen Verstehens. Frankfurt/M.: Suhrkamp
Shell Deutschland (Hrsg.) (2002): 50 Jahre Shell-Jugendstudien. Vom Fräuleinwunder bis zu den neuen Machern. München: Ullstein
Shell Deutschland Holding (Hrsg.) (2006): Jugend 2006. Eine pragmatische Generation unter Druck. Frankfurt/M.: Fischer
Shell Deutschland Holding (Hrsg.) (2010): Jugend 2010. Eine pragmatische Generation behauptet sich. Frankfurt/M.: Fischer
Sichtermann, B. (2002): Frühlingserwachen. Pubertät – Wie Sex und Erotik alles verändern. Reinbek bei Hamburg: Rowohlt
Singer, W. (2002): Was kann ein Mensch wann lernen? In: Killius, N./Kluge, J./Reisch, L. (Hrsg.): Die Zukunft der Bildung. Frankfurt/M.: Suhrkamp, S. 78–99
SINUS Markt- und Sozialforschung GmbH (Hrsg.)(2017): Informationen zu den Sinus-Milieus® 2017 Stand: 01/2017. https://www.sinus-institut.de/fileadmin/user_data/sinus-institut/Dokumente/download-center/Sinus_Milieus/2017-01-01_Informationen_zu_den_Sinus-Milieus.pdf
Sonntag, D. (2014): Pubertät – Wenn die Hormone aus der »Reihe« tanzen. In: Sanum Post, 108, S. 2
Spranger, E. (1925): Psychologie des Jugendalters. Heidelberg: Quelle & Meyer 1979[29]
Stähler, H.-R. (2014): Generation Porno – Jugend zwischen Pornografie und Sexualität. Hamburg: Disserta Verlag
Steinberg, L. (2008): A Social Neuroscience Perspective on Adolescent Risk-Taking. In: Developmental Review 28, S. 78–106
Steinberg, L. (2010): A Behavioral Scientist Looks at the Science of Adolescent Brain Development. In: Brain and Cognition 72, S. 160–164
Steinberg, L. (2010): A Dual Systems Model of Adolescent Risk-Taking. In: Developmental Psychobiology, 52, S. 216–224
Steinberg, L. (2011): Demystifying the Adolescent Brain. In: Educational Leadership, April, S. 42–46
Stephens, A. (1999): Rote Lippen, scharfe Zungen. Ein Poesiealbum für böse Mädchen. München: Econ
STERN 48/2002 vom 21. 11. 2002: Wahnsinn Pubertät: Neue Hirnforschung: Warum Teenies komisch ticken. S. 242–259
Stober, A. (2015): Wenn die Hormone verrückt spielen. In: Berliner Morgenpost, 28.3.2015

Stone, L. J./ Church, J. (1978): Kindheit und Jugend – Einführung in die Entwicklungspsychologie München: dtv

Strauch, B. (2003): Warum sie so seltsam sind. Gehirnentwicklung bei Teenagern. Berlin: Berlin-Verlag

Streit, Ph. (2014): Wilde Jahre – Gelassen und positiv durch die Pubertät. Freiburg: Herder

Swan, S. (1997): Böse Mädchen. München: Piper

Tippelt, R. (2008): Vorwort. In: »Wie das Leben gelingt oder wie es so spielt« – Helmut Fend: Verleihung der Ehrendoktorwürde an Prof. Dr. Dr. h.c. Helmut Fend. München: Herbert Utz Verlag, S. 2–5

Turiel, E. (1983): The Development of Social Knowledge. Morality and Convention. Cambridge: Cambridge University Press

Udry, R.J./Billy, J.O.G. (1987): Initiation of Coitus in Early Adolescence. American Sociological Review, 52. Jg.

Vogel, P. (1996): Scheinprobleme in der Erziehungswissenschaft: Das Verhältnis von »Erziehung« und »Sozialisation«. In: Zeitschrift für Pädagogik, 42. Jg., S. 481–490

von Salisch, M. (2002): Seine Gefühle handhaben lernen. Über den Umgang mit Ärger. In: von Salisch, M. (Hrsg.): Emotionale Kompetenz entwickeln. Grundlagen in Kindheit und Jugend. Stuttgart u. a.: Kohlhammer, S. 135–156

Weiß, K. (2010): Generation Geil – Jugend im Selbstportrait. Berlin: Schwarzkopf & Schwarzkopf

Willenbrock, H. (2005): Warum sie so seltsam sind. In: GEO 9/2005, S. 134–158

Youniss, J. (1982): Die Entwicklung und Funktion von Freundschaftsbeziehungen. In: Edelstein, W./Keller, M. (Hrsg.): Perspektivität und Interpretation. Frankfurt/M.: Suhrkamp, S. 78–109

Ziehe, Th. (1975): Pubertät und Narzissmus. Sind Jugendliche entpolitisiert? Frankfurt/M. und Köln: Europäische Verlags Anstalt, 1981[4]

Ziehe, Th. (1991): Zeitvergleiche. Jugend in kulturellen Modernisierungen. Weinheim und München: Juventa

Zimmermann, P. (1999). Emotionsregulation im Jugendalter. In W. Friedlmeier/M. Holodynski (Hrsg.): Emotionale Entwicklung. Heidelberg: Spektrum der Wissenschaft, S. 219–240

Zimmermann, P. (2016): Generation Smartphone: Wie die Digitalisierung das Leben von Kindern und Jugendlichen verändert. Bielefeld: Fischer & Gann

Zinnecker, J. (1975): Der heimliche Lehrplan. Untersuchungen zum Schulunterricht. Weinheim: Beltz

Zinnecker, J. (1997): Metamorphosen im Zeitraffer: Jungsein in der zweiten Hälfte des 20. Jahrhunderts. In: Levi, G./Schmitt, J.-C. (Hrsg.): Geschichte der Jugend von der Aufklärung bis zur Gegenwart. Frankfurt/M: Fischer, S. 460–505

Zinnecker, J. (1997): Stresskinder und Glückskinder. Eltern als Umwelt von Kindern. In: Zeitschrift für Pädagogik, 43, S. 7–33

Zinnecker, J. (2000): Selbstsozialisation – Essay über ein aktuelles Konzept. In: Zeitschrift für Sozialisationsforschung und Erziehungssoziologie, 20. Jg., Heft 3, S. 272–290

Zinnecker, J. (2006): Jugendforschung als soziales Feld und als Erfahrung von Biografie und Generation – Für Helmut Fend. In: Zeitschrift für Erziehungswissenschaft, 26. Jg., Heft 2, S. 189–205

Zinnecker, J./Behnken, I./Maschke, S./Stecher, L. (2002): null zoff & voll busy. Die erste Jugendgeneration des neuen Jahrhunderts. Opladen: Leske + Budrich

Zorn, F. (1979): Mars. Frankfurt/M.: Fischer